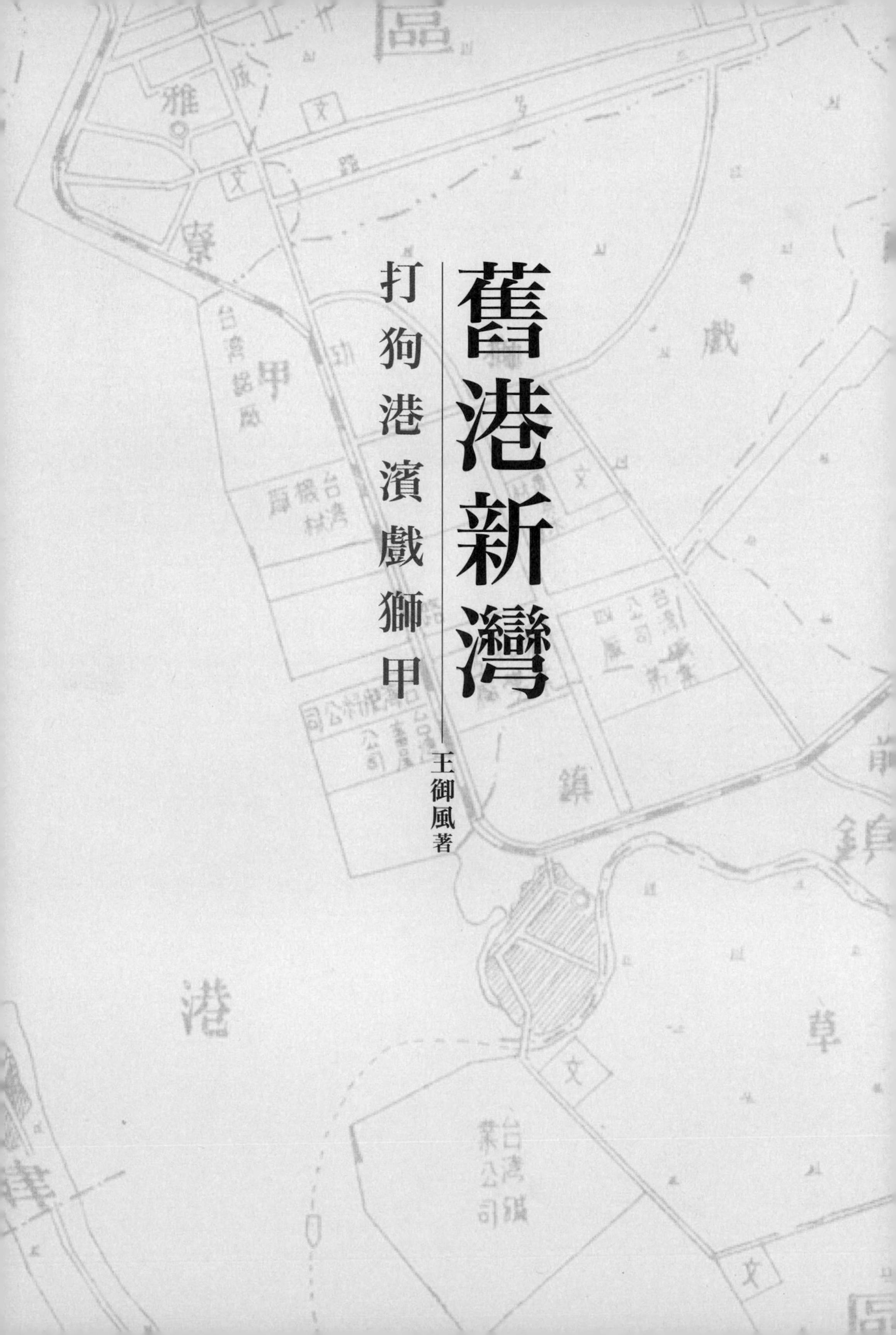

舊港新灣

打狗港濱戲獅甲

王御風 著

目錄

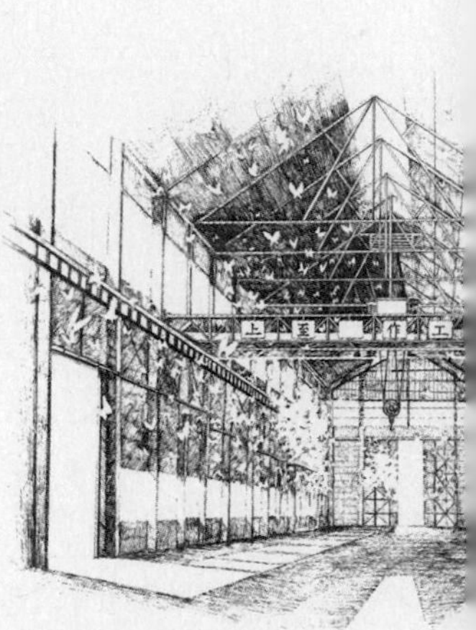

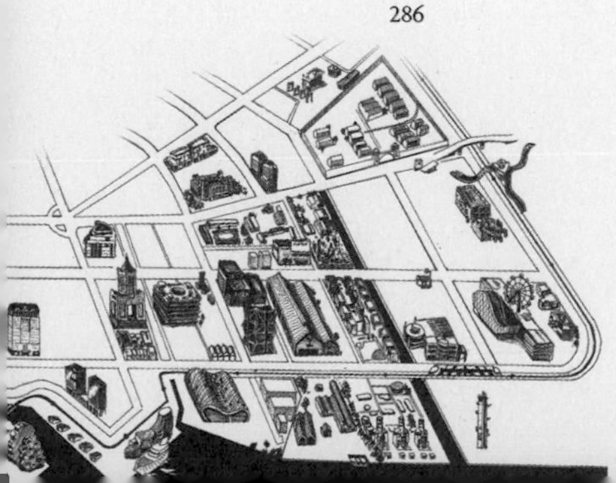

市長序

港灣城市就在高雄

許立明

從歷史發展來看，高雄市是個以港口及工業起家的城市，這兩個特點，都可以在戲獅甲工業區看到。這個因為日本南進政策，加上海港優勢而興築的臺灣最早工業區，鋁業、化學工業、造船業、鋼鐵業、窯業、木材加工業、肥料業均聚集於此，奠定了高雄成為臺灣最重要工業城市的基礎。戰後更因美援支持，台塑在此興建最早的塑膠工廠，帶動了未來石化產業的發展，讓這個不產油的臺灣，成了全世界最重要的「石化王國」。

但這個重要的工業區，在都市人口快速增長，由市郊變成市中心區後，因為產業轉型、高雄港重心南遷及環保意識，工業區內工廠也開始一家家遷移，並留下了大批閒置待開發以及需要進行汙染整治的土地，也使得如何改造戲獅甲工業區，成了高雄市民最關心的課題之一。

市府團隊對於此議題，在二〇一一年提出「亞洲新灣區」的策略，讓戲獅甲工業區在高雄港舊港區的重新開發成為主軸。以市府作為領頭羊，陸續完成高雄展覽館、高雄市立圖書館總館、輕軌捷運等公共建設，搭配民間的投資，讓人潮重新回到戲獅甲，只不過，這次來到戲獅甲的族群不再是穿著工作服的工人，而是正在準備考試的學生、參加會展的商務人士、以及來到此地看電影、逛商場的市民及遊客。

但戲獅甲蛻變不止於此，二〇一六年，高雄市政府與國防部簽署合作意向書，二〇五兵工廠將遷離此地，亞洲新灣區的最後一塊拼圖終告完成。二〇一九年位於高雄港十九、二十號碼頭的高雄港埠旅運中心將落成，更會有大批搭乘郵輪的旅客進入戲獅甲，戲獅甲搖身一變，將成為高雄市對外的門戶，代表高雄這幾年的快速變化。

在戲獅甲大步邁向前時，我們也不能忘記這片土地的歷史，這也才能理解戲獅甲為何而變、如何而變。透過此書，將戲獅甲的興起、衰落、再起有系統的整理，可以看到城市變遷，以及市府對於城市發展的思考。如果沒有這本書，相信大家也很難想像現在中華五路以往是條運河、輕軌捷運是運貨火車、統一夢時代是製造馬口鐵罐頭的工廠，撫今追昔，我相信在市府團隊的努力下，戲獅甲所在的亞洲新灣區將會越來越好，成為工業區轉型的典範。

局長序

戲獅甲工業地域
蛻變亞洲新灣區

高雄自日治時期因為港口闢建及工業發展，造就了臺灣最早的臨港工業區，並為了工業產品與軍需補給之運輸需求，開啟一系列築港及臨港線鐵道工程，港灣城市的雛型儼然成形。另一方面，為了擘劃城市的長久發展，一九三六年公布的高雄市市區擴張計畫圖，將高雄分為內層商業、中層住居及外層工業地域，後因軍事需求而擴大填築碼頭腹地與開鑿十字運河，亞洲新灣區前身的戲獅甲臨港工業地域因而產生，戰後，此區持續發展，讓高雄的工業及港口基礎更加厚實，並成為台灣經濟快速起飛的堅強後盾。

一九九〇年代後，戲獅甲臨港工業地域因產業轉型、環保意識抬頭、貨櫃輪船大型化趨勢以及舊港區碼頭面臨水深不足及設施老舊更新困難等問題，周邊製造工業逐漸退場。為推動舊港區及周邊土地轉型再發展，高雄市政府於一九九九年公告實施「高雄多功能經貿園區特定區計畫」，二〇〇六年更回應市民對於「市港合一」、「港區開放」

的期盼，與市民合力打破十三號碼頭圍牆，讓民眾得以親近水岸，並開始接手舊港區駁二倉庫的改造及經營，經過長年努力，駁二藝文特區成功轉型後並與城市舊港區成為文創及觀光國際知名品牌。

二〇一一年，醞釀多年的「亞洲新灣區」計畫宣布啟動，由政府領軍陸續引進高雄展覽館、高雄市立圖書館總館、輕軌捷運、海洋流行音樂中心及港埠旅運中心等公共建設，加上中鋼總部、MLD台鋁商場、高雄軟體園區、統一夢時代之進駐，讓這個全台最老的臨港工業地域，蛻變成為新興產業聚集的新城區，以及市民及遊客休閒的重要場域。

亞洲新灣區留存舊有的工業足跡，不論是沿襲原來運貨火車臨港路線的輕軌捷運、台鋁倉庫轉化的MLD台鋁商場、台機船舶廠的造船台、台塑的紀念公園，甚至這本書的出版，都一再提醒我們，當年先民們胼手胝足打造這個城市的精神不可忘懷。而戲獅甲工業地域蛻變至亞洲新灣區，有輝煌過去，也有失落的低潮，如今正一步步重新翻轉，這正是城市轉型發展的縮影，我們也將持續推動這個全臺最大港灣的再造，讓高雄在國際港灣城市的地位不斷向上推升。

推薦序

（國立高雄師範大學台灣歷史文化及語言研究所副教授）

近代高雄的發展，與高雄港息息相關，但迄今研究多注重在一八六三年的開港，以及一九〇八年的第一期築港工程。實際上，日治中後期的築港工程及戰後擴建，都是高雄港與高雄市形成今日風貌的主因，絕對有深入研究的必要性。

高雄市歷史博物館副館長王御風的新作《舊港新灣：打狗港濱戲獅甲》可說是彌補此缺口的第一步。戲獅甲原本是高雄港畔的聚落，港邊多是魚塭，但在日治末期南進化腳步下，高雄港與軍需工業結合，誕生了全臺首座的臨港工業區，區內包含鋁業、化學工業、造船、鋼鐵等重型工業，讓高雄的發展與臺灣其他城市有顯著不同，奠定高雄工業城市的基礎。

戰後戲獅甲扮演更吃重的角色，不僅原來工廠多半都繼續經營，成了國營企業大本營，更增加了高雄硫酸錏及台灣塑膠兩大公司，尤其後者是臺灣石化產業開端，也是台塑企業的「起家厝」，可見此地對臺灣工業發展的重要性，長年來缺乏對此地的討論，殊為可惜，如今終於有此專書出版，對高雄及臺灣工業整體歷史探討會更為完整。

本書最難能可貴是將戲獅甲發展全貌娓娓道來，從戲獅甲變成工業區開始，經過戰後接收，以及帶動臺灣工業發展的全盛期，到了工業沒落後的窘境，最後藉由多功能經貿園區、亞洲新灣區進行轉型。這長達八十多年的過程，透過作者的生花妙筆，藉由一間間工廠的樓起樓塌，看到臺灣工業發展的縮影，也瞭解了工業轉型的困難。

作者雖是歷史科班出身，但在本書運用了大量的都市計劃及地籍資料，不僅釐清這塊龐大園區的點點滴滴，也看到都市發展中，政策所扮演的角色。這也是歷史研究中未來的趨勢，如何與其他學科合作，跨領域的分析手上資料，將會使得歷史發展面貌更為清晰。相信本書的出版，會讓高雄港市的研究更為完整，有幸能夠先睹為快，特推薦之。

推薦序

城市就如同一個人，隨著地理環境及歷史發展不同，會產生相異的個性，沒有任何一個城市是相同，每個都有自己特有的風味，這也是每個城市最珍貴的地方。也因此，在規劃城市未來走向時，我們更應該瞭解原有的歷史發展，才能夠契合城市脈絡，發展出獨一無二的城市美學。

高雄市在臺灣城市發展上，更有其特殊性。這是因高雄港而崛起的港市，除了原有的貨物運輸功能外，在日治末期，更隨著日本政府的南進政策，於戲獅甲地區，興築了以軍需工業為主的工業港區。戰爭結束後，這個區域的軍事色彩漸漸淡去，但工業卻逐步增強，不僅奠定高雄成為「工業都市」的基礎，許多戰後與臺灣經濟息息相關的產業，如石化、鋼鐵業，也從此地發跡。

隨著時代的流轉，舊港區的貨運、工業功能漸被新港區取代，該如何扭轉舊港區的發展，這是近期高雄市政府最關心的事情，市府將這個舊港區在歷史的基礎上，注入新意及產業的轉型，並有了一個新名稱「亞洲新灣區」，往日貨物倉庫成了年輕人喜歡的駁二特區，運貨

陳啟仁
（國立高雄大學建築學系教授）

火車搖身一變成為輕軌捷運，戲獅甲工業區不僅有新穎的產業進駐軟體科學園區，也有會展產業領頭的高雄展覽館，時尚的夢時代百貨，歷史建築改裝的 MLD 台鋁商場，以及造型新穎的高雄市立圖書總館、中鋼總部大樓。市府更與港務局聯手，成立「高雄港區土地開發股份有限公司」，未來會有更多的驚喜在亞洲新灣區出現。

但這些驚喜究竟從何而來？如果不知道這個「舊港新灣」的前世今生，就很難理解整體發展脈絡，也因此，戲獅甲地區的歷史，就是亞洲新灣區建設的根基。例如不論是舊有台鋁倉庫改建的 MLD 台鋁商場，或是市府與台塑合作的紀念公園，就是利用都市規劃的公共設施將這些工業遺址留存下來，讓民眾漫步其間，也能夠理解此地以往對臺灣工業的貢獻，新舊交融，才能讓一個城市邁步向前。

透過王御風副館長的細心考證及耙梳，戲獅甲的過往歷史，歷歷在眼前，這個臺灣最早的工業區，也是臺灣石化產業的萌芽地，該如何華麗轉身，成為下一個產業的發源地，考驗著高雄市府與都發局，但我也相信，都發局在理清歷史發展脈絡後，必能夠從中獲得啟發，讓這個「舊港新灣」重新帶領高雄及臺灣，走向下一個黃金年代。

前言

foreword

亞洲新灣區鳥瞰圖
昔日的戲獅甲工業區，轉變為今日繁華的「亞洲新灣區」。（繪圖：林立偉）

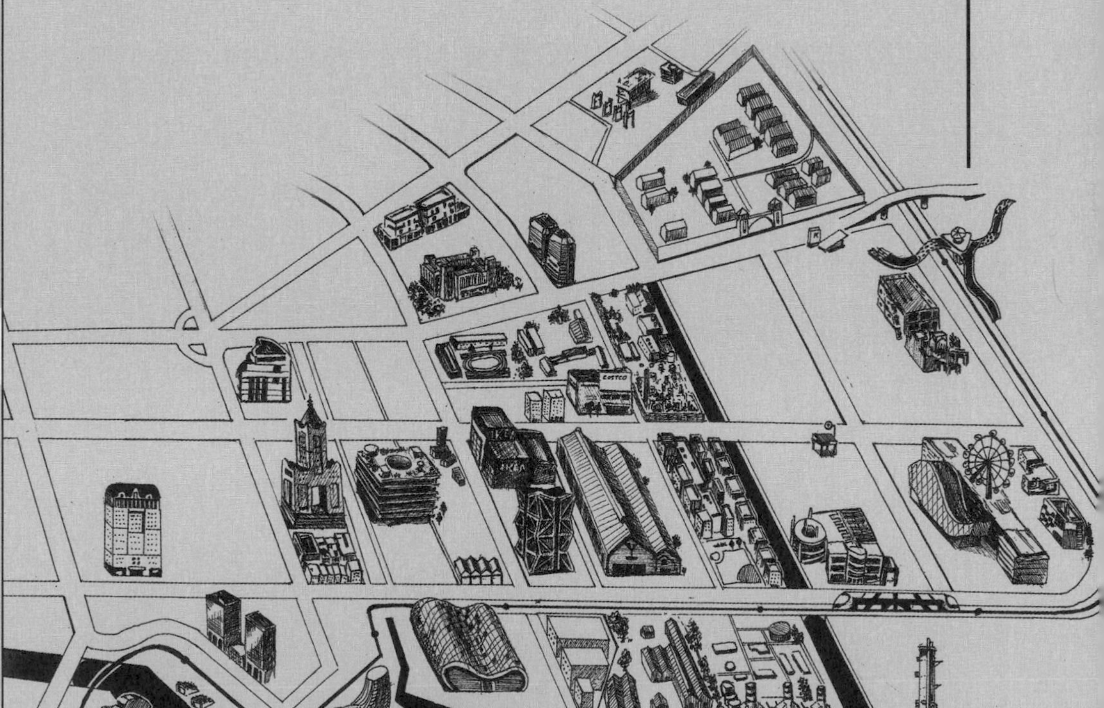

二〇一七年六月三十日，高雄輕軌首次跨過愛河，開進駁二藝術特區，民眾可以從C12駁二大義站，一路乘坐到C1籬仔內。[1]這條鐵路其實是以前高雄沿港各工廠將貨物運出的重要運輸路線，一般稱之「臨港線」。過了幾天（七月五日），我們舉辦一個與工業城市相關的工作坊，當天就帶著學員，搭上這條最能夠瞭解高雄港區往日工業風貌的輕軌捷運。

從C12駁二大義站出發，跨過愛河兩側的真愛碼頭、光榮碼頭，沿著海邊路，經過正在施工的旅運中心，就會轉入位於新光碼頭上的高雄展覽館站（C8），正式進入「戲獅甲」的區域。新光碼頭是一九九九年高雄港圍牆首次開放，讓市民可以自由進出的開始，以往高雄市民雖然居住在

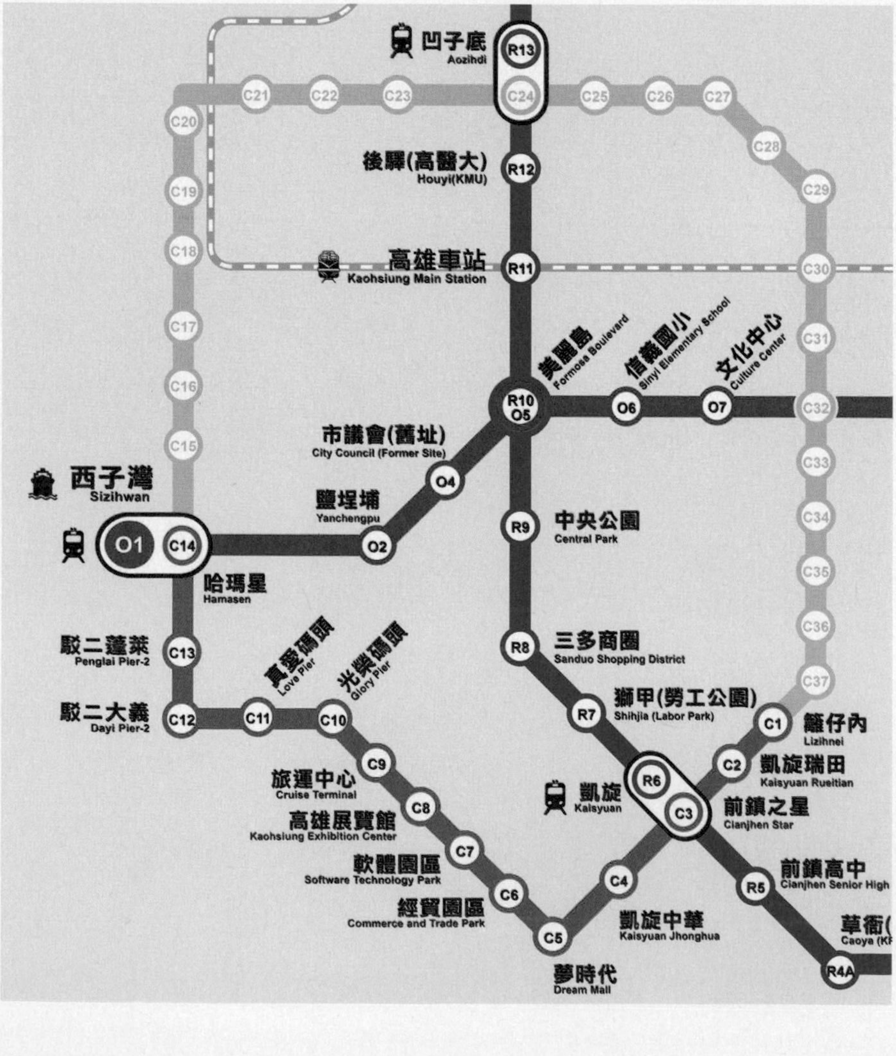

港邊，卻無法一睹港區風貌，從此刻開始，高雄港與高雄市民的生活逐步融合在一起，這也是後來駁二、亞洲新灣區的起點。

本站的重點是高雄展覽館，高雄展覽館是亞洲新灣區五大建設之一，嶄新的建築風格，令人印象深刻，而展覽館後方的遊艇碼頭，海天連成一氣的景色，更吸引許多目光，但很少人知道，這裡就是日治時期日本鋁（日本アルミニウム）公司的廠址，戰後接收後易名為台鋁，台鋁在全盛時期廠房橫跨成功路兩側，最後因市場不景氣，於一九八五年由中鋼、中油、台電接收。

當輕軌列車轉入成功路，在轉角有一間中油的營業所，這也是當時台鋁的辦公室，台鋁所留下的東西並不多，在成功路上還有兩間台鋁倉庫，一間目前是台電的倉庫，另一間則是經過民間業者都會生活開發股份有限公司（MLD）與市府合作，保持著以往台鋁倉庫的外貌，內有餐廳、書店、電影院的現代化商場，是少數仍維持以往工業樣貌，但賦予新生命的建築物。

除了這幾棟，戲獅甲地區多半充滿新建物。當年台鋁併入中鋼後，也讓中鋼在此設立總部，列車進入軟體園區站（C7）後，就可以看到成功路、復興路交叉口的兩側，一邊是軟體園區，另一邊則是嶄新的中鋼總部大樓。列車繼續沿著成功路行進，在夢時代站（C5）後，

右圖 0-1 高雄環狀輕軌圖（綠線）

資料來源：〈高雄捷運營運系統圖〉，高雄捷運股份有限公司，網址：https://www.krtco.com.tw/train_info/service-1.aspx，檢索日期：2017 年 10 月 25 日。

圖 0-2 高雄展覽館

資料來源：何彥廷攝

轉入凱旋路，直達籬仔內站（C1），大約是亞洲新灣區的範圍，也就是往日的戲獅甲工業區。

戲獅甲工業區，源自日治時期後期，為了南進，改變以往「農業臺灣、工業日本」的政策，配合高雄港築港工程，建立了煉鋁、機械、化學、肥料等工業。戰後中華民國政府接收後，也都繼續沿用，更加上塑膠等產業，台塑第一個工廠在此建立，也開啟日後的石化產業，這個區域，可說是臺灣最重要的工業區之一。

曾幾何時，因為產業變遷、公司投資失利，附近住宅區建立後的汙染問題，使得這個區域開始轉型，並搭上全球性舊港區開發的道路，不論是高雄最知名的商場，如統一夢時代、MLD台鋁，乃至於好市多（COSTCO）在臺灣開設的第一間分店，都在這裡。「亞洲新灣區」啟動後，政府更興建許多造型亮眼的公共建設，如高雄展覽館、高雄市立圖書館總館，搭配臺灣第一條輕軌捷運，於是「戲獅甲」從以往灰濛濛的「工業區」，變成了流行、時尚的代名詞，星期假日，人潮再度湧現，只是這次是來休閒購物的年輕男女，而不是趕著上下班的工人。

這個轉變，也讓附近還沒有「變身」的工廠紛紛拆除，但在還沒有完全開發完畢前，戲獅甲仍保持一個工業區正在轉變為商業區的狀

圖 0-3 臺灣中油公司高雄營業處，就是台鋁原來的辦公室。

資料來源：何彥廷攝

態。當輕軌捷運轉入成功路後，我特別提醒學員們，可以注意成功路以西（靠港口這邊）多半還沒有開發，成功路以東則有所成果，因此可看到西面還有台機船舶廠、台肥、中美嘉吉等待開發的空地或工廠，甚至是唯一在都會區的南部火力發電廠，東面則是嶄新現代化的中鋼總部、台鋁、夢時代，兩樣情更反映出戲獅甲特殊的時代變遷，而這個變動還一直持續，可能再過五年、十年，當成功路以西也開發完畢後，區域地貌又會更加不同。

一趟捷運之旅下來，學員們有了許多疑問：為什麼在寸土寸金的市區，有這麼大片的工業區？這個工業區，以往有什麼工廠，後來這些工廠去了那裡？亞洲新灣區是怎麼來？未來的樣貌會是如何？眾多的疑問，都需要瞭解整體「戲獅甲工業區」的變遷，才能對這個由工業轉型為商業的區域，有充分瞭解。本書將以時代為分期，從日治時期的初建、戰後的接收、美援時期的發展、工業區的衰微，以及由工業區轉為商業區的復興，一一道來這個亞洲新灣區的故事。

研究回顧

如果單從戲獅甲區域及戲獅甲工業區主題來看，研究者並不多，最接近為楊玉姿的《前鎮開發史》，[2]但前鎮除了戲獅甲之外，尚有草

圖 0-4 成功路兩側發展有許多落差

資料來源：何彥廷攝

衙、籬仔內等聚落，因此全書並未對戲獅甲做深入探討。專門討論戲獅甲工業區發展，僅有筆者與陳慧鐶合著的〈日治時期戲獅甲工業區的設立〉，[3]但該文僅描述日治時期戲獅甲工業區的創建，對於戰後的發展，則尚未觸及。

戲獅甲工業區的建立，與一九三〇年代後半期日本進入戰時經濟體制有關。關於此，張宗漢的《光復前臺灣之工業化》、[4]林繼文的《日本據台末期（一九三〇－一九四五）戰爭動員體系之研究》、[5]小林英夫的〈一九三〇年代後半期以後的臺灣「工業化」政策〉、[6]高淑媛的〈臺灣戰時生產擴充政策之實施成效：以工業為中心之分析〉[7]均有提及，但上述著作均以臺灣整體經濟發展為主題，因此未特別指出戲獅甲的特別之處，蕭采芳及李淑芬的碩士論文〈一九三〇年代後期的高雄港與軍需工業〉、[8]〈日本南進政策下的高雄建設〉，[9]則對此有較多著墨，也對本文有所啟發。

戲獅甲工業區也因此獨特性，戰後多半為政府接收，成為臺灣公營事業重要的集中地，中油、台電、中鋼、台肥迄今仍在園區內擁有土地，台機、台鋁更是在戲獅甲風光多年。除了公營事業外，民營的台塑也在此起家，因此不論是臺灣的機械、肥料、化學工業，乃至石化產業，都與戲獅甲息息相關。因此對於臺灣經濟、公營事業發展，甚至是單一產業，如機械、化學、鋁業、肥料、木材、石化產業的研究，都不免會涉及戲獅甲。

上述課題，有許多研究佳作，以戰後經濟與日治時期關係而言，兩者究竟是延續或是斷裂？陳慈玉針對與戲獅甲相關的台鹼、台鋁等產業進行研究，與其他相關論文收錄於《連續與斷裂：近代臺灣產業與貿易研究》，[10]認為戰後臺灣經濟與日治時期有其延續性，但也有戰後中國大陸來臺經濟官員的貢獻，相同觀點也在高淑媛《臺灣近代化學工業史（一八六〇—一九五九）》[11]中提及，其近作《臺灣工業史》[12]則進一步探討臺灣民營工業，認為民間對於臺灣工業發展有相當大助益，但以往較少被看見，上述觀點，其實在戲獅甲工業區的歷史發展中也可見證。

但戰後戲獅甲工業區，畢竟是以公營事業為主，政府政策對其影響甚巨，吳若予的《戰後臺灣公營事業之政經分析》，[13]是對臺灣戰後公營事業最完整的描述。政府對於公營事業的管理，如資委會、生管會等，陳思宇的碩博士論文，已出版的《臺灣區生產事業管理委員會與經濟發展策略（一九四九—一九五三）：以公營事業為中心的探討》[14]及未出版的〈冷戰、國家建設與治理技術的轉變：戰後臺灣宏觀經濟治理體制的形成（一九四九—一九七三）〉[15]也多所探討。

實際上，戰後經濟發展至今已超過七十年，整體經濟發展的討論也隨著出版時間有所斷限。戰後初期的經濟討論，重要著作有劉士永討論一九四五至一九五二年的《光復初期臺灣經濟政策的檢討》、[16]劉進慶探討一九四五至一九六五年的《臺灣戰後經濟分析》、[17]林鐘雄概論一九四五至一九八五年的《臺灣經濟發展四十年》。[18]可看到在這四十年間，臺灣經濟如前述，在接收期奠定了公營為主的基礎，但也因中華民國政府在中國大陸的挫敗，讓臺灣經濟動盪不安，直到美援才告穩定，也開啟計畫性經濟，在經濟官僚推動下，讓臺灣經濟由農業轉成工業，而戲獅甲以公營為主的工業體質，也在美援的及時雨協助下，成為臺灣工業推手，並藉由台塑成立，開啟了民營工業的成長及後來的石化產業。

上述幾個課題，如美援，有吳聰敏的〈美援與臺灣的經濟發展〉、[19]趙既昌的《美援的運用》、[20]文馨瑩《經濟奇蹟的背後：臺灣美援經驗的背景分析》，[21]給予本書諸多參考依據。近年來也有著作對戰後初期經濟官僚，如尹仲容等有極高評價，如瞿宛文的《臺灣戰後經濟發展的源起》、[22]郭岱君《臺灣經濟轉型的故事：從計畫經濟到市場經濟》，[23]強調臺灣戰後經濟發展與政策制定者的關係，甚至於民間企業發展，也多來自於官僚系統的擘劃與支持。但與戲獅甲有密切關係的石化產業而言，如薛化元、張怡敏、陳家豪、許志成合著的《臺灣石化業發展史》，[24]就對於石化產業的官民互相爭搶有詳盡分析，臺灣化學工程學會出版的《臺灣化工史》[25]系列，也說明許多民營化工企業其實與政府支持並無太多關聯，蔡偉銑的論文〈臺灣石化工業發展過程的政治經濟分析〉[26]則說明狀況的複雜，難以單一化解釋。

到了一九八〇年後，臺灣經濟又有變化。從戲獅甲案例看來，因公營事業營運紛紛亮起紅燈，也反映出政府經濟政策不如戰後初期有效，討論此時期公營事業民營化者，對政府政策多站在批判角度，如張晉芬的《臺灣公營事業民營化：經濟迷思的批判》、[27]陳師孟等著的《解構黨國資本主義：論臺灣官營事業之民營化》，[28]或是以勞工立場出發的臺灣勞工陣線《新國有政策：臺灣民營化政策總批判》，[29]也有其道理。但近年來戲獅甲的轉型，來自於政府力量仍多，政府政策的討論，亦為本文重點。

而政府角色，除了經濟政策外，都市計畫一直是長期在討論經濟發展時，被大家忽略的一環。戲獅甲的發展，與一九三六年制定的高雄市都市計畫有密切關係，對於高雄市歷年都市發展的討論，以吳欽賢的碩士論文〈日據時期高雄市都市發展與計畫歷程之分析〉[30]及吳文彥的博士論文〈都市規劃調節範型變遷之研究：高雄市都市計畫個案變更分析（一九五五－二〇〇〇）〉[31]與本書最有關係，本書也在此基礎上，配合歷年來之都市計畫，可清楚看到戲獅甲的變遷及政府角色，尤其是中央與地方政府的角力。

戲獅甲工業區中有眾多產業及公司，如何瞭解單一公司及產業發展，也是本書一大挑戰。所幸有許多公司，如台機、高雄硫酸錏及唐榮，都已有研究專書，這幾間公司主要都是在一九八〇年前後因經營不善而關廠或民營化，留下許多檔案，國家發展委員會檔案管理局（以下簡稱檔案局）也委託專家利用檔案對其公司興衰歷史進行研究，對本書具有極高參考價值。包含陳政宏對於台機公司的《鏗鏘已遠：台機公司獨特的一百年》、[32]黃俊夫針對硫酸錏公司的《硫金歲月：臺灣產業經濟檔案數位典藏專題選輯：高雄硫酸錏股份有限公司》、[33]鄧文龍、張守真兩位關於唐榮公司的《百煉千淬：唐榮鐵工廠股份有限公司》，[34]都提供本書非常充分的養分。

除了檔案局的這批書籍外，也有許多學者對單一產業或公司進行深入研究，如唐榮公司除《百煉千淬：唐榮鐵工廠股份有限公司》外，許雪姬也有以口述為主的《民營唐榮公司相關人物訪問紀錄（一九四〇—一九六二）》，[35]以及論文〈唐榮鐵工廠之研究（一九四〇—一九五五）〉。[36]台機公司與硫酸錏公司也分別有洪紹洋及翁俊發的論文：〈戰後臺灣機械公司的接收與早期發展（一九四五—一九五三）〉、[37]〈從賠償到治理：高雄硫酸錏廠污染爭議史（一九五〇—一九九〇）〉。[38]筆者本身亦曾針對戲獅甲內部台塑高雄廠歷史發展與李文環共同參與徐明福主持的〈台塑企業高雄廠區工業遺址保存之初步研究〉[39]研究調查，而整體石化產業也有前述高淑媛、瞿苑

左圖 0-5 戲獅甲區域範圍

資料來源：
底圖：〈籬子內、戲獅甲、前鎮地圖（1932 年）〉，高雄市立歷史博物館，館藏編號：KH2001.013.018。
繪圖：徐乙仁重新套繪

文、薛化元、蔡偉銑及王振寰[40]諸多著作，提供本書對產業的理解。

戲獅甲議題牽涉廣泛，本書之撰寫，除參考上述專著外，仍以檔案局、國史館、中研院、國史館臺灣文獻館、檔案局、高雄市政府所典藏檔案為主，並配合時人的回憶錄、口述歷史，以及筆者所做的田野調查資料，期望能釐清這個成立超過八十年的工業區的興衰及變化。

戲獅甲的範圍及戲獅甲工業區

本書所提的「戲獅甲」究竟在那裡？在書的開頭，我們需要先有所定義。從地理區域來看，戲獅甲屬今日高雄市前鎮區，約是今日的三多路以南、光華路以西至港邊、時代大道以北一帶。清代《鳳山縣采訪冊》記載，戲獅甲屬鳳山縣大竹里三十二莊之一的戲獅甲莊，簡稱獅甲，又稱「西甲」，乃是因為臺語中「西」與「獅」同音的緣故。[41]戰後多半以獅甲稱呼，如捷運站或當地國中小均稱「獅甲」，但本書為求前後一致，內文均以「戲獅甲」表示。

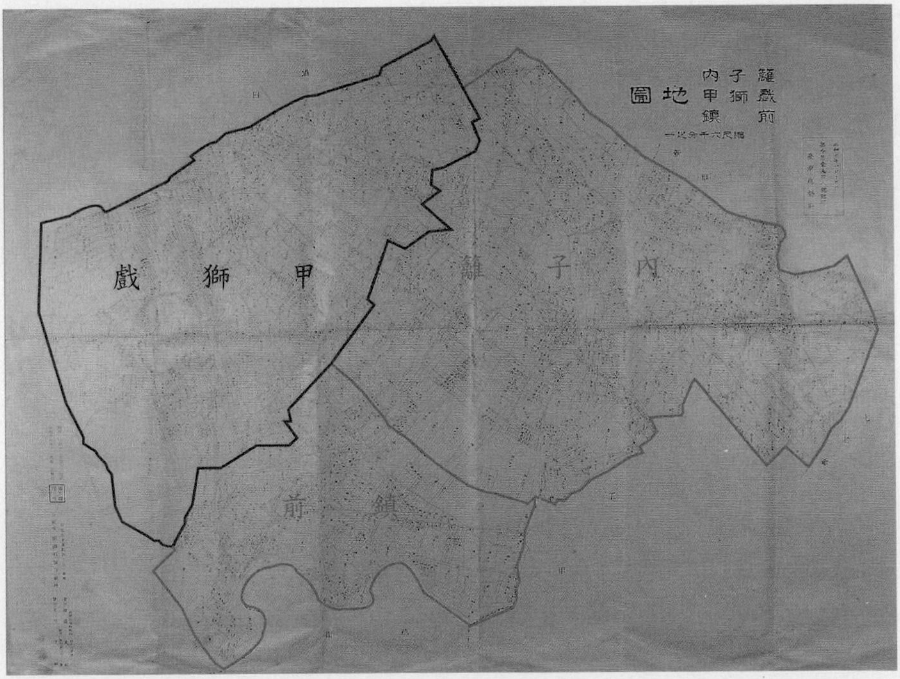

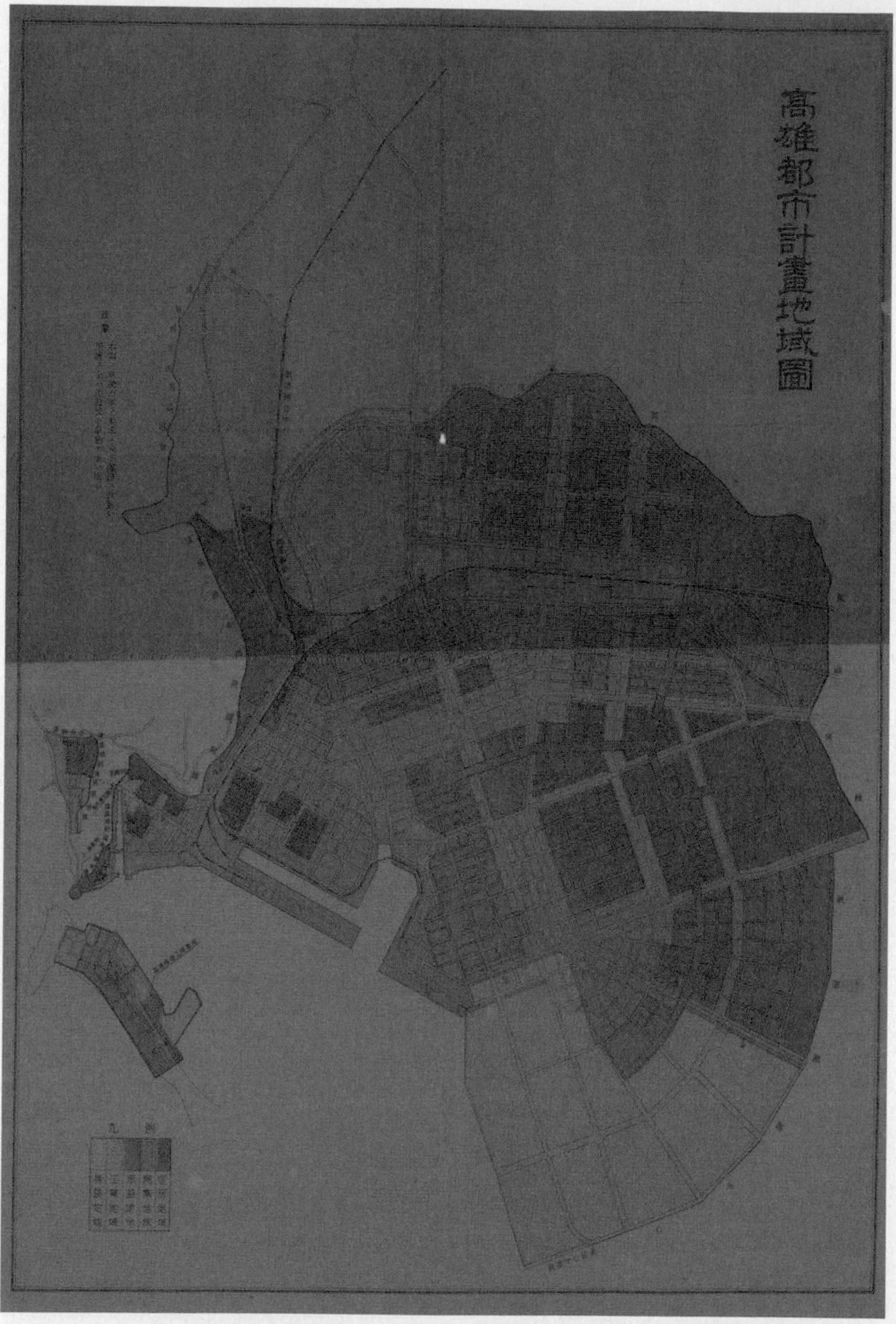

圖 0-6 1938 年高雄都市計畫地域圖，藍色區域為工業地域。

資料來源：〈高雄都市計畫地域圖（1938 年）〉，中央研究院地理資訊科學研究中心 GIS 百年歷史地圖，網址：http://gissrv4.sinica.edu.tw/gis/kaohsiung.aspx，檢索日期：2017 年 7 月 6 日。

下圖為高雄市歷史博物館所典藏的日治時期的「戲獅甲、籬仔內、前鎮」地圖（一九三二年），可看到這三個區域緊密相接的程度，此時也是臺灣總督府準備配合第三期築港，在戲獅甲設立工業區的開始。

比對後來日治時期在「戲獅甲」建立的工廠，可以發現著名的南日本化學明顯不在「戲獅甲」，而是在「前鎮」，但南日本化學的設廠，可以說是與戲獅甲息息相關，戰後接收時，它更與位於戲獅甲內的旭電化同樣成為台鹼的分支。同樣的，如時代大道以南的開南木業、中美嘉吉、台塑台麗朗廠，也同樣是隨著戲獅甲的脈絡而發展，而不管是一九三八年的高雄市都市計畫地域圖或是一九六一年戰後首次設置「戲獅

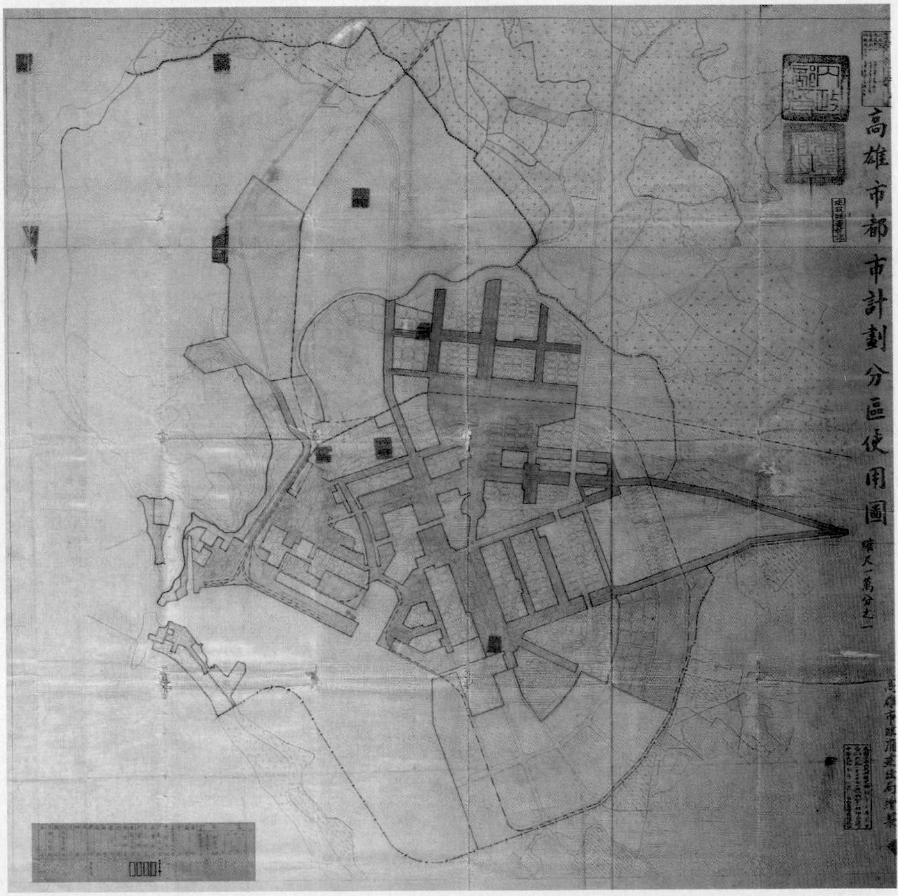

圖 0-7 1955 年高雄市首次實施都市計畫，藍色區域為工業地區。

資料來源：高雄市政府建設局，〈高雄市都市計畫分區使用圖（1955 年 5 月 19 日）〉，高市府建土字第 14605 號。

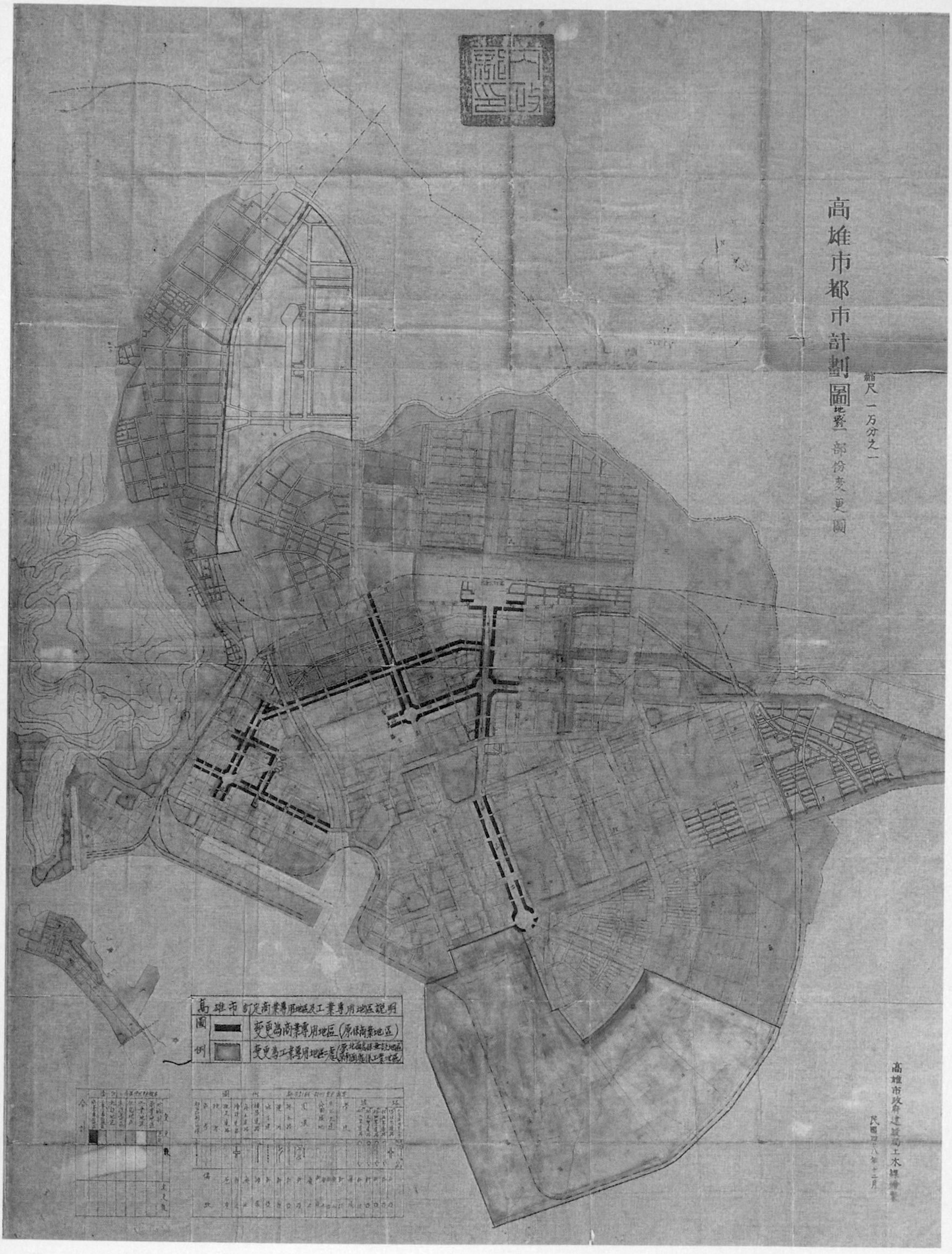

圖 0-8 1963 年高雄市都市計畫圖，紫色區域為工業專用地區。

資料來源：高雄市政府，〈本市設立工業地區（1963 年 2 月 13 日）〉，高市府建土字第 9889 號。

甲工業區」，範圍也都擴及凱旋路以北。所以地理區域上的「戲獅甲」與「戲獅甲工業區」也有著些微不同。因此本書在描述時，不會謹守著「戲獅甲」的地理界線，而是以其歷史發展軌跡為主。

戲獅甲可說是臺灣最早形成的工業區之一，它的歷史脈絡包含了日治時期後期的軍需工業、戰後公營事業的接收、臺灣石化及重工業、國營事業民營化、舊港區活化、地方政府與中央之間的拉鋸，以及高雄市與高雄港發展等議題。所以它雖然只是一個高雄市的小小區域，但從這個區域的變遷過程中，卻可以看到臺灣工業發展的縮影。

本書將以歷史敘述為主，因此書中章節是按照歷史發展做為敘述，共分五章：第一章是日治時期的萌芽、第二章是戰後的接收、第三章則是在美援扶持下的戲獅甲黃金時期、第四章是在戲獅甲工廠轉型失敗後的衰微、第五章則是戲獅甲工廠民營化後，在多功能經貿園區及亞洲新灣區的政策下，成為高雄新的商業中心。由於我們是以戲獅甲的變遷做為主軸，因此在每一章的最後，都會根據接近當時的地圖為底圖，繪製當時的情形。同時也因時序貫穿日治時期及戰後，因此在年代敘述上以西元年代為主，兩者均可使讀者更方便理解。

本書的完成，要特別感謝高雄市政府都發局，不論在經費或資料上的協助，都是能讓本書順利出版的最大推手。筆者在一九九八年退伍後，進入媒體工作，第一個主跑單位就是高雄市政府工務局，現在的都發局當時仍隸屬於工務局，也因此認識許多在都發局服務的好朋友，他們後來雖離開都發局，但對於此書均給予極大幫助。其他如研究台機的成大博物館陳政宏館長、研究硫酸錏的科工館黃俊夫研究員，也都對於本書在台機、硫酸錏部分，有莫大助益，讓筆者能理解這些重要公司的運作。國家發展委員會檔案管理局在極短時間內，提供我們需求的大量檔案。其他接受我們訪談諮詢者，更是解開戲獅甲地區發展的重要關鍵，提供照片的各單位，以及協助本案行政部分的林光浩建築師，還有幾位負責蒐集資料、繪圖、攝影的助理徐乙仁、黃于津、何彥廷、林立偉，以及審查委員的寶貴意見，都是本書能完成的基石，均在此一併致謝。在撰寫過程中，深深覺得戲獅甲地區的故事，其實就是臺灣工業的縮影，這本書的出版，其實只是開始，還有許多戲獅甲的故事，有待我們繼續發掘。

第一章

日治時期戲獅甲工業區的建立

1

1908-1945[1]

日本アルミニウム（鋁）株式會社高雄工場
1935 年成立的日本鋁株式會社，為當時重要的軍需工廠之一。（繪圖：林立偉）

「戲獅甲」原是位於高雄港旁的一個傳統聚落，但在一九三〇年代後期，隨著高雄築港工程，以及配合日本政府發動一連串戰爭的「南進化、工業化」政策，戲獅甲就成為臺灣軍事工業化的指標，海邊遼闊的空地蓋起一座又一座大型的工廠，而且這些工廠多半是以往臺灣較罕見，甚至未曾所見的工業，如鋁業、金屬鎂、碱業等，也使得戲獅甲從一個以獅陣聞名的村落，變成臺灣工業的重鎮。

這個翻天覆地的變化，起源於日本時代末期。也因此，本書將從日治時期談起，這個當時臺灣獨一無二的「工業港區」究竟是如何誕生？

打狗築港與戲獅甲工業區的誕生

戲獅甲屬今日前鎮區，約是今日的三多路以南、光華路以西至港邊、時代大道以北一帶。戲獅甲地名由來，乃與該地早年以獅陣聞名有關，據說早期該地子弟所組成的獅陣技壓群倫，每逢高雄地區「十三庄頭」舉辦廟會時，皆由戲獅甲的獅陣作開路先鋒，故因此有「戲獅甲」地名的出現。[2]戲獅為傳統民間技藝，而戲獅「甲」的「甲」為昔日臺灣人用以計算田地面積之單位，引申有「一帶」之意，用來指稱「舞獅者居住的區域」。[3]自二〇〇七年起，高雄市政府舉辦戲獅甲藝術節，更將這種傳統的「戲獅」比賽，擴大為兩年一次的國際性賽事，

圖 1-1 2017 年高雄水陸戲獅甲活動海報

資料來源：高雄市立歷史博物館

成為高雄市頗為著名的傳統民俗競賽。

戲獅甲在行政區域屬於高雄市前鎮區管轄，今前鎮區北連苓雅區，南接小港區，東鄰鳳山區，西邊隔海與旗津相望，地域略成半環形。前鎮一名根據臺灣通史，因明鄭時代為大竹里中提督前鎮屯墾之所而得名；又有一說為清領時代，土匪猖獗，府縣設哨置兵鎮守於此，遂有前鎮之名。[4]前鎮區早期由前鎮、戲獅甲、籬子內、草衙、崗山子、佛公六個聚落發展而來，該地居民現今仍多以舊聚落名稱指稱區劃。

前鎮區境內歷經清領、日治、戰後多次更迭，至今雖仍留有明清以降之聚落名稱，然戲獅甲卻從傳統的農漁村聚落，蛻變為工業區，此與日本時代政府施政規劃有密切關係。

一八九五年臺灣進入日本統治時期，從一八九八年的臺灣堡圖（圖1-2）可見戲獅甲為傳統農村聚落景象，此外從一九一七年海軍收購戲獅甲周遭土地的區劃圖（圖1-3），也可看到戲獅甲內有幾處標註為「養魚池」，顯示此地也從事養殖漁業，相關的申請文件也不少，如：一九一七年館崎豐吉在戲獅甲魚塭從事鱸魚、鯛魚的養殖，[5]以及一九二三年蘇合德等人在戲獅甲魚塭養殖牡蠣，[6]顯示戲獅甲當時仍是傳統農漁聚落。

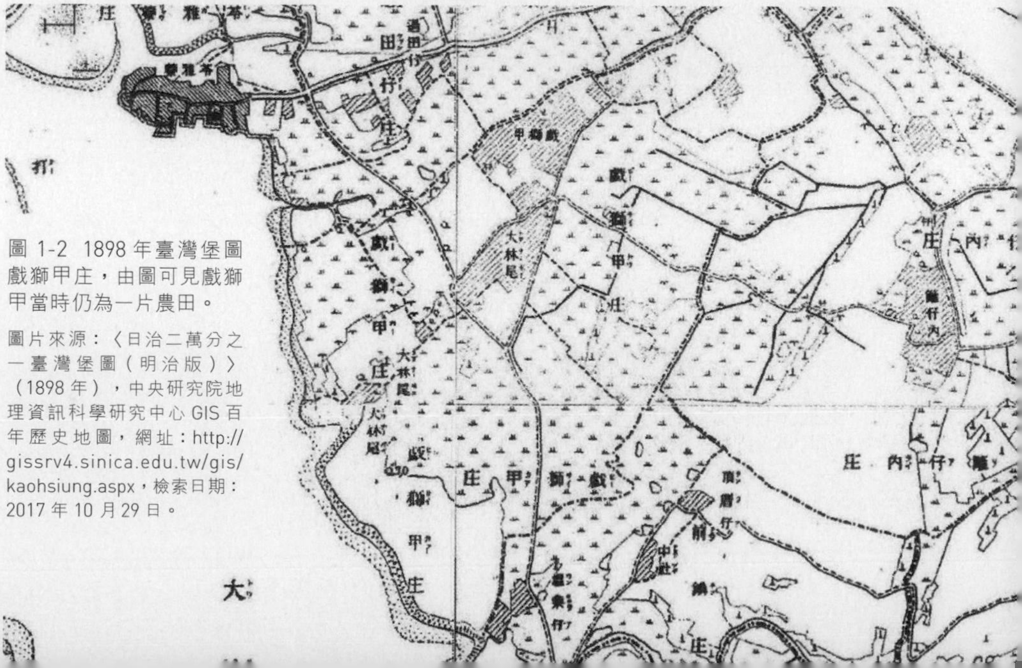

圖 1-2 1898 年臺灣堡圖戲獅甲庄，由圖可見戲獅甲當時仍為一片農田。

圖片來源：〈日治二萬分之一臺灣堡圖（明治版）〉（1898 年），中央研究院地理資訊科學研究中心 GIS 百年歷史地圖，網址：http://gissrv4.sinica.edu.tw/gis/kaohsiung.aspx，檢索日期：2017 年 10 月 29 日。

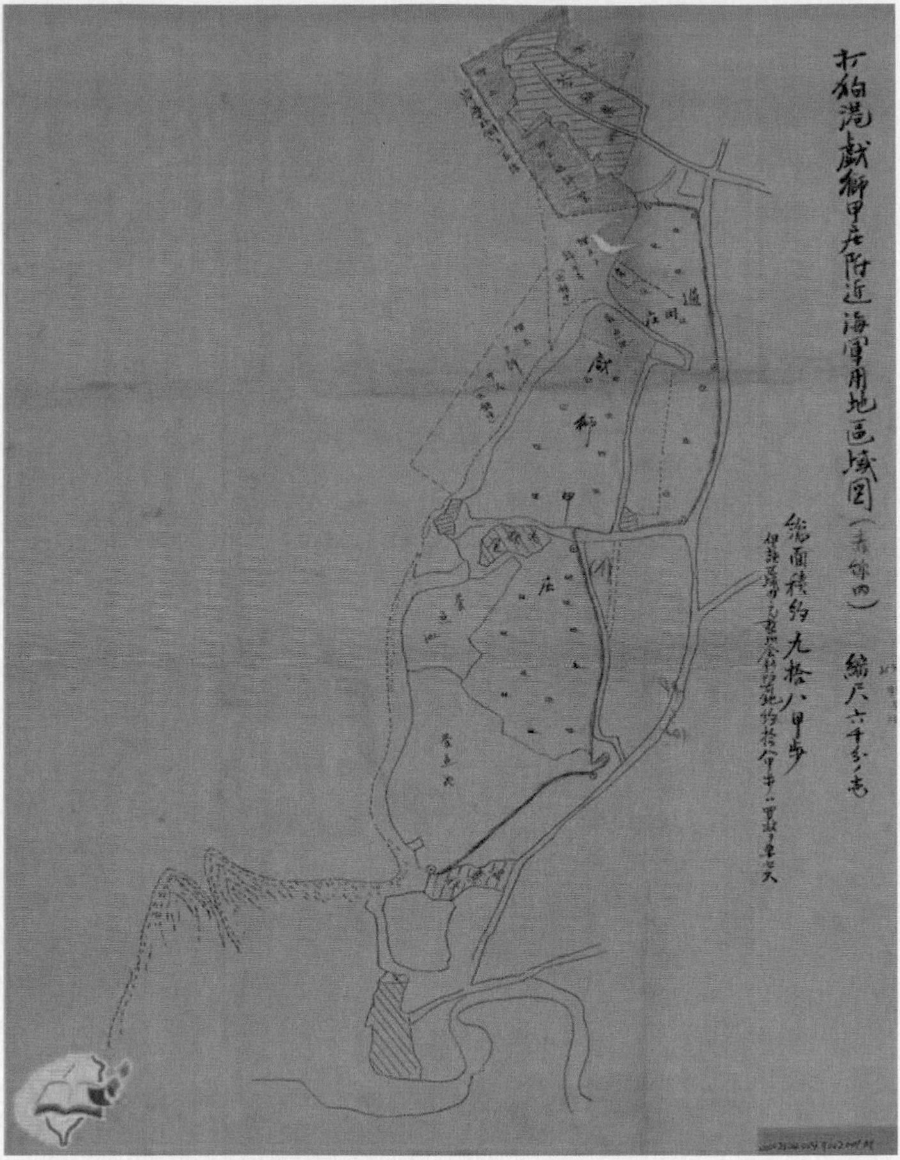

圖 1-3 戲獅甲海軍用地收買區域

資料來源：「戲獅甲庄海軍用地買收ニ關スル件（海軍參謀長其外）」（1913 年 8 月 1 日），〈大正二年永久保存第三十七卷〉，《臺灣總督府檔案》，國史館臺灣文獻館，典藏號 00002124004。

戲獅甲境內也曾有幾處原為墳墓地，但一九三三年至一九四一年間，政府陸續下令遷徙，如一九三三年戲獅甲二五〇番地處有一三〇座墳墓，之後於一九三八年、一九四〇年、一九四一年皆有數次下令墳墓遷徙。[7]

戲獅甲開始蛻變為工業區，則與日本時代的打狗築港工程有密切關係。

一、打狗築港

打狗港[8]為南部重要港口之一，雖為天然良港，內港港勢寬闊，卻有入口狹小、巨石擋道、淺灘多等缺點，因此在日治以前，僅視為安平的副港。一八九五年日本統治臺灣，經過調查後，決定臺灣南部生產的蔗糖做為重點產業發展項目。

有鑒於臺灣傳統製糖業效率低落，一九〇一年日人在橋仔頭（今橋頭）設立臺灣製糖株式會社，蓋了新式製糖廠，開啟臺灣現代化工業的初頁。但橋仔頭糖廠所生產的成品，必須仰賴鐵路運至港口送回日本，一九〇〇年台南至打狗段鐵路已通車，但打狗停車場因腹地狹小，且距離港口仍有一段路程，使得貨物裝卸需要經由小船接駁，不論在經費、時間上均相當不便。

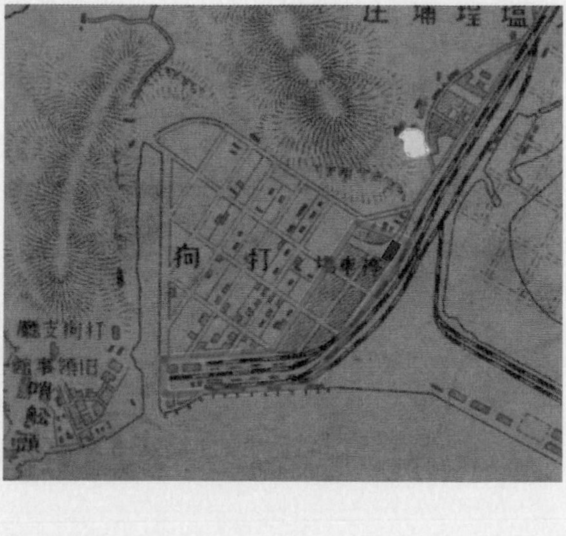

圖 1-4 鐵道部埋立地圖（藍色方框內為鐵道部埋立地範圍，紅色標示處為新打狗停車場）。

圖片來源：〈打狗圖（1917 年）〉，中央研究院地理資訊科學研究中心 GIS 百年歷史地圖，網址：http://gissrv4.sinica.edu.tw/gis/kaohsiung.aspx，檢索日期：2017 年 6 月 23 日。

因此，鐵道部率先於一九〇四年進行「鐵道部埋立地工程」，以一邊浚深港口、一邊填築土地之方式，填築出十三萬二〇〇〇平方公尺的土地，這片新築土地成為日後的新濱町、湊町，即今日哈瑪星鼓山一路、臨海一路一帶及新濱碼頭，鐵道部埋立地整體工程於一九〇七年五月竣工，打狗停車場[9]也遷移至今日打狗鐵道故事館旁，成為臺灣民眾進入高雄的門戶，這一條臨海運輸的鐵道便稱為「濱線」，也就是哈瑪星名稱的由來。

「鐵道部埋立地」的成功，鼓舞了總督府。經過多次調查與探勘後，臺灣總督府終於在一九〇八年展開打狗港第一期築港計畫，至一九一二年完成第一期築港計畫，解決原本打狗港內淤塞及巨石等問題，更與財閥淺野總一郎合作，填築出哨船頭一帶及哈瑪星，讓高雄港成為一個現代化港口。由於基隆至打狗的縱貫鐵路全線也已於一九〇八年完工通車，臺灣南部貨物均可透過鐵路至打狗港轉運，打狗港旁的哈瑪星又是一個全新打造的現代化社區，吸引大批日人前往居住，使得打狗也逐步取代鳳山，成為此區域的政經中心。[10]

一九〇八年至一九一二年的第一期築港工程奠定了今日高雄港的基礎，也獲得不少肯定，總督府於一九一二年立即啟動第二期築港工程，將高雄港範圍向苓雅寮一帶延伸，配合第二期高雄港築港工程，「打

圖 1-5 新打狗停車場—打狗驛

圖片來源：高雄市立歷史博物館藏，登錄號：KH2015.005.391。

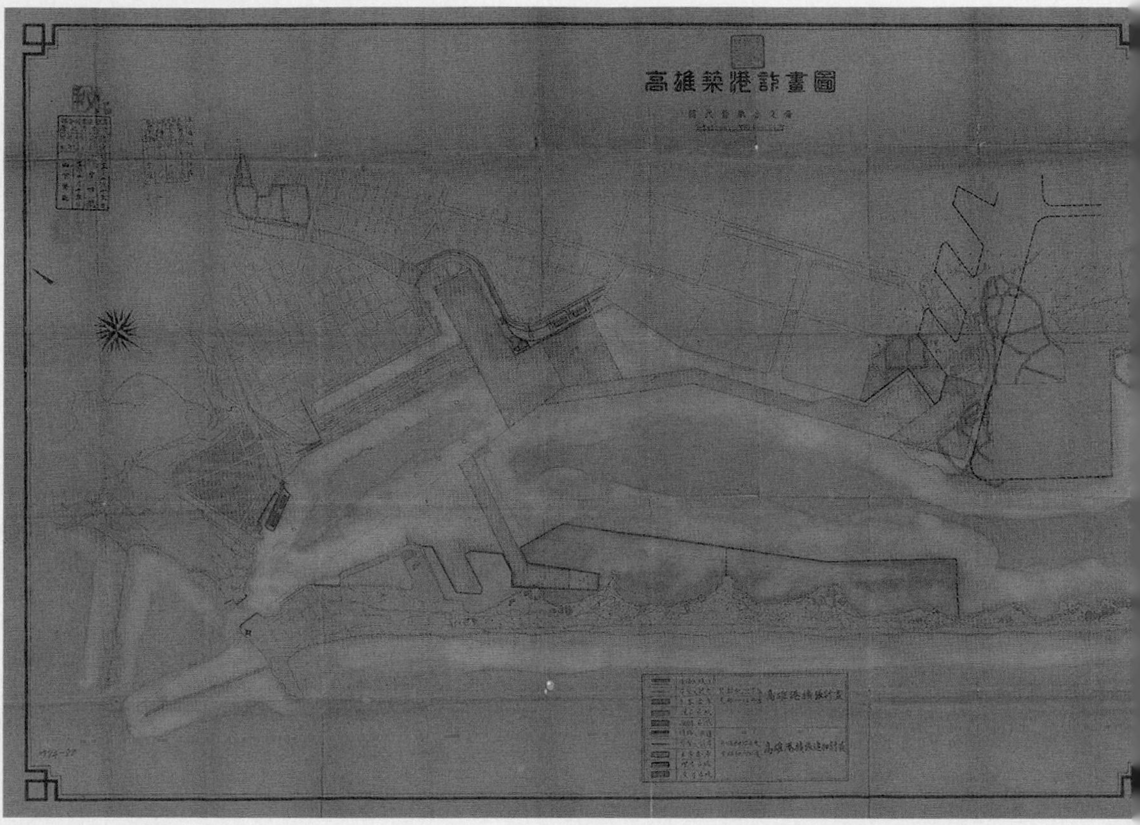

圖 1-6 高雄築港計畫圖

資料來源：作者不詳，〈高雄築港計畫圖〉（出版者不詳，1940）。國立臺灣圖書館日治時期圖書影像系統。

狗整地株式會社」收購打狗港灣內東北側，也就是鹽埕庄附近及打狗川（愛河）以西之鹽田、魚塭、海埔地繼續填築新市區，規劃出後來的鹽埕町、北野町、堀江町、入船町、榮町。這個被統稱為「鹽埕」的新市區，成了高雄下一波發展的基地，並促使市街不斷地往東北、東南腹地推展，三塊厝、大港埔、苓雅寮南側及戲獅甲[11]相繼獲得開發。戲獅甲也在築港計畫中出現，逐步成為工業區。

一九三〇年代中期以後，隨著戰爭的逼近，日本經濟進入另一種狀態，原本為對付經濟恐慌的「統制經濟」，進入「戰時統制經濟」，生產均以軍需為主，臺灣也深受影響。[12]從以往的「農業臺灣，工業日本」轉型為「工業臺灣，農業南洋」，積極推動工業發展。配合一九三〇年代以後，許多電廠的陸續完成，尤其是一九三四年臺灣電力公司的日月潭第一水力發電廠的完成，讓許多需要大量電力的工業，如鋁業、化學工業能夠進入臺灣，也使得工業生產額，在一九三九年首度超越農業生產額。[13]

在這當中，以高雄地位最為重要，因為高雄港的地理條件，來自東南亞的原料，可快速運至高雄，再藉由港邊的工業區，加工成為半成品，運往日本做為最後成品。[14]因此高雄成為本期中工業發展最為迅速的地方。

此時高雄港的建設重點就是戲獅甲工業區。一九三八年後日本政府依戰時生產擴充政策在臺灣興建了東邦金屬製煉會社、旭電化工業株式會社、南日本化學工業株式會社、鐘淵曹達工業株式會社、臺灣重工業株式會社、高雄製鐵株式會社、臺灣有機合成株式會社、台拓嘉義化學工場等八個工廠，[15]其中旭電化、南日本、高雄製鐵三間工廠均位於戲獅甲，可見戲獅甲在戰時工業的重要性，若再加上一九三五年設立的日本鋁工場，也是軍需下重要工廠，就可見戲獅甲工業區設立的背景。

二、都市計畫的實施

戲獅甲工業區出現與高雄市新的都市計畫有密切關係。整體而言，高雄市從一九三六年後實施的一連串都市計畫，主要是為了配合南進政策，擴大現有腹地，並以軍事及軍需產業為主的整體都市規劃。[16]高雄市從原來哈瑪星、鹽埕的中心，跨過高雄川，以道路連結前金、大港埔、三塊厝、大港、苓雅寮、過田子、戲獅甲、前鎮等地，並直通鳳山，在高雄及鳳山兩地設置許多與軍事相關的倉庫、營舍及軍需產業，其中戲獅甲就是以軍需為主的工業區。

一九三六年高雄州告示一一四號公布「高雄都市計畫一部變更計畫」，一九三七年六月十三日，總督府一九三八年府告示一一三號，調整了高雄市大港埔、三塊厝、大港、前金、過田子、戲獅甲、苓雅寮計畫土地區劃。[17]一九三七年八月二十七日，總督府又以告示一八五號，調整前金、戲獅甲、籬子內、前鎮的道路、廣場、排水、公園、鐵道、運河、學校，尤其是增加堀江町至前鎮的鐵道，以及戲獅甲往籬子內、前鎮的運河，[18]此為日後臨港線及十字運河。

一九三八年府告示四〇八號公布「地域決定標準制定一件」提到預計在高雄規劃工業地區，戲獅甲也納入規劃之列，顯示已有土地利用分化設計的概念。[19]一九四四年府告示七七〇號公布「地域變更及特別地區計畫」中，將屬於工業地區的戲獅甲規劃為工業專用地區。[20]

一九三六年的都市計畫中，將高雄市城市佈局分三層：最內層以高雄驛為中心，並將昭和通（今中山一路火車站至中正四路）兩側興建為商業區。中間層為住宅區，主要在前金一帶。最外層為在市區外緣西側為神社與遊憩區（海水浴場、壽山公園）；北側（壽山南麓、半屏山北側）及南側（戲獅甲）設工業區，架設臨港線鐵路把外圍工廠串聯，生產的軍需物資透過鐵路轉運至高雄港輸送到南洋戰場。軍需補給以南方戲獅甲為重鎮。航運部分以高雄港為主、桃子園軍港為輔；陸運部分以高雄驛為主（運客）、高雄港驛為輔（運貨）。陸續增設鳳山通信隊、鳳山陸軍高射砲部隊、戲獅甲設陸軍官舍及軍方倉庫、陸軍醫院、苓雅寮沿岸強化軍事設施，這份規劃藍圖影響直到今

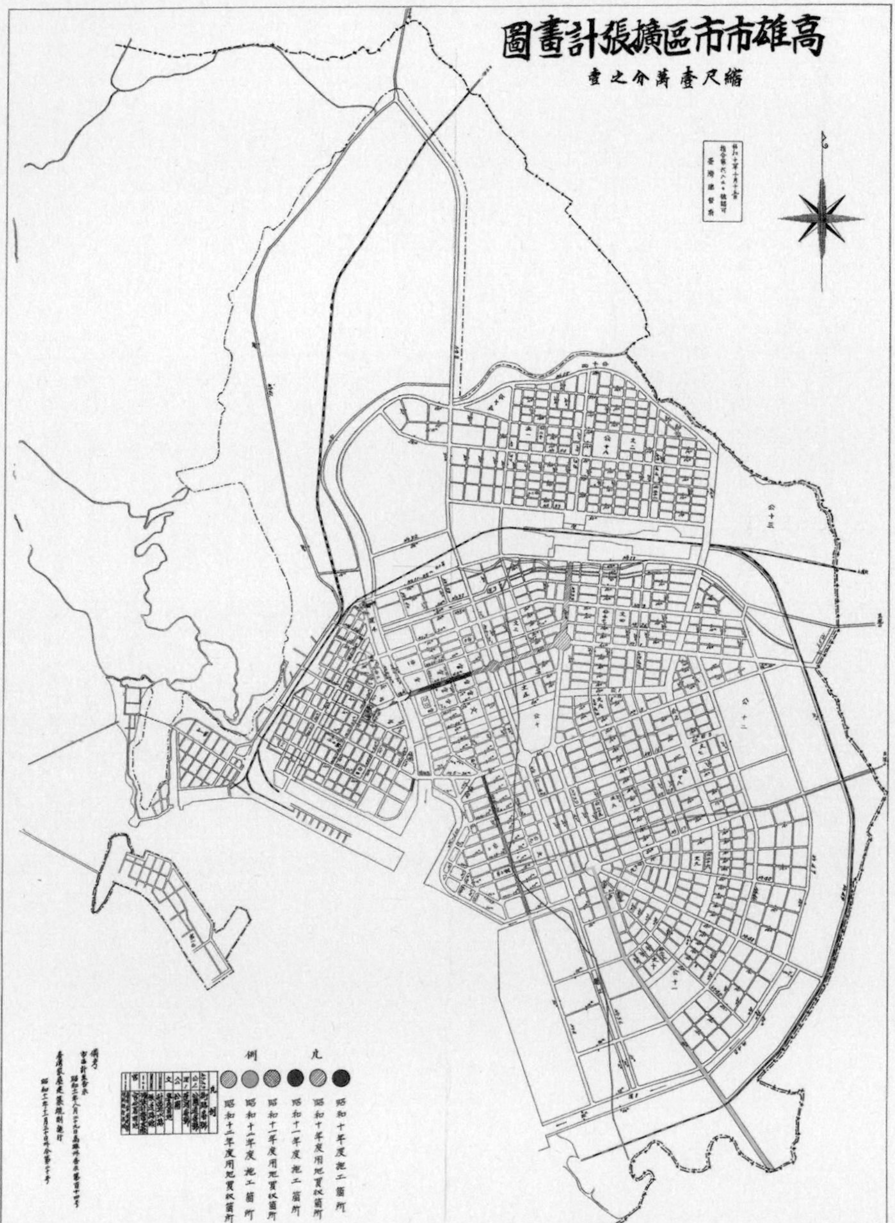

圖 1-7 1936 年高雄市市區擴張計畫圖

資料來源：〈高雄市市區擴張計畫圖（1936 年）〉，中央研究院地理資訊科學研究中心 GIS 百年歷史地圖，網址：http://gissrv4.sinica.edu.tw/gis/kaohsiung.aspx，檢索日期：2017 年 10 月 29 日。

日。[21]

從圖1-7中，可看到日本時代後期對高雄市區的規劃雛形，明顯以高雄港為樞紐節點，進行放射狀擴散，格子道路的交會處設圓環又往外圍郊區進行放射狀擴散，逐漸讓版圖往外延伸。戲獅甲地區則以原三多圓環（今三多路、中山路、一心路交叉口）為節點，往南方出現大規模放射狀街路系統，臨港邊則規劃出大方正格局預計安置工廠，將住宅、工廠區隔，把都市居住品質都考量進去。戲獅甲工業區的輪廓大致形成。

大高雄都市計畫著手將戲獅甲、半屏山北側、壽山南麓劃為第一期工業區；草衙、小港、中洲、紅毛港為第二期工業區。因此，政府投下二百萬日圓資金，計畫在戲獅甲填築百萬坪區域，大部分土地規劃為工廠用地，進行沿岸填築與戲獅甲運河開鑿，大大增加此地區的擴張餘地，看出日本企圖希望戲獅甲能達成高雄工業化之重要使命。[23]

從圖1-8更可明顯看到此時高雄市都市計畫中已將都市功能劃分清楚，高雄市兩處工業區位於戲獅甲及內惟。戲獅甲工業區旁為商業區及住宅區，此時應未料到日後因戲獅甲工業區與住宅、商業區過於接近，不僅讓戲獅甲工業區發展造成侷限，且因環境問題，造成戲獅甲工業區的遷移及變化。

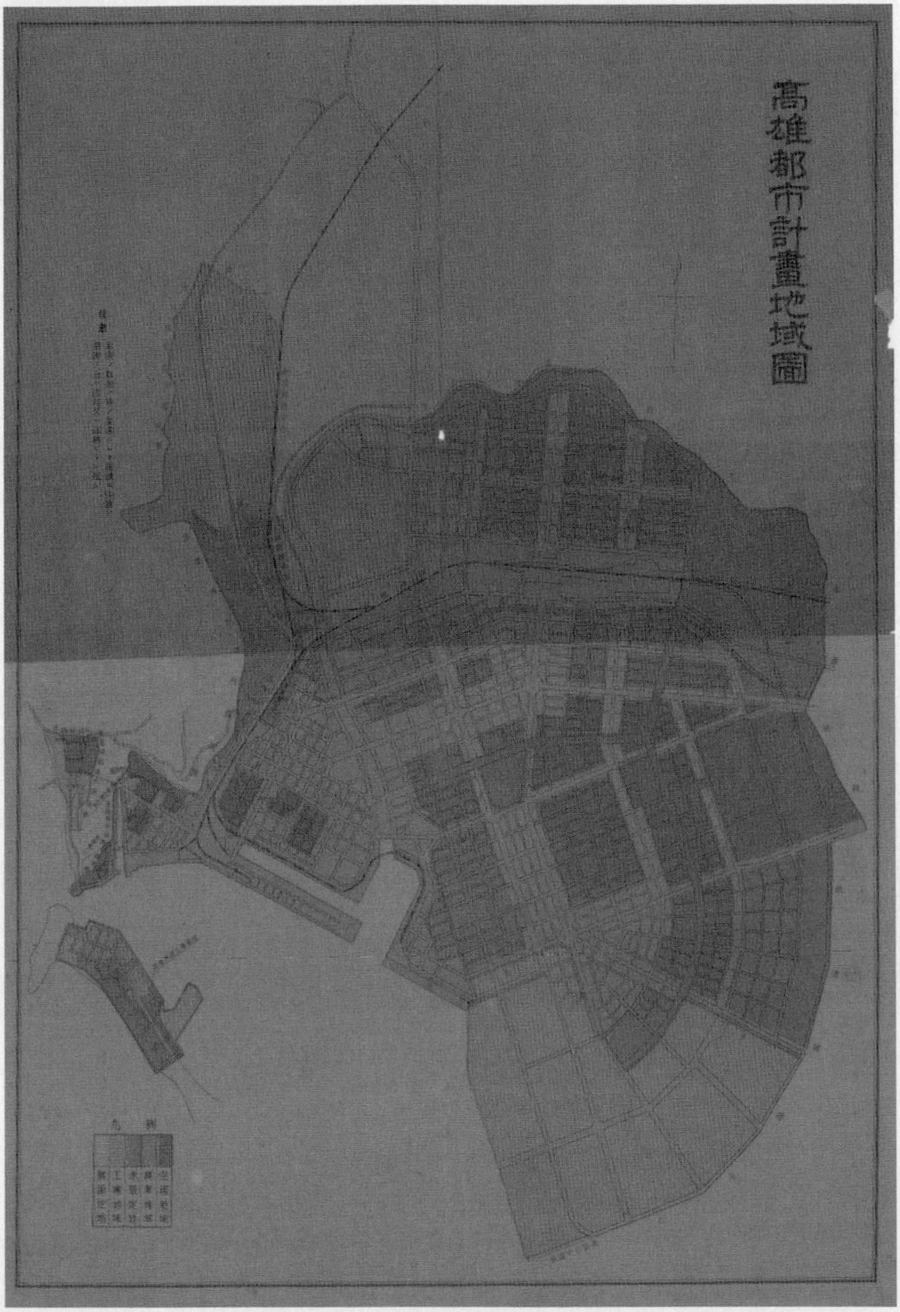

圖 1-8 1938 年高雄都市計畫地域圖（藍色為工業地域、黃色為未設定地、紅色為商業地域、綠色為住居地域）

資料來源：〈高雄都市計畫地域圖（1938 年）〉，中央研究院地理資訊科學研究中心 GIS 百年歷史地圖，網址：http://gissrv4.sinica.edu.tw/gis/kaohsiung.aspx，檢索日期：2017 年 7 月 6 日。

三、戲獅甲工業區的形成

戲獅甲工業區除了工廠建設外，聯外系統、工業供水更是重要，交通聯外系統、用水、用電需於工廠進駐前完成，方能發揮最大效用。

交通聯外系統可分為航運、鐵路及公路。在航運部分，為增加戲獅甲利用價值，投資約六〇萬圓進行運河開鑿，一九三九年五月竣工的十字形（戲獅甲）運河，可供汽船出入，以利駁船輸運作業，運河兩岸有荷置場[24]、物揚場[25]設施有助原料搬入及製品的裝載。[26]

鐵路部分，當初為提升貨物裝卸運送速度，結合高雄港各碼頭倉庫設貨物裝卸車鐵路岔道，各岔道與臨港線結合，再連結到高雄港站，高雄港站又是縱貫鐵路終點也是屏東線起點，串聯起北至基隆、南至屏東網絡。

臨港線鐵路，又被命名為「山手線」，高雄港原已有直通一號、二號碼頭，專為運輸進出口貨物興建的鐵路線，在一九三五年起即運用原來的「北裏岸壁線」（即今蓬萊倉庫B六～B一〇倉庫北側路線）延長作為臨港線的延伸，這條新延伸的路線，沿著新架設的「苓雅寮大橋」橫越高雄川，抵達苓雅寮停車場。

圖 1-9 高雄臨港線環狀鐵路範圍（環狀橘線為鐵路）

資料來源：〈美軍五萬分之一地形圖（1944 年）〉，中央研究院地理資訊科學研究中心 GIS 百年歷史地圖，網址：http://gissrv4.sinica.edu.tw/gis/，檢索日期：2017 年 10 月 24 日。

一九三六年都市計畫將臨港線的起點設於新遷建的高雄驛，終點在戲獅甲前鎮運河出海口附近，大東亞戰爭爆發後，臨港線的工程更是如火如荼展開，一九四三年延伸至日本鋁株式會社高雄工場北邊，一九四四年底前終於完成環狀鐵道線，與東邊的臨港線銜接，直達高雄新驛。

公路部分：與戲獅甲有關聯之道路，主要是一九四〇年施工的苓雅寮、過田子至戲獅甲道路（今成功路），[27]為當時戲獅甲的主要聯外公路，除此之外，從圖1-9也可看到，在今日成功路外，戲獅甲有另兩條道路，也就是今日的中山三路及復興路，但中山路與復興路均未開闢完畢。復興路僅從成功路至中山路；中山路也僅從復興路至凱旋路，也就是以今日成功二路、復興三路、中山三路所圍成的ㄈ字形。除道路外，多仰賴十字狀運河及鐵路對外運輸，運河兩岸架設運河橋，[28]方便陸路運輸。

工業用水部分：工廠用水主要來自水道水作為機器冷卻之用，其他雜用水則鑿井取水，有鑑於此，進行高雄水道擴張計畫，讓工業用水供給充足。一九三〇年，在大埤湖（今澄清湖）利用曹公圳將原水引儲湖內，並增建供水設備，因應軍需工業所需用水。一九三八年三月在高雄州一〇公里外（今高雄大寮區翁公園）開闢第二水源地，取地下水在考潭建築可容二八〇〇立方公尺之配水池，一九四二年完工啟用。一九四〇年建造高雄工業給水廠，以下淡水溪（高屏溪）為水源地，一九四三年完工啟用。[29]然而，當全面可供應完備用水時，戰情陷入白熱化，一九四四年後許多工廠及高雄港區遭美軍轟炸損毀，未讓已完備的供水系統發揮功用。

工業用電部分：工廠運轉時，電力系統穩定相當重要，戲獅甲工業區能成立與一九三四年全台最大型的日月潭水力發電廠完工有關，發電量十五萬四千瓦，南部線輸送至高雄變電所，發電量六萬三千瓦，二次送電線配送到戲獅甲有一萬一千瓦。[30]因供電量相當穩定，戲獅甲重工業工廠也才能興建並運轉，尤其是大量用電的鋁業、化學工業、鋼鐵業。[31]

戲獅甲工業區是一個以軍需為主的工業區，因此在規劃時，與整體軍事規劃有密切配合。港區沿岸設有艇庫，同時成立高射砲隊，陸地面則有陸軍倉庫及兵器庫，並設置陸軍官舍，運河岸邊也設有碉堡。在萬事俱備下，戲獅甲正式確立為重工業、軍用工業據點。[32]

工廠、學校及宿舍的建立

戲獅甲工業區的設立主要是為了軍需，因此區內工廠與以往高雄市工廠有顯著不同。實際上，同一時期所興建的工廠，除了在「戲獅甲」區域的七間工廠外，尚有位於前鎮的「南日本化學」，該廠與位於戲獅甲的「旭電化工業株式會社高雄工場」[33]都是臺灣總督府推動化學工業的主要基地，戰後也成為台碱廠區，理念頗為一致，[34]因此本節將「南日本化學」一併列入討論。

臺灣總督府為了建立戲獅甲工業區，特別將部分高雄州的公有地售予業者，就目前資料可見，包括南日本化學、旭電化、拓南ベニヤ均為如此。

除了上述工廠外，戲獅甲還特別設立了以工業為主的學校，說明臺灣總督府希望此地成為臺灣工業的搖籃，同時也為了讓工作者居住安心，建立了宿舍區。但從其軍需工業的背景來看，戲獅甲與軍事的關係匪淺，從圖1-21更可看出戲獅甲除了工廠、學校外，還有許多軍事設施。以下就工廠及學校分別介紹，但為敘述方便，工廠將不按照設立時間順序，而以工業性質，依序敘述化學工業（南日本化學、旭電化、臺灣肥料、塩野義製薬）、金屬機械工業（日本アルミニウム株式會社、臺灣鐵工所、臺灣製鐵株式會社、唐榮鐵工所）及其他（臺灣畜產興業高雄工場、臺灣特殊窯場株式會社、拓南ベニヤ工業株式會社工場）共十一間工廠的發展。[35]

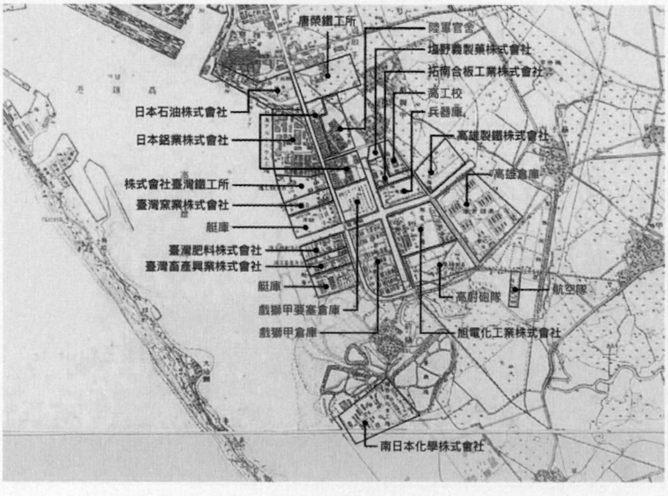

詳細大圖在頁 71

一、化學工業：南日本化學、旭電化工業、臺灣肥料、塩野義製藥

（一）南日本化學工業株式會社高雄工場

在這四間化學工業中，旭電化工業高雄工廠及南日本化學工業株式會社都是利用工業鹽所發展的碱氯工業。臺灣原本就是產鹽區，尤其在西部海岸區，如高雄鹽埕就是因產鹽而得名，但在清代及日治前期均是以食用鹽為主，直到一九三五年以後，因為化學工業的需要，轉而開始發展工業鹽。

工業鹽是重要的化學工業原料，鹽主要成分是氯化鈉，透過電解大量飽和食鹽水可獲得氯氣及燒碱（氫氧化納），其為重要化學原料，在造紙、煉鋁、煉鎢、人造絲、人造棉及化學藥品製造上相當重要。另外鹽也可製造成純碱（碳酸鈉），為玻璃工業的重要原料。

早期日本所用燒碱多來自進口，第一次世界大戰時，因德國製造的燒碱無法進口，讓日本國內原料短缺，這使得臺灣總督府有意利用臺灣鹽製作，在一九一七年由大日本人造肥料的子公司臺灣肥料高雄工場利用硫安法製造，但因技術上無法克服，加上戰後國外進口已舒緩，遂於一九二三年停止生產。[36]

隨著日本工業的發展，對於工業鹽的需求也逐步增加，從一九二六年僅需一〇萬噸，到一九三八年已達一一八萬噸。其原料以往多由英國進口，因為其價格較為便宜，但隨著國際局勢的緊張，日本將主要工業鹽的進口逐步轉移至其所能掌握的臺灣、關東、中國東北及華北，以免戰時原料被封鎖。[37]

一九三七年中日戰爭全面爆發，日本大藏省於同年十二月主持「內外地鹽務緊急協議會」，擬定化學工業用原料鹽的增產計畫，規定臺灣必須要在一九四一年負擔二五萬噸，因一九三七年臺灣產量僅五萬噸，為了達成此目標，在臺灣總督府主導下，由大日本鹽業株式會社、臺灣拓植株式會社、日本曹達株式會社於一九三八年創立南日本鹽業株式會社，以製鹽、利用苦滷副產品及發展鹼業為目的。[38]

一九三九年十月二十一日，大日本鹽業株式會社、臺灣拓植株式會社、日本曹達株式會社成立南日本化學工業，其首任會長一宮銀生來自大日本鹽業、社長中野友禮及專務取締役倉石忠雄均來自日本曹達。其為南日本鹽業株式會社的下游，運用南日本鹽業株式會社所生產的工業鹽，以中野式電解槽製造燒鹼、鹽酸及漂粉。本社先設於堀江町，並於前鎮草衙設立工廠，在一九四〇年一月二十二日舉行開工典禮（地鎮祭），[40] 原本預定同年年底竣工，但南日本化學主要投資者之一日本曹達株式會社因擴展過速，發生資金問題，社長中野友禮

圖 1-10 南日本化學工業工場地鎮祭

資料來源：〈南日本化學工業工場地鎮祭〉，《高雄新報》，1940 年 1 月 23 日，第 7 版

下台，而中野友禮也身兼南日本化學之社長，使得南日本化學發生危機，無法完工。後來經過融資，重新復工，於一九四三年完工。[43]

（二）旭電化工業株式會社高雄工場

燒鹼製法有硫安法與電解法，此波的生產是以電解法為主，這也是因為前述日月潭水力發電的完成，能夠有充足電力使用。所以除了南日本化學工業外，同年（一九三九年）更早有旭電化工業高雄工場的成立，該廠是由古河財閥投資，屬其化學部門，其設立則與同在戲獅甲地區，一九三五年成立的日本鋁株式會社有關，由於煉鋁需要金屬鎂，因此日本陸軍看上具有煉製金屬鎂能力的旭電化，希望他們來到高雄設廠，供日本鋁使用。

旭電化主要投資者為古河財閥，於一九一七年成立，其動機與臺灣肥料高雄工場相同，因一戰時燒鹼價格大漲而設立，以電解法製造燒鹼。在一戰結束後，雖然同樣面臨德國重新進口的競爭，但其不僅沒有被打倒，且不停精進，發展出提煉金屬鎂的技術，這也讓日本陸軍力邀其來高雄，生產金屬鎂供給日本鋁使用。[44]

除供應日本鋁外，另一重要原因是隨著戰事擴大，全日本金屬鎂需求也增加，一九四〇年全日本金屬鎂產量為三千噸左右，軍方卻希望能增加到五千噸。但在日本本土，因為原料（鹽）與電力供給都不可能大幅增加，因此軍方就將焦點轉到原料充足，且剛完成日月潭水力發電廠的臺灣。[45]

一九三九年三月，旭電化高層來高雄勘查，[46]並確立將工廠設於日本鋁附近的戲獅甲，[47]為建立此工廠，旭電化需要增資，從原資本額五百萬圓加倍，在當年九月向大藏及商工大臣提出增資案，在戰時幾乎不可能通過的增資案輕易通過，[48]總督府自然也快速通過此申請案後，[49]旭電化於十二月成立高雄工場建設事務所，由取締役技師長浦郎三野擔任所長，實務負責人為東海林武雄、草野耕造。[50]一九四〇年一月，大林組負責工廠興建，[51]一九四〇年二月十八日舉行地鎮祭。[52]

由於旭電化在日本內地產金屬鎂的尾久及關東電化工場資深操作人員不足，只能調派少數人員前往高雄，因此培養臺籍員工成為當務之急，一九三九年九月時，就有二十九名公學校畢業生前往尾久工場參與培訓，一九四〇年及一九四一年也各有十八名學生在此培訓，這批臺籍員工就成為高雄工場的中堅員工。[53]這份資料相當有趣，目前缺乏這批臺籍員工的資料，若有進一步發現，或許對於戰後臺灣化學工業發展可更深入分析。一九四〇年開工時原生產目標是年產一二〇〇噸的金屬鎂以及六〇〇〇噸的氫氧化鈉，但臺灣所能提供的物資與預期想像不同，於是將計畫分為兩期進行，第一期改為生產六〇〇噸金

圖 1-11 旭電化高雄工場舉行地鎮祭

資料來源：〈旭電化高雄工場十八日地鎮祭〉，《高雄新報》，1940 年 2 月 2 日，第 3 版。

屬鎂與四〇〇〇噸氫氧化鈉，但過程遇到颱風侵襲、船隻載運量不足等問題，因此完工日期一直拖延，[54]一九四一年四月雖竣工，[55]但八月一日正式試運轉、八月二十一日開始正式運轉，[56]十月才算正式上軌道，後於一九四二年更開始製造鹽酸。[57]

一九四一年太平洋戰爭爆發後，船隻裝載率不足，加上臺灣南部炎熱的天氣及瘧疾，不斷有人生病，使得生產效率不如預期，軍方仍持續進行第二期、第三期的擴充工程，更訂出年產一八〇〇噸金屬鎂及一萬噸氫氧化鈉的目標。雖然這個目標無法實現，但高雄工場的金屬鎂從一開始只能生產三十五噸，到一九四二年的二六一噸、一九四三年的三七五噸、一九四四年的四三三噸，已經與日本本土工廠不相上下，然而從一九四四年的大空襲開始，產量又急速下降。

一九四五年二月二十三日強行疏散作業員家中的老弱婦孺至台中州埔里街，結果隔日（二月二十四日）就遇上大空襲，兩台變電器、變壓器燒毀，接著輸電線被截斷，變電設備附近的機房則嚴重毀損倒塌，幾次的空襲也使十幾名作業員喪命。一九四五年四月，旭電化下令遷移部分機器至臺灣其他區域，但運送過程相當困難，最後決定除了一部分的設備開始進行移轉外，主要設備全由總督府斡旋交涉，讓渡給產業設備營團[58]，並於八月十日簽約，但五天後日本正式投降，此一移轉也未完成。[59]

台湾高雄工場全景(昭16)
創立25周年時の台湾工場の職員(昭17.1.27)

圖 1-12 旭電化臺灣高雄工場

資料來源：翻攝自旭電化工業株式會社社史編集委員會，《旭電化工業 70 年史》，照片頁。

(三) 臺灣肥料株式會社高雄工場

上述南日本化學與旭電化高雄工場是屬於化學工業中的碱氯工業，也是日治後期才冒出頭的新興產業，而化學肥料則是臺灣早有發展的化學工業，尤其是日治前期「工業日本、農業臺灣」的政策下，農業所需的肥料如何精進，是當時臺灣總督府關切的議題，在政府的推廣下，臺灣農民漸漸由以往堆肥，轉採大豆粕及化學肥料，而也帶動日籍商人希望在此設廠生產化學肥料。

臺灣肥料株式會社就是在此背景下誕生，其早在一九一〇年，由荒井泰治、藤崎三郎、古賀三千人等臺灣商界名人共同成立，專營化學肥料，而當時農民並不習慣使用化學肥料，使得公司經營一度陷入困境，後靠著總督府支援，以及製糖業興起後，肥料需求大增勉強度過難關。[60]但在一九一二年八月大日本人造肥料株式會社取得半數股票，臺灣肥料遂成為大日本人造肥料的旁系會社，前述也提過，一九一七年時臺灣肥料高雄工場更一度生產燒碱，但業績仍未有太大起色，一九二三年十二月與位於基隆的東亞肥料合併，名稱仍為臺灣肥料，也同樣是大日本人造肥料的旁系，但總社則遷至基隆，一九三一年甚至關閉高雄工廠。

臺灣肥料之所以一直虧損，是因為無法與進口品抗衡，但進入戰爭時期，不管自日本或外國輸入均更加困難，於是臺灣肥料原於一九三八年有意重新在高雄設立規模更大的硫酸及過磷酸鈣製造工廠，但因磷礦石配給不如預期等因素而延期，[61]並決定將原來在榮町的工廠（今仁愛公園，高雄市立歷史博物館對面），配合戲獅甲工業區的開發，至戲獅甲設廠，[62]並於一九四〇年八月十四日舉行開工典禮，由大林組進行施工，[63]但因戰爭期間的材料取得不易，原本預定於一九四一年完成的工程，[64]一再延期，直到一九四二年十月才開始生產過磷酸鈣，[65]一九四三年五月左右生產硫酸。[66]在原料不足情況下，營業未產生預期效應。[67]

（四）塩野義製藥

臺灣在日治時期由日本人引進西藥，一九一〇年代後更多日本藥商來臺設立支店，藥品則多從日本進口。[68]其中因金雞納樹皮中含有的奎寧（quinine）成分，可用來防治瘧疾，是重要的軍備藥品，因此在日本政府國策下，不少日本藥廠曾來臺培育栽植奎寧的原料—金雞納樹，塩野義製藥就是其中之一。

一八七八年塩野義三郎於大阪創設「塩野義三郎藥店」，主要販賣、經銷日本及漢方藥品，一八八六年開始專賣西藥，一八九二年開始設廠生產Caffeine（咖啡因）、氯化錫，一九〇九年開始生產上市第一個藥品Antacidin（制酸劑），一九四三年正式更名為「塩野義製藥株式會社」，並沿用至今。[69]

一九三四年塩野義製藥便派遣社員來臺調查適合栽植金雞納樹的地點，一九三五年社長與近藤博士來臺視察後，[70]於一九三五年在臺灣設立臺北駐在所，一九三六年設高雄出張所及高雄農林場，開始於高雄州大武山下設立農場栽培金雞納樹。[71]一九四三年農林場栽培的金雞納樹皮開始有收成，最初的十三噸金雞納樹皮被運送至赤穗工廠，但隨著戰爭越演越烈，越來越不易運送至日本本土，因此決定於高雄工廠加工。[72]一九四四年五月，雖然高雄工廠已完成開工儀式，但從內地運送機械、器具至臺灣的運輸船，在途中慘遭擊沉，因此無法順利生產奎寧，只好轉為生產金雞納樹皮粉。[73]

這四間化學工廠是戲獅甲工業區的重點，也幾乎都是軍需工業下的產物，尤其是南日本化學及旭電化，更與日本鋁是此波總督府建設的重點，雖然因為種種因素，營業結果都不如預期，但開啟了戲獅甲地區成為高雄化學產業聚落，戰後的高雄硫酸錏公司、臺灣塑膠公司都在此設廠，讓高雄成為日後的石化重鎮，影響深遠。

二、金屬機械工業：日本アルミニウム（鋁）、臺灣鐵工所、高雄製鐵、唐榮鐵工所

（一）日本アルミニウム（鋁）株式會社高雄工場

前述提及，戲獅甲工業區中，最重要的新設工廠有三，除了化學相關的南日本化學及旭電化外，就是日本鋁株式會社高雄工場，配合臺灣鐵工所的新工廠及臺灣製鐵株式會社，使得戲獅甲工業區，除了化學工業外，也是金屬機械工業的產業聚落。

一九三五年成立的日本鋁株式會社，也是軍需下的產物，由於鋁可用於飛機的機體，是重要的軍需工業，對步入戰爭時期的日本而言，如何不仰賴進口相當重要。而煉鋁需要大量電力，因此剛擁有充沛電力的臺灣，被認為是發展煉鋁工業的適當場所。

日本從一九一六年開始嘗試製鋁，當年日本輕銀製造株式會社成立，該社於名古屋市外設置工廠，採取自黏土抽出「鋁氧」的方式，但技術不成熟，隔年（一九一七）即解散，但官方及民間仍積極努力，利用日本國內及殖民地原料，陸續成立住友鋁製煉株式會社、日本電氣工業株式會社、日滿鋁株式會社。[74]

圖 1-13 日本アルミニウム高雄工場

資料來源：《臺灣電氣協會會報 第10號》（臺北市：臺灣電氣協會，1936），照片頁。國立臺灣圖書館日治時期期刊影像系統。

古河財閥的日本鋁選擇在臺灣成立，主要是因原料來自於荷屬印度尼西亞（今印尼）賓丹島及中國華北，高雄戲獅甲運輸方便，但其需大量電力來源，台電在日月潭水力發電工程完工後，主動和古河財閥接洽，提議由台電供半價電力，而海軍則以可使用工場鋁塊為條件提供部分土地，多方達成建廠共識。但古河財閥對獨資遲疑，邀住友、三菱、三井參與，但隨著三井設立東洋鋁業（後為東洋輕金屬），以及住友設立住友鋁業（後為住友輕金屬），逐步放手，最後成了三菱、古河兩家經營，三菱為最大股東，[76]不難想像財閥間的對立與競爭。[77]

最後由三菱財閥的三菱礦業及三菱商事公司為主，加上古河電氣工業、臺灣電力、三井、東京海上火災保險、東海電極等公司共同組成日本鋁株式會社，總公司設於東京，主要工廠設於高雄戲獅甲，在九州黑崎雖也有工廠，但僅生產鋁氧，不若高雄重要，一九三九年在花蓮設立臺灣第二座工廠。[78]

日本鋁株式會社高雄工場順利於一九三七年五月生產，也成為高雄市最重要的新興工業之一，[79]而所生產者為鋁錠，製成後送回日本加工製成成品。[80]高雄工場由德籍工程師設計，初期機械設備有原礦乾燥機、原礦粉碎機、鋁氧鍛燒爐、鋁氧空氣輸送裝置、電解爐、冰晶石回收裝置、水銀整流器、800K.WH. 發電機等，[81]為當時日本擁有鋁氧、電解鋁完整設備的工場。以拜爾標準法（Bayer Process）用燒碱（氫

圖 1-14 日本アルミニウム高雄工場變電室

資料來源：《臺灣電氣協會會報 第 10 號》（臺北市：臺灣電氣協會，1936），照片頁。國立臺灣圖書館日治時期期刊影像系統。

氧化鈉）蒸煮鋁礬土製成鋁氧、[82]再以連續自焙電極式赫爾（Hall）電解爐煉純鋁，[83]再從純鋁生產出鋁錠。隨著鋁錠產量穩定及逐日提升，幾乎為日本全國需求量之半。[84]燒鹼的來源由鄰近的旭電化提供。

後又發現金屬鎂與金屬鋁結合可產出鋁合金，因金屬鎂比金屬鋁輕，含五％－三〇％鎂的鋁鎂合金質輕，有良好的機械性能，廣泛在航空、太空上使用，開始研發生產金屬鎂，卻只生產出試驗性質的成品，距離生產仍有一段距離。[85]

高雄工場金屬鋁的生產直到一九四四年遭美軍轟炸被迫停工。嚴格說來，當時的鋁業僅處於提供鋁錠的附屬狀態。[86]值得一提的是鋁土電鍍後會產生許多紅廢土，這些紅土含高鹼性不適於耕作，僅供將低窪地填平之用，後來前鎮、苓雅、草衙、籬子內地區有許多陂池，欲整地另做他用，都是使用這些紅土將陂地隙地填平，許多地段都意外成了今日精華區。[87]

（二）株式會社臺灣鐵工所—東工場

戲獅甲工業區內另一個與金屬工業有關的是臺灣鐵工所，其與日本鋁不同，早就是高雄最重要的工廠之一。臺灣鐵工所的設立與臺灣製糖株式會社有關，臺灣最早的新式工廠，位於橋仔頭的臺灣製糖開工

圖 1-15 日本アルミニウム高雄工場鐵構

資料來源：《臺灣電氣協會會報 第10號》（臺北市：臺灣電氣協會，1936），照片頁。國立臺灣圖書館日治時期期刊影像系統。

後，工廠內的新式機械需要維修，於是在一九一七年設立「臺灣製糖會社鑄物工場」，當時佔地三千坪，內有五棟五百坪廠房，被譽為「臺灣唯一的鐵工業」。

後因各地糖廠紛紛成立，機械工業廣受看好，在「臺灣製糖會社鑄物工場」設立後，已在臺北設立「臺北鐵工所」的鈴木商店原有意借用陳中和的一萬坪土地興建「鈴木製鋼所」，[88]後來則在「臺灣製糖會社鑄物工場」及「臺北鐵工所」的基礎上，在一九一九年於高雄入船町設立了「株式會社臺灣鐵工所」，成為臺灣最重要的機械工業工廠。

但在臺灣鐵工所設立後，並未如預期般大發利市，由於景氣不佳、社內幹部引退等等因素，甚至使得臺灣鐵工所虧損連連，甚至一度陷入經營困難的窘境，於是在一九二六年重新將經營團隊改組，在兩任專務取締役泉量一、飯田耕一努力下，業績才蒸蒸日上。[89]在一九三〇年代，隨著高雄市成為「南進化、工業化」中心指標下，臺灣鐵工所更進一步擴張，一九三八年由三菱重工業會社增資三百萬日圓，在戲獅甲一帶擴建二萬五千坪的東工場，包括鑄鋼、精密機械、製罐、倉庫、事務所等廠房。[90]從原先製造一般機械器具，後來改生產小型機關車、大型耕耘機。[91]爾後，其他化學工業、農用、鐵道用各種機械及修護無所不做。

整體言之，從臺灣製糖鑄物工場發展為株式會社臺灣鐵工所，全臺灣製糖業者所共有的機械修理工廠蛻化為軍需機械器具工業的時局產業。在量的方面必須供應、修理多數倍的機械，[92]可看出株式會社臺灣鐵工所的成長與蛻變，在戰時發揮軍需階段性作用，協助軍事機械製作，完成任務。

（三）高雄製鐵株式會社

高雄製鐵株式會社是為了增強戰時臺灣銑鐵需求而創設，因原來臺灣銑鐵都來自於日本，但戰時希望臺灣能夠自己生產，加強臺灣的軍需建設，一九四二年十二月，企畫院、陸海軍及臺灣總督府密集討論後，[93]決定於一九四三年三月在高雄創設高雄製鐵株式會社（位於今前鎮區寶成大樓附近），十一月開始操業。具有五座二十噸煉鐵爐、一座四噸的火車銅電爐，以海南島的鐵礦砂與鶯歌產的焦炭為原料生產生鐵，[94]供應臺灣鐵工所，企圖發展為高雄鋼鐵中心，經營南洋之用。[95]因廠區有十八支大煙囪，所以本地人以「十八支煙筒管」稱之（圖1-16）。[96]因煙囪高聳成為美機轟炸醒目地標，戰爭期間受創嚴重，廠區全毀。

圖 1-16 戰後所留存的高雄製鐵株式會社

資料來源：翻攝自《高雄硫酸錏發展史》，頁 10。

（四）唐榮鐵工所

唐榮鐵工所為戲獅甲少見的台籍人士創建企業，由唐榮、唐傳宗父子於一九四〇年五月一日設立。唐榮發跡於日本時代，年少時曾從事過許多工作，之後承攬臺灣製糖株式會社阿猴製糖所的托運工作，以及開設唐榮商店成為臺灣製糖會社的採購商，亦經營錦榮豐米廠，事業開始穩定發展。事業步入正軌後，唐榮又於一九三〇年起創從事鋼鐵機械進出口貿易，收益頗豐。[97]

一九三〇年可謂臺灣鋼鐵工業的轉捩點，在此之前日本以「工業日本，農業臺灣」為統治方針，臺灣除了小型鐵工所外，並無大規模的鋼鐵工業，直到一九三〇年後發展軍需工業，加上日月潭發電工程的完成，金屬工業才受到重視。

唐榮在巡訪日本本土工廠時，洞見觀瞻鋼鐵業未來發展前景，遂派遣其子唐傳宗赴日研究冶煉技術，並延攬日籍技師來臺協助規劃設廠。然因當時在戰時體制下，舉凡資金、創設企業皆有重重障礙，所幸在臺糖重役（常務董事）筧干城夫的幫忙下，一九四〇年五月一日正式在苓雅寮過田子設立了唐榮鐵工所。[98]

唐榮鐵工所創立之初一九四〇年底，第一期廠房興建僅有鐵工廠、軋鋼第一廠、機械工廠等三個部門，正式開工時員工有五、六十人。然而臺灣不產鐵砂，原料取得不易，但唐榮鐵工所依靠收購糖廠廢鐵予以加工，煉製鋼鐵再轉售，此一情形到戰爭末期，轟炸頻率日漸加劇，廢鐵的來源就更多了。另外，唐榮鐵工所初運轉時，每月產品僅有不到兩百噸，供不應求，因此又隨即研擬了擴建計畫，於一九四一年五月增設鉚螺釘工廠、一九四二年一月增設第二軋鋼工廠、鑄鐵工廠、營繕工廠、冷作工廠。根據許雪姬的分析，原料的取得與不斷擴充廠房，是何以唐榮鐵工所雖創設的最晚，卻發展最速的主因。[99]

這四間工廠，強化了高雄原本的工業體質，尤其是日本鋁，使得高雄除了傳統的鐵工業及造船外，又增加煉鋁業，這也成為戰後高雄的主要工業項目，對日後高雄發展同樣意義重大。

三、其他：臺灣畜產興業、臺灣窯業、拓南ベニヤ（合板）工業株式會社工場

（一）臺灣畜產興業株式會社高雄加工工場

戲獅甲工業區除了化學工業及機械金屬工業，還有另外兩間工廠，分別是臺灣畜產興業高雄工場及臺灣特殊窯場株式會社。臺灣畜產興業株式會社成立於一九三八年三月二十九日，總社位於臺北市北門

町。其主要在於統制臺灣的畜產事業，與戰時肉品配給相關。營業項目有肉品加工、肉品冷藏冷凍處理、家畜交易、畜產養殖、飼料調製配給、乳品、皮革、骨粉製造、鯊魚皮革工廠及海外事業。

位於戲獅甲五九九番地的肉品加工工廠，佔地一萬坪，工廠建坪一六四〇坪，總經費八三萬圓。於一九三九年三月二十七日舉行開工典禮，一九四〇年六月二十五日竣工，內除加工工廠外，還有飼料調製廠及屠宰場，為臺灣畜產興業的主要工廠。飼料調製廠於一九四一年九月三十日啟用，屠宰場則於一九四二年二月一日竣工、五月一日開始使用。主要製品有軍用罐頭、火腿、培根、臘腸以及內臟，屠宰場則有豬與牛兩屠場。[100]

實際上，高雄是臺灣畜產興業的主要根據地之一，除了戲獅甲的加工、飼料調製工廠及屠宰場外，畜產養殖主要是在一九三九年十一月興設的鳳山飼育場；乳品的供應主要是以所收購的高雄市壽及山陽兩牧場，以及在灣子內設立廣達一萬五千坪的高雄牛乳牧場為主；骨粉的製造，高雄也有綠町的第一工廠及內惟的第二工廠；戰爭期間主要研究的鯊魚皮革也是以一九四〇年設立的高雄鮫革工場為主，可見高雄在畜產發展的重要性。[101]

圖 1-17 日治時期臺灣畜產興業株式會社工場設計圖

圖片來源：中山馨、片山清夫，《躍進高雄の全貌》（高雄市：發行者不詳），頁 272。

（二）臺灣窯業株式會社高雄工場

高雄另一個重要的產業是磚窯業，因高雄為其原料產區，故臺灣煉瓦株式會社在三塊厝設有工廠，但臺灣窯業株式會社卻不是使用高雄的原料，而是在七七事變後，希望利用被日軍佔領下中國大陸的原料，在高雄進行加工，此即利用金門的黏土為原料，專門生產耐火磚，供工業生產用。此為日本前川財閥所進行的投資，其於一九三九年四月十五日在臺北市大和町成立臺灣特殊窯業株式會社，而工廠則設於戲獅甲，[102]一九三九年十月十五日完工，[103]十一月一日正式開始作業。[104]一九四二年二月二十日臺灣特殊窯業株式會社將高雄工廠賣給臺灣窯業株式會社。[105]一九四二年高雄製鐵株式會社工場建造生產銑鐵所需的二十噸爐五座，急需大量耐高溫磚建材，即為臺灣窯業株式會社所提供。[106]

（三）拓南ベニヤ（合板）工業株式會社工場

拓南ベニヤ工業株式會社工場為高雄市名人本地才一郎所設置，拓南ベニヤ工業株式會社工場成立於一九四〇年。[107]本地才一郎是岡山縣人，一九一七年就來到打狗（高雄）成立運輸業「丸一組」，並代理臺日間的「辰馬汽船株式會社」。一九三〇年後，本地才一郎配合政府，陸續代理行駛臺滿航線的「大連汽船株式會社」及設立以前進南支南洋（南中國、東南亞）為主的「臺灣海運株式會社」，同時新建「拓南丸」專門航行臺灣與南洋之間。

本地才一郎雖然很早就來到高雄，但他事業的顛峰，主要是順應著日本帝國拓展腳步前進，最後形成以臺灣與日本、滿州、南洋海上客貨運的大企業。同時間也與高雄商人們合作成立「高雄商業倉庫信用利用組合」（一九三七年）、「高雄興業」（一九三七年）、「臺灣運輸興業」（一九四一年），[108]可見其於日本時代末期在高雄的地位，拓南ベニヤ工業株式會社工場也是利用南進的木材，在戲獅甲成立的合板製造業。[109]

上述十一間工廠，組成了戲獅甲工業區最早期的骨幹，也使高雄成為臺灣少見的工業都市。這些工廠的特色是為了戰爭需要而設立，幾乎與民生沒有太大關係，且原料多從外地進口，因此與本地原產業較少連結，除了本地才一郎、唐榮以及原有的臺灣鐵工所外，幾乎都是外來的財閥主導。其背後的軍事動力，也在戲獅甲的軍事營區分布中明顯可見。

四、軍事區、宿舍及學校

一九三〇年代後期的高雄都市計畫，軍事部署佔了極重要地位，從

表 1-1 1932-1939年 戲獅甲地區人口數統計表（單位：人）

時間	臺灣人	日本人	其他	總計
1932	971	2	0	973
1933	974	2	0	976
1934	1018	12	0	1030
1935	1036	33	0	1069
1936	1155	471	13	1639
1937	1202	0	2452	
1938	1364	1234	5	2603
1939	1316	1624	6	2946

資料來源：統計自各年《臺灣現住人口統計》、《臺灣常住戶口統計》。

岡山、左營、鳳山都有相關軍事設施，戲獅甲工業區實際上也是整體部署的一環，雖然戲獅甲地區是以工業為主，但軍事區域仍佔有一定比重，從圖1-21來看，雖然成功路以西的港邊主要是工廠，但仍有兩個置放船艇的「艇庫」，位置約在今日南部發電廠及已遷離的中美嘉吉附近。而面臨運河邊則有兵器庫及戲獅甲要塞倉庫，位置約為後來的台塑南亞高雄廠及今日的君毅正勤國宅。另沿著鐵路線有兩個大倉庫：戲獅甲倉庫、高雄倉庫及一個高射砲部隊，戲獅甲倉庫約今日台糖物流園區統一夢時代所在地、高射砲部隊則位於後來台塑台麗朗廠、高雄倉庫則是今日的二〇五兵工廠。實際上，軍事部署的面積不遜於工業用地面積，且都有鐵、公路或運河經過，交通頗為便利，可見對其之重視。

這些大批的工廠及軍事基地，帶來大批日本人。從表1-1可看到一九三二至一九三九年的戲獅甲人口變化，在一九三二年人口數不超過一千人的聚落，到了一九三九年人口數接近三千人，且日人大於臺人，這也需要設置宿舍容納這批日人。

大量的日人進駐，加上其眷屬，宿舍區因而產生。目前對於當時戲獅甲的宿舍區所留下的記載並不多，但從地圖、空照圖及接收資料，稍能看出輪廓。宿舍規模最大為日本鋁，在其接收目錄中詳載，工場長宿舍是獨立位於戲獅甲四二一番地，住宅有七十五坪，尚有物置（八

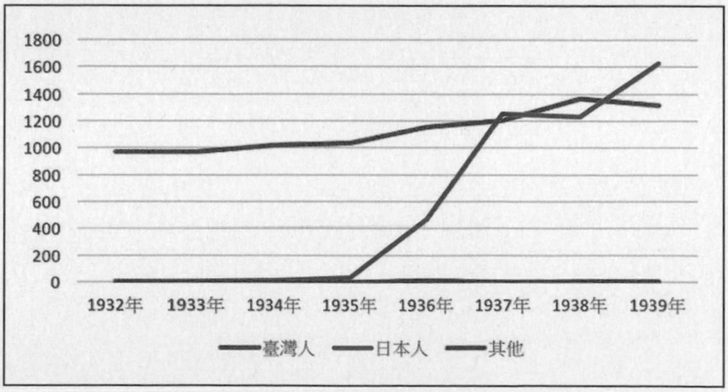

圖 1-18 1932-1939年 戲獅甲人口變遷圖（單位：人）

資料來源：各年《臺灣現住人口統計》、《臺灣常住戶口統計》。

坪）及自動車車庫。在戲獅甲三七三番地則有二層樓的特甲號主任住宅一間及三十八坪的甲號主任住宅二間、三十六坪的乙號主任住宅二間，還有丙號住宅十間（舊丙號五二．五八坪、新丙號三四．六〇坪）、丁號住宅十四間（三六．三三坪），以及一間職員合宿建築物。

戲獅甲四三三番地則有丙號住宅四間、丁號住宅四十二間（三六．三三坪六間、十九．二四坪三十六間）、子號住宅五十七間（四三．一六坪三十二間、二六．五八坪十三間）、丑號住宅十九間（四十九坪）、寅號住宅十間（六三．二五坪）、本省人合宿宿舍三棟。四三〇番地則有丑號住宅二間、寅號住宅三間、日籍員工二層樓合宿宿舍四棟、臺籍員工合宿宿舍六棟。一三三番地則有新寅號三十七間（七十二坪四間、四十八坪三十三間）、丑號三間（四十九坪一間、三十二．六七坪二間）[110]

從上可知，日本鋁宿舍區主要分布在戲獅甲三七三、四二一、四三〇、四三三，如從一九四四年的航照圖來看，應是在成功路以東的地區，也就是日後的公誠一至六村，比對圖1-19則可知在日本鋁宿舍區旁，還有陸軍宿舍，也就是日後的君毅新村，兩宿舍區大約在今日成功路、新光路、中華路、復興路所圍成的區域。從其分配內容看來，宿舍區依照職務有所分區，工場長及主任住宅（甲與乙）居住環境最佳，至於丙至寅則各有不同坪數，也無法判定其不同型號是依照職務分配，

圖 1-19 1944 年高雄市舊航照影像（紅圈處為工廠及軍方宿舍區）

資料來源：〈高雄市舊航照影像（1944年）〉，中央研究院地理資訊科學研究中心 GIS 百年歷史地圖，網址：http://gissrv4.sinica.edu.tw/gis/kaohsiung.aspx，檢索日期：2017 年 10 月 23 日。

或是房屋形式不同。根據耆老口訪指出，日後公誠一村最為舒適，也成為台鋁的接待所，許多政府官員出差均下榻於此，整個宿舍區還有足球場、電影院等，生活機能充足，[111]其形式或許如現存的中油宏南、宏毅宿舍群。[112]

除了日本鋁，從資料上尚可看到旭電化在戲獅甲建有十間職員宿舍及七三間工人宿舍。[113]從旭電化留下之工場模型看來，應是在廠區內，這也是許多工廠的做法，耆老回憶中，台肥也在廠區內建有宿舍，這也是戲獅甲居民增加的主因。

一九四五年的大轟炸，由於戲獅甲是盟軍主要目標，因此許多工廠眷屬均到鄉下避難（疏開），如旭電化就在二月二十三日下午強行疏散日本人家庭至埔里。

他們在埔里建了六棟使用竹柱的茅葺屋，各戶皆為六疊一間（六張榻榻米大小），一棟為六戶，加上三棟附屬建物，總坪為二七〇坪，另外買下已建好的一戶房屋，收容四〇個從日本內地至此赴任的作業員家庭，一共一四〇名，稱為「旭村」。

在旭村，煮飯採輪流制，且考慮租借二町不遠的農地，達到能自給自足的集體生活。另外也修復位於埔里街由臺灣人所有休業中的製冰

圖 1-20 埔里的旭村

資料來源：翻攝自旭電化工業株式會社社史編集委員會，《旭電化工業 70 年史》，頁 303。

工廠，嘗試利用牛車，經營搬運業等自食其力的方法。兒童教育方面，由職員擔任教師，而醫療方面，則雇用一名看護，也可順便關照近鄰所需，直到一九四六年三月，日本人遣返回國為止。[114]

雖然戲獅甲的居民增加，但因附近有青葉國民學校（今成功國小校址），[115]因此學童就學問題較不受影響。但從一九四三年的地圖（圖1-21）可見戲獅甲工業區中有一所「高工校」，此為高雄州商工專修學校，戰後併入高雄市立高雄高級工業職業學校（即雄工）。當初設立目的是希望配合工業區興建，培養臺灣的工業人才。這也與一九三〇年代後期，總督府開始廣設工業學校，培養臺灣工業技術人才有關。[116]

高雄州商工專修學校創立於一九三五年四月一日，首任校長為日人折井清登，創校初期僅設有商業科，三年後始創立工業科，並細分機械、土木、電氣、建築四科，創校初期借用湊尋常高等小學校（今鼓山國小）部分土地作為校區，後於一九三九年遷至戲獅甲二五三番地一二新築校舍，一九四二年四月二十九日又於戲獅甲高雄商工專修學校內創設「臺灣總督府高雄工業技術練習生養成所」。[118]兩校於戰後併入臺灣省立高雄工業職業學校。[119]

左頁圖 1-21 日治時期戲獅甲工業區之工廠分佈（紅色為工廠、綠色為軍事設施，紫色為學校）

資料來源：

底圖：〈日治二萬五千分之一地形圖（1943 年）〉，中央研究院地理資訊科學研究中心 GIS 百年歷史地圖，網址：http://gissrv4.sinica.edu.tw/gis/kaohsiung.aspx，檢索日期：2017 年 6 月 27 日。

繪圖：徐乙仁重新套繪

小結：高雄工業蛻變的關鍵

臺灣工業的發展，一九三〇年代的軍需工業絕對佔有關鍵地位。[120] 在這其中，戲獅甲的角色更為吃重，因為高雄港的便利性，使得日本政府在此設立了臺灣最早，類似今日的工業專區，並引入鋁業、化學工業、製鐵、耐火磚等軍需工業，也奠定高雄重化工業的發展基礎。

除此之外，戲獅甲也有大批的軍事用地，這個軍事與工業、港口結合的專區，完全是日本政府在這個原來是農田、魚塭的土地上一手建立起來，並配合一九三六年起實施的高雄市都市計畫，讓這個區域成為非常特殊的區域，但日後也必須在此規範下持續發展。

日本時代後期初創的戲獅甲工業區，共有十一間工廠（如下頁表1-2），因為工業區的設置，主要是為了軍需，因此這些工廠都有別於以往日治時期的工廠，以化學（包含肥料）、機械、窯業、畜牧業為主，尤其是化學及機械，更對未來臺灣工業發展影響深遠。

從下圖更可清晰看到，戲獅甲工業區是軍事與工業的結合，戲獅甲區域除了工廠外，還有大批軍事倉庫。但實際上，跟軍事最為相關的產業，不論是化學工業，或者是製造飛機的鋁金屬工業，都沒有得到預期的成果，不僅虧損連連，也成為美軍轟炸的目標，在大戰結束時，

表 1-2 日治時期戲獅甲工業區設立之工廠

工廠名稱	設置時間	地點	資本額（日圓）	經營項目	資本系統
旭電化工業株式會社高雄工場（簡稱旭電化）	1.1917 年創立於東京 2.1939 年 12 月戲獅甲設工場	戲獅甲	10,000,000	金屬鎂	古河
臺灣肥料株式會社（簡稱臺灣肥料）	1.1910 年創立打狗工場 2.1918 年設立亞爾里加工場 3.1940 年戲獅甲設工場	榮町 3-11、鹽埕町、戲獅甲	300,000	化學肥料	前期荒井泰治等人、後期三菱投資
日本アルミニウム（鋁）株式會社（簡稱日本鋁）	1935 年 6 月	戲獅甲 430-2	10,000,000	生產鋁錠	三菱、三井、住友、古河、台電
株式會社臺灣鐵工所（簡稱鐵工所）	1.1919 年 11 月 2.1938 年戲獅甲設東工場	入船町 5-14、戲獅甲	2,000,000	鐵工業	田中岩吉、古賀三千人等人
高雄製鐵株式會社（簡稱高雄製鐵）	1943 年 3 月	戲獅甲	5,000,000	製造銑鐵	安田財閥
臺灣畜產興業株式會社高雄加工工場（簡稱臺灣畜產）	1.1938 年 3 月成立 2.1939 年 3 月戲獅甲設立高雄加工工場	戲獅甲 599	350,000	畜牧業、肉罐頭	臺灣拓殖株式會社
臺灣窯業株式會社高雄工場（簡稱臺灣窯業）	1.1939 年 4 月成立 2.1939 年 10 月戲獅甲設立高雄工場	戲獅甲 508-5	450,000	耐火磚	前川
南日本化學工業株式會社高雄工場（簡稱南日本）	1.1939 年 10 月成立 2.1943 年工場完工	前鎮		鹼氯工業	大日本鹽業、臺灣拓植、日本曹達
塩野義製藥株式會社高雄工場	1.1935 年設臺北駐在所 2.1936 年設高雄農林場及出張所 3. 1944 年戲獅甲設高雄工場	戲獅甲 483、2		製造藥品	塩野義製藥株式會社
拓南ベニヤ（合板）工業株式會社工場	1940 年設立	戲獅甲		合板業	本地才一郎
唐榮鐵工所	1940 年 5 月 1 日設立	苓雅寮過田子		鐵工業	唐榮、唐傳宗父子

許多都無法持續營運，無法發揮臺灣總督府當初預期的目標。但在戰後，這個軍事與工業的結合，被接收的中華民國政府所沿襲，並奠定高雄成為工業都市的基礎。

戲獅甲工業區的工廠，與前期高雄工業的最大不同，是採用外地原料。日本時代高雄產業，約略可分三期。第一期隨著高雄築港以及橋頭糖廠的興建，許多財閥來到高雄興建大型工廠，如淺野水泥、臺灣煉瓦株式會社高雄工廠、臺灣鐵工所，這些工廠的特色，多半是與高雄的原料相關，如水泥、煉瓦。第二期則是在一九二〇年代後，因一戰而帶起的經濟繁榮不再，甚至產生許多危機，使得財閥紛紛離開高雄，這使得在地商人崛起，但產業也相對縮小，僅剩下如製冰、交通業。第三期則是在南進政策推動下，許多財閥在政府邀請下再度進入高雄，並以軍需產業為主，[121]與民生需求及高雄在地原料均無直接關係，日本鋁原料來自南洋、臺灣窯業原料來自金門、高雄製鐵原料來自海南島，這表示日本在侵略中國、南洋後，思考如何運用當地資源，運回高雄製做成品，也說明臺灣，乃至於高雄，在戰爭期間，已經與原來的地位大不相同，「工業化、南進化」一詞，可用戲獅甲工業區，做為時代縮影的證明。

從整體工業區的規劃看來，日本政府更是有心將許多產業鏈結合在一起，例如旭電化與日本鋁、高雄製鐵與臺灣鐵工所、台灣肥料與臺

右頁表 1-2 資料來源：

1. 高雄市役所，《高雄市制十周年略誌》（高雄：高雄市役所，1934 年），頁 99-102。
2. 吳欽賢，〈日據時期高雄市都市發展與計畫歷程之分析〉（臺灣大學土木工程研究所碩論，1988 年），頁 46。
3. 趙祐志，〈日據時期高雄地區企業的發展〉《高雄歷史與文化》3（高雄市：陳中和翁慈善基金會，1996 年），附錄。
4. 臺灣銀行經濟研究室編輯，《臺灣經濟史四集》（臺北：臺灣銀行經濟研究室，1968 年），附錄。
5.《高雄州下官民職員錄》（高雄：ニイタカ，1940 年）。
6. 臺灣總督府鑛工局，《工場名簿》（出版地不詳：臺灣總督府鑛工局，1944 年），頁 110。
7. 吳若予，《戰後臺灣公營事業之政經分析》（臺北市：業強，1992 年），頁 34-38。
8. 塩野義製藥，《シオノギ百年》，（大阪：塩野義製藥株式會社，1978 年），頁 203。

灣畜產興業，這個產業鏈也在戰後延續。如化學產業，戰後除了臺鹼與臺肥延續了南日本化學、旭電化及臺灣肥料，更同樣在戲獅甲地區新設高雄硫酸錏及民間的台塑高雄廠，硫酸錏廠繼承了台灣肥料的系統，台塑高雄廠則與台鹼有所關聯，更成為日後臺灣最重要的塑膠產業起點。

從長期來看，這個以軍需為出發點的工業區，雖然在日治時期沒有發揮預想的功效，但對戰後高雄的產業發展影響深遠，戲獅甲區所包含的化學、肥料、製鐵、鋁業、耐火磚、食品、合板，對於戰後高雄，甚至是臺灣產業都是極重要產業，其中許多產業，與高雄原本並沒有地緣關係，如煉鋁、化學，這也帶來日後的石化、塑膠等產業。換言之，戲獅甲工業區引進的產業對於高雄在二十世紀的發展，可說是極為關鍵的轉變，讓高雄不再限於本地擁有原料的水泥、磚窯業，反而利用高雄港，發展出更多的可能。

第二章

戰後接收及復原

2

1945-1950

臺灣肥料公司高雄廠大門。
位於戲獅甲的臺灣肥料公司第三廠，接收自日治成立的臺灣肥料株式會社高雄工場。（繪圖：林立偉）

一九四五年八月十五日，日本宣布無條件投降，二次大戰正式結束，臺灣由中華民國政府接收。臺灣總督府在日本時代所建設的許多工廠，尤其是位於戲獅甲的軍需工廠，許多為中華民國政府能力所不及，引起當時主管全國工礦業的經濟部資源委員會，以及接收臺灣的臺灣省行政長官公署（以下簡稱長官公署）之間的爭奪，最後在兩方協議下，戲獅甲的工廠分為國營、國省合營及省營方式，分別接收。但隨著一九四九年政府遷臺及資源委員會重要幹部投共，公營事業的管理逐步由臺灣省政府生產管理委員會（以下簡稱生管會）取代。

一九四五至一九五〇年戲獅甲的發展重點可分為復原及新增兩部分。因戲獅甲是二戰期間盟軍主要轟炸地點，各工廠損失慘重，如何修復為此時期重點，由於當時主要市場是中國大陸，因此接收「南日本化學」、「旭電化」的「臺灣碱業公司」藉著燒碱在上海市場大賣，為修復最快的工廠，但也在一九四九年政府撤退臺灣，失去大陸市場後，面臨營業的困境。其他工廠修復進度多半未如此快速，仍處於緩慢恢復的階段。

在新增部分，許多是從中國大陸遷移至此，尤其是軍方的兵工廠，多以日本時代興建的倉庫為基地，軍方原將倉庫多半委託市府處理，但在一九四九年中國大陸風雲變色，兩個兵工廠擬遷移至戲獅甲時，才發現處理時的問題，並造成糾紛。但整體而言，隨著舊有工廠的復原及新工廠的加入，延續著日本時代的架構，使得此地成為臺灣的化學、肥料、鋼鐵機械的重鎮。

戰後的接收：資源委員會與行政長官公署及省府的接收角力

戰後中華民國政府接收臺灣[1]，戲獅甲工業區內的工業廠區，除唐榮鐵工所外，多為日產，依規定均由政府接收，原有的軍事設施也由軍方接收，關於軍事接收部分，將在後面探討，在此先針對工業部分討論。

一、戰後臺灣工業的接收

實際上，不論是中華民國政府，或是陳儀的經濟政策，在三民主義及蘇聯計畫經濟影響下，都傾向以國家管控的公營企業為經濟發展主軸，因此在其接收臺灣後，將絕大部分日產企業改為公營，尤其工業部分，有其脈絡可尋。[2]也使得戲獅甲地區從日本時代大財閥私營為中心，改為政府掌控的公營事業體集中區域。[3]

臺灣工業接收主要由經濟部及長官公署進行，在過程中，可看到兩者角力。經濟部是以資源委員會為主，故有必要先瞭解資源委員會的來龍去脈。

資源委員會成立於一九三八年，是由參謀本部國防設計委員會改組而成的國民政府軍事委員會資源委員會，成立基本用意是建立國有化的民族工業體系，並從事戰時經濟管制及動員計畫，以抵抗日本侵略。最活躍時期就是中日戰爭期間，至中日戰爭結束前，在政府管轄區建立一百三十個下屬單位，其範圍涵括電力、煤礦、金屬、石油、鋼鐵、機械、電化及化工業，至於一般的輕紡工業，則由民間經營。[4]

由上可知，資源委員會是一個在戰爭下發展出的經濟統制機構，因此對壟斷性資源或重工業有較大興趣，這與臺灣總督府戰時體制下在戲獅甲的發展有許多雷同之處，自然也吸引了資源委員會的注意。

中日戰爭結束後，資源委員會延續戰時工作，開始負責接收各收復區的重化工業及基礎工業，臺灣也不例外。但臺灣這塊大餅，不僅資委會想要，陳儀也不願拱手讓人，陳儀的經濟政策向來以孫中山「民生主義」中的「發達國家資本、抑制私人資本」為主，對於日產的工業部分，也想以政府力量來主導發展，[5]雙方遂展開一場爭奪戰。

有趣的是，來臺接收時，資源委員會跟長官公署的領導者是同一人，就是長官公署工礦處長[6]包可永，因為包可永當時擔任資源委員會工業處處長，而包可永在進入資源委員會之前，是福建省政府建設廳廳長，當時的福建省主席就是陳儀，所以陳儀要來接收臺灣時，就內定包可永擔任工礦處長，資源委員會也委派其為臺灣區工礦特派員，希望充分協調中央與地方。[7]

一九四五年十月二十五日，長官公署工礦處接收了總督府礦工局，經濟部臺灣區工礦特派員辦公處也同時成立，均由包可永主持。由於當時臺灣的工礦企業非常多，高達八百多家，因此包可永的大原則是不使經營及生產中斷，由原主持人負責經營，但派人「監理」，為方便未來的「接管」，因此多半派任未來要負責該企業者「接管」，但實際上因人手不足，往往一人「監理」許多公司，也不見得對該公司業務熟悉。[8]

一九四五年十二月一日，行政院資源委員會派遣相關人員赴臺考察，並向資委會提出接管的建議。不久，包可永也將工礦分為五組，分別是糖、電、石油、重工業跟輕工業。一九四六年二月，因中國大陸來臺的幹部漸多，「監理」告一段落，改為實質的「接管」。[9]

資委會當時提出對臺灣的接收政策是：一、電力、石油、銅金冶煉、煉鋁、造船、機械，由資委會獨辦。其中造船與機械兩項，若省方希望合辦，可以考慮。二、食鹽、肥料、水泥、造紙，由資委會獨辦，並指定部分盈利歸省。若省方請求合辦，可以「會六省四」方式合辦。三、製糖，依行政院指示，由資委會辦理。

此構想若付諸實施，臺灣省經濟大權將落入資委會手中，對一心想以公營企業掌控臺灣經濟的長官公署而言，自然無法接受，經過雙方協調後，訂定合作關係，[10]由資委會副主委錢昌照在一九四六年四月五日宣布：石油、銅金及煉鋁事業由資源委員會獨辦，也就是「國營」。糖業、電力、製鹼、肥料、水泥、紙業、機械、造船則以「會四省六」方式由資委會與長官公署合辦，稱為「國省合營」，因資委會佔各公司股權較高，所以各公司董事長由資委會在其指派之董事中指定，總經理、協理及其他重要職員由董事會任用之。[11]因董事長仍掌握在資委會手中，所以就算是合辦，還是由資委會主導。其他資委會不要的，則由長官公署接收，稱為「省營」。各企業則在一九四六年分別成立，經濟部工礦特派員辦公處也宣告結束。[12]

因此在臺灣，由資源委員會主導之企業，共達十一個，分別為：「中國石油公司」臺灣各事業體、「臺灣金銅礦務局」、「臺灣鋁業公司」（以上為國營企業）、「臺灣糖業公司」、「臺灣電力公司」、「臺灣肥料公司」、「臺灣水泥公司」、「臺灣紙業公司」、「臺灣碱業公司」、「臺灣造船公司」、「臺灣機械公司」[13]（以上為國省合營公署處理。

企業），此也為日後國營事業的基石。[14]在省營部分，則由行政長官

在大方向確定後，行政長官公署也制定僅適用於臺灣的規定。一九四五年八月十五日，日本宣布無條件投降後，中華民國政府針對接收事項，分別在一九四五年八月二十九日公布「收復區敵國資產處理辦法」及同年十一月二十三日頒布「收復區敵偽產業處理辦法」。[15]臺灣的日產，本應以上述辦法處理，但長官公署鑑於臺灣之特殊性，制定「臺灣省接收日人處理財產準則」九條，並經呈報行政院查核，後依此訂定「臺灣省接收日資企業處理實施辦法」、「臺灣省接收日人房地產處理辦法」、「臺灣省接收日人動產處理實施辦法」三種，又以接收日產清算、標售兩委員會主辦其事，故又訂定「臺灣省日產標售委員會組織章程」及「臺灣省日產清算委員會組織章程」，於一九四六年六月二十九日公布實施。[16]

上述「臺灣省接收日資企業處理實施辦法」中第四條規定：

本省接收之日資企業應由原接收機關報經主管機關（即行政院所規定或行政長官所指定之機關）會同日產處理委員會，視該企業之性質依下列四種方法分批列單，呈請行政長官公署核定處理之，除為事實所不需者外均應一律使之迅速復工為原則：

甲、撥歸公營：凡企業合於公營者。
乙、出售：凡企業未撥公營及其他處理者。
丙、出租：凡企業業權尚有爭議或認為適宜於出租或出售一時無人承購者。
丁、官商合營：凡企業無人承購或承租或適宜於官商合營者。[17]

此規定後由經濟部修正為「臺灣省接收日人產業處理辦法」，[18]長官公署依此處理日產。除了上述由資委會掌控的「國營」、「國省合營」企業外，另外就重要性分為長官公署接收的「省營」，縣市政府接收的「市營」、「縣營」，還有國民黨部接收各地電影戲院的「黨營」。[19]其餘就分批出售。

在長官公署主導的「省營企業」中，以「臺灣工礦」及「臺灣農林」兩公司最為重要，試圖將相關日資企業整合為同一公司。一九四六年五月一日，長官公署工礦處針對單位規模較大且適於聯合經營者，成立窯業、鐵工製造、鋼鐵、化學製品、印刷紙業、工程、電工、紡織、玻璃、油脂、工礦器材、煤礦共十二股份有限公司籌備處。一九四五年九月，確立成立「臺灣工礦股份有限公司」為此十二公司之總公司，原預定一九四七年三月一日正式成立，但因二二八事件順延。於一九四七年五月一日，經過一年的籌備，「省營」的臺灣工礦股份有限公司正式成立。[20]在戲獅甲中，與工礦公司相關有隸屬於鋼鐵機械

左頁・圖 2-1 臺灣工礦股份有限公司創立會紀念合照
資料來源：翻攝自《臺灣工礦股份有限公司創立實錄》，頁 2。

公司的高雄製鐵株式會社及窯業公司的臺灣窯業有限公司高雄工廠。[21]

除了工礦資源外，戰後農林畜產等相關日產，是由長官公署農林處接收，但最重要的糖業則如上述，由資源委員會與長官公署「會省合辦」企業，部分單位則因產權未明或由其他單位接管，共接管一百七十單位。後經過上述接收手續，農林處接管重要會社五十六單位，分別組織臺灣水產、茶葉、鳳梨、畜產、農產等五公司及林產管理會，四十六單位撥交各縣市政府及其他機關經營，其餘次要之六十八單位則由日產處理委員會標售。[22]在「省營」企業中，最重要的工礦、農林公司外，尚有專賣局、物資局、工業研究所等。而臺灣農林公司中，位於戲獅甲僅有臺灣畜產公司的高雄工廠。

簡而言之，戰後初期的接收大致可分為四類：一是資委會完全主導的「國營」、二是資委會主導，但長官公署也佔有股份的「國省合營」、三是資委會不要，而由長官公署主導的「省營」、「縣市營」，四是原本就是臺人經營的「民營」，前三者經過資委會、生管會的階段，也成為後來所稱的「公營」企業。但「省營」、「縣市營」企業中，也經過整理、釋出部分為民營企業，留存者以「省營」企業為主。

上述四類，最重要為資委會所屬意的「國營」及「國省合營」，戲獅甲原有工廠也多為這二類，可見戲獅甲在臺灣工業的重要性。

戲獅甲各工廠中，與「國營事業」有關者，為「中國石油公司高雄各廠」及「臺灣鋁業公司高雄廠」。「國省合營」企業則是「臺灣製碱公司高雄廠」、「臺灣肥料公司高雄廠」、「臺灣機械公司」、「臺灣糖業公司」共六大公司。[23]

上述六大公司中，「中國石油公司高雄各廠」中以後勁的中油高雄廠為主，戲獅甲僅有部分油槽；「臺灣糖業公司」則僅擁有土地，主要廠區均不在戲獅甲，故此處不做介紹。但「臺灣鋁業公司高雄廠」、「臺灣製碱公司高雄廠」、「臺灣機械公司」、「臺灣肥料公司高雄廠」四大公司，戲獅甲工廠均為其重要部分。再加上省營中，屬於臺灣工礦的「臺灣窯業有限公司」（高雄第二分廠）[24]、「鋼鐵機械公司」（原高雄製鐵株式會社）及臺灣農林的「臺灣省畜產公司」，以及民營企業中，日本時代即存在的「唐榮鐵工廠」。[25]此為一九四五年接收後極力復原的戲獅甲工廠（詳見後表2-2）。

二、資委會與生管會

資源委員會掌握大權的局面，隨著國共內戰的加劇，也有所改變。一九四八年底，共軍已掌握長江以北，十二月二十一日美國也宣布停止對中華國民政府的支援，蔣介石已預料到大位不保，需預做準備，其目標就是臺灣。十二月二十九日，蔣介石最信任的陳誠接任臺灣省主席，在蔣介石於一九四九年一月二十一日下野後，陳誠開始將臺灣與中國大陸切割，人員進出需經過審查，臺灣省金融也走向獨立。

但臺灣主要工業命脈仍掌握在資源委員會手中，此時資源委員會在臺事業體，仍分為國營及國省合營。國省合營仍維持一九四六年的八大公司（臺灣糖業公司、臺灣電力公司、臺灣肥料公司、臺灣水泥公司、臺灣紙業公司、臺灣碱業公司、臺灣造船公司、臺灣機械公司），並無變動。國營事業則除了原來的中國石油公司、臺灣鋁廠、臺灣金銅礦務局外，陸續增加了從中國大陸遷台的中國蠶絲有限公司、中國紡織建設有限公司及中國油輪有限公司，以及新成立的臺灣鋼廠[26]及新竹煤礦局等八個事業體，共達十六事業體，[27]也等於掌握著臺灣工業命脈。然而資源委員會負責要角錢照昌、翁文灝等人均有投共傾向，對蔣介石與陳誠而言，勢必要將這些公營事業脫離其控制。

除此之外，從一九四五至一九四九年間，資源委員會與臺灣省政府之間，尤其是在國省合營的企業，出現不少中央與地方權責如何歸屬的糾紛。要解決這兩大問題，遂有一九四九年五月三十一日臺灣區生產事業管理委員會（以下簡稱生管會）的誕生，直接管轄臺灣區內的國營、國省合營、省營事業各生產事業。[28]此時資源委員會仍存在，直到一九五二年九月才取消，由新成立的經濟部國營事業司接管，[29]但權力已轉至生管會手中。

生管會直接隸屬於臺灣省政府之下，主任委員由臺灣省主席陳誠兼任，但其主要架構仍脫胎自資源委員會，因為資源委員會當初為了臺灣的業務，特別設置了臺灣辦公室，方便聯繫各單位，並統一制訂政策，生管會也就沿用。

生管會採委員制，其委員約有五十餘人，包含了財經官員、各生產事業負責人、中央及地方民意機關代表，委員當中指定三—五人為常務委員，常務委員則是實際決策者，常務委員會會議可說是生管會最高決策機構，後期又將常務委員擴大為五—七人，並規定省政府財政與建設兩廳廳長為當然委員，當時省財政廳長又兼任臺灣銀行董事長，可見此常務委員會議確實能有效主導並解決臺灣所面臨的經濟問題。

在歷任生管會常務委員中，以尹仲容、王崇植、張峻、楊陶、杜殿英、任顯群、錢昌祚、陳尚文等人為主，這些人也都兼任其他要職，後來多半也成為陳誠推動經濟改革的主力。[30]其中尹仲容更成為臺灣戰後初期經濟發展主要的政策推手。

生管會直接掌控臺灣所有公營事業（國營、國省合營、省營）情形，在資源委員會一九四九年底遷臺後面臨尷尬局面，戰後初期的國營及國省合營均為資委會轄下，但後來因戰爭關係，全部轉入生管會手中接管。因此資委會遷臺後與生管會的權力分配，重新討論，後來確立因生管會成立後而取消的各事業體董監事將恢復，國營事業董監事由資委會所屬各公司遴選，國省合營則由省府派定董監事決定。[31]光由國省合營事業主導權由資委會轉到省府就知道兩者權力消長，而實際上，就連國營事業體，也是以生管會馬首是瞻，研究者也指出，在國府遷臺的混亂時期，生管會其實是「人治」取代「法治」。[32]生管會與資委會兩者的模糊糾纏，也要到下一個階段，新機構的出現才能解決。

戲獅甲工業區舊有工廠之接收與復原

戰後初期，戲獅甲工業區的主要工作為接收及復原各工廠。為使臺灣工業能恢復戰前水準，政府積極復原各工廠，以下就本時期（一九四五—一九五〇）各廠之復原情形逐一討論，共包括六間公營企業（臺灣鋁廠、臺灣碱業、臺灣機械、臺灣肥料、畜產公司、窯業公司）及一間民營企業（唐榮鐵工廠）。[33]

一、臺灣鋁廠

成立於一九三五年的「日本アルミニウム（鋁）株式會社」是中國

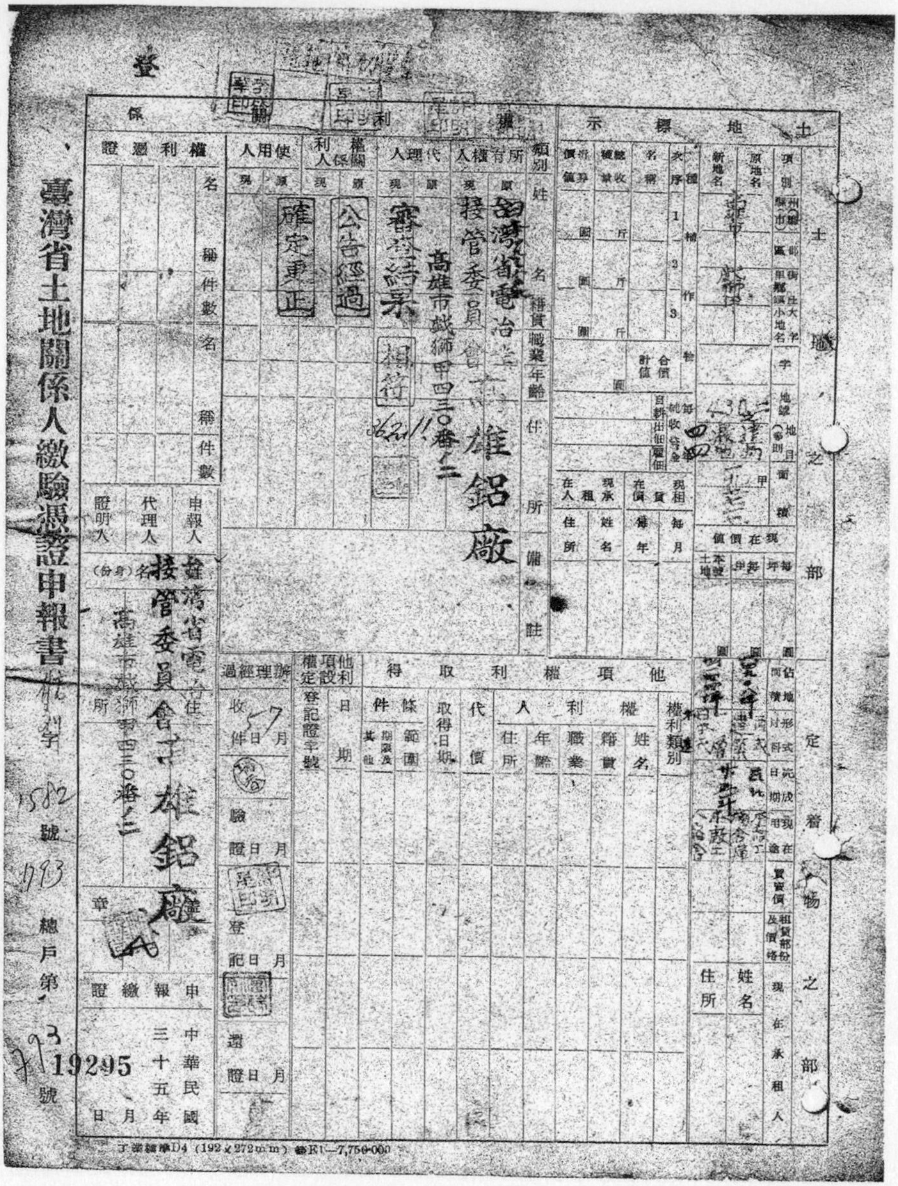
臺灣省土地關係人繳驗憑證申報書

土地標示

土地之部

建築物之部

定着物之部

現在承租人

所有權人

姓名：臺灣省電冶業接管委員會高雄鋁廠

住所：高雄市戲獅甲四三〇番之二

審查結果

公告經過

確定更正

相符

申報人：臺灣省電冶業接管委員會高雄鋁廠

住所：高雄市戲獅甲四三〇番之二

中華民國三十五年 月 日

19295 號

了滋精準D4（192×272mm）

圖 2-2 日本鋁株式會社戰後由電冶業接管委員會接管

資料來源：前鎮地政事務所，〈高雄市前鎮區獅甲段 518-6 號〉，《臺灣省土地關係人繳驗憑證申報書》。

從未能成立的煉鋁工廠，故資源委員會對此相當重視。戰後先由電冶業接管委員會接管，一九四六年確定由資源委員會接手後，於當年五月一日先成立臺灣鋁業公司籌備處，一九四七年年底正式開工，一九四九年九月一日改名為臺灣鋁廠。[34]

「日本アルミニウム（鋁）株式會社」原有高雄及花蓮兩工廠，一九四五年三月，因盟軍飛機轟炸，導致主要設備損毀，被迫停工，廠房及宿舍平均損失為百分之四十、機器設備為百分之二十八。[35]臺灣鋁業接收後，評估花蓮廠房破損過甚，加上東臺灣水力發電系統完全破壞，一時無法恢復，遂將花蓮殘餘之廠房搬遷至高雄，全力搶救高雄廠房。[36]

一九四六年七月開始修復時，因未有煉鋁之技術與經驗，而當時鋁業最發達國家為加拿大與美國，[37]故希望能與具經驗之加拿大鋁業公司合作，一九四六年十月二十五日，加拿大專家抵高雄商洽合作事宜，並預定於一九四七年春天開工。[38]但後來合作仍宣告失敗，資源委員會只好自己動手，由於戰時廠房遭盟軍轟炸，百分之四十的房屋及三分之一的機械設備已損毀，其他的機械設備，更因一年來的風蝕雨淋、塵土淤塞，加重其損失，因此直到一九四七年十二月十二日才算恢復運轉。[39]

資源委員會美籍顧問史龍（S. Trone）於一九四七年年底來到高雄，對於鋁廠的品質表示很不理想，要趕上日治時期的產量，甚至預估要到一九六三年。資源委員會也希望與美國合作，在一九四八年二月初步同意與美國雷諾金屬公司共同成立「中國鋁業公司」發展鋁業。[40] 但美國進出口銀行不願貸款而失敗。[41]

自立自強的臺灣鋁廠，小型軋片工廠於一九四九年九月才完工，除了原來的鋁錠外，尚可生產鋁片，但產量並不高。鄰近的六〇兵工廠於一九五〇年獲得日本賠償軋片機十六D及十七D各一套，預計用來軋製銅片，但六〇兵工廠無安置空間，於是由資源委員會與兵工署洽商，將兩套機器安裝於臺灣鋁廠，機器除生產六〇兵工廠所需之銅片，亦可生產鋁片，這也使得鋁廠生產逐年提升，但仍有許多進步空間。[42]

二、臺灣碱業有限公司高雄廠（第一、四廠）

戰後戲獅甲地區各工廠復原及發展，最具代表性是臺灣碱業有限公司。其公司是由戲獅甲的「旭電化工業高雄工場」、「南日本化學工業株式會社」及臺南的「鐘淵曹達工業株式會社」合併而成。以鹽為原料，製造與碱業相關的化學產品。一九四九年前，其產品在中國大陸銷售甚佳，也使得其復原速度為戲獅甲工業區內最快，但在一九四九年後，因中國大陸市場的消失，也讓其復甦腳步放緩，並重

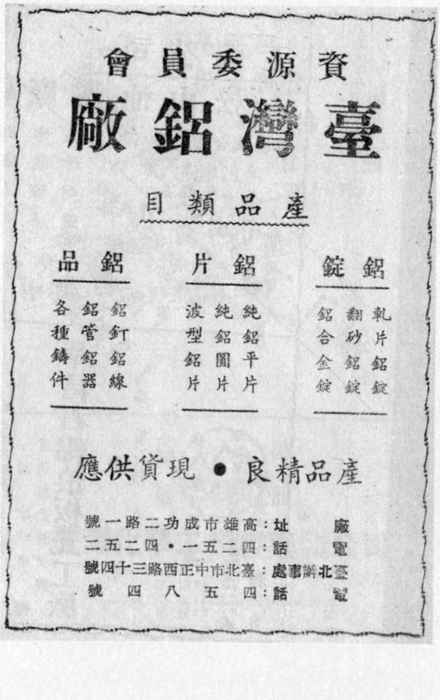

圖 2-3 臺灣鋁廠廣告

資料來源：翻攝自鄭建星，《臺灣工礦名錄》（臺北：國功，1948），廣告。

新尋找市場。

「臺灣碱業有限公司」於一九四六年五月一日成立，為國省合作企業，總公司設於高雄前鎮區草衙四二四號，亦即原南日本化工。下轄四廠，第一、四廠就分別是位於戲獅甲地帶，原南日本化學及旭電化高雄工場，第二廠則是原鐘淵曹達工業株式會社，第三廠則是原南日本化學工業株式會社安平、北門、布袋三工場，第二、三廠均位於臺南。因製碱原料為工業鹽，因此也成立鹽田工程處，主管安順一帶之鹽田。[43]

其生產項目大致有三：一是自設鹽田，製造工業鹽及苦滷，這是原料部分。二是由食鹽電解製造燒碱、鹽酸、漂粉、液氯、氯酸鉀及其他氯化物等工業原料。三是由海水直接提取溴素。[44]

燒碱即為氫氧化鈉（NaOH），應用相當廣泛，為許多工業製造過程的必需品，常用於製造紙張、紡織品、肥皂及清潔劑。戰後上海對此需求頗大，也使得臺碱成為戰後復原最快速的工廠之一。

臺灣碱業有限公司成立後，先修復戲獅甲的原南日本化學廠房，並將疏散於臺中霧峰的器材運回，安裝完畢。而旭電化工廠可利用的器材，也全部拆移至原南日本化學廠，修復完畢的廠房就成為第一廠，

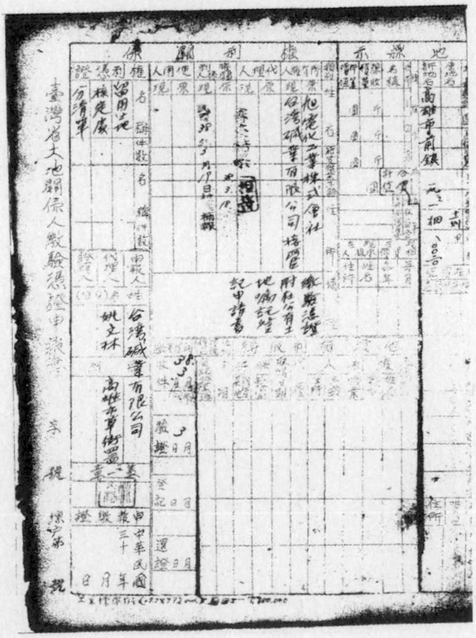
臺灣省土地關係人繳驗憑證申報書

圖 2-4 旭電化工業株式會社戰後由臺灣碱業有限公司接管

資料來源：前鎮地政事務所，〈高雄市前鎮區興邦段 4 號〉，《臺灣省土地關係人繳驗憑證申報書》。

於一九四六年九月開始出貨。[45]此時因上海的大量需求，帶動臺鹼於當年年底將二、三廠也修復完成，開始生產。

由於鹼業在精煉石油及造紙等都是必需品，因此一九四七年為配合煉油、煉鋁、造紙等企業的復原，於是在旭電化工廠原址籌設第四廠，在一九四八年七月局部開工生產。[46]在一九四八年底，單就燒鹼一項，月產達六百噸，約佔全國總產量二分之一，[47]製鹼業成為戰後工業復原最快速產業，甚至帶動民間小廠紛紛成立，此為戰後鹼氯工業的黃金時代。[48]

隨著時局的轉變，政府撤退來臺，臺灣鹼氯工業也失去中國大陸市場，使得臺鹼產量大減，許多民營工廠更是紛紛關門，而會使用燒鹼的臺灣鋁業公司及臺灣紙業公司，此時也是自身難保，使其在一九五〇年左右，產量低到谷底。臺鹼也提出停工計畫，部分廠區停工，且裁撤職員一百人、工人四百七十人，每月產量減為二百五十噸。[49]

三、臺灣機械有限公司

戰後初期另一個恢復狀況較良好是「臺灣機械公司」，其前身在日治時期也是創立於一九一九年，歷史悠久的「株式會社臺灣鐵工所」，其建立是為了南部新興製糖工廠所需要的機械製造與修復，與

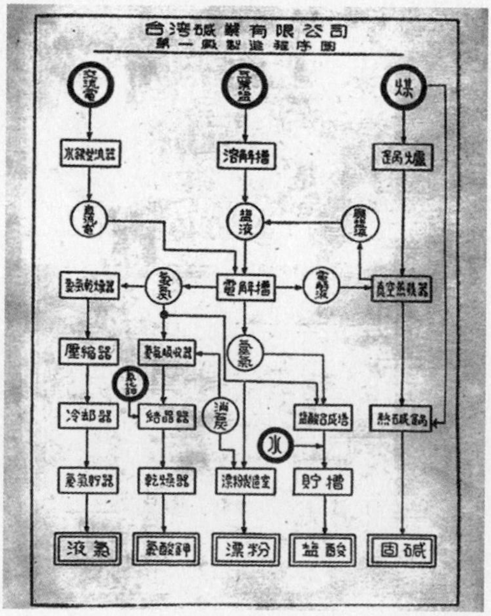

圖 2-5 臺灣碱業有限公司第一廠製造程序圖

資料來源：翻攝自臺灣碱業有限公司技術室，《臺灣碱業有限公司要覽》（高雄：臺灣碱業有限公司，1948）。

「淺野水泥株式會社」均為日治初期最重要的重工業工廠之一，大戰期間，更因應戰時需要，擴充製造機帆船、工具機、化工機械等，至一九四四年已有工廠三處，員工最高甚至多達三千餘人，但後來遭受盟軍轟炸，完全停工，直到一九四五年接收後才開始逐漸復工。

一九四六年五月一日，資源委員會正式接手後，合併「株式會社臺灣鐵工所」、高雄另一間工廠「東光興業株式會社」及基隆的「臺灣船渠株式會社」，成立「臺灣機械造船股份有限公司」，從事機械及造船之工作，[50]然而「臺灣鐵工所」與「臺灣船渠株式會社」分別為臺灣最大的機械及造船工廠，又不在同一地點，因此在一九四八年四月起，將其分開為「臺灣機械公司」及「臺灣造船公司」，[51]更能發揮其功能。

「臺灣機械公司」除「臺灣鐵工所」外，另一合併單位「東光興業株式會社」，於一九三六年成立於高雄市前金，專事氧氣製造，一九四一年增設鐵工廠，從事修理汽車船舶，並製造機械零件，一九四六年八月併入「臺灣機械造船公司」。[52]

除此之外，雖然在一九四八年，臺灣機械公司及臺灣造船公司已分家，但當時位於高雄的造船廠「臺灣船渠株式會社高雄工場」仍因地緣關係，歸於臺灣機械有限公司。在日本時期，臺灣鐵工所就已有兩

圖 2-6 1948 年台碱總公司辦公廳，位於原來南日本化學的高雄第一廠

資料來源：翻攝自臺灣碱業有限公司技術室，《臺灣碱業有限公司要覽》（高雄：臺灣碱業有限公司，1948）。

圖 2-7 台碱工場內之水銀整流器

資料來源：翻攝自臺灣碱業有限公司技術室，《臺灣碱業有限公司要覽》（高雄：臺灣碱業有限公司，1948）。

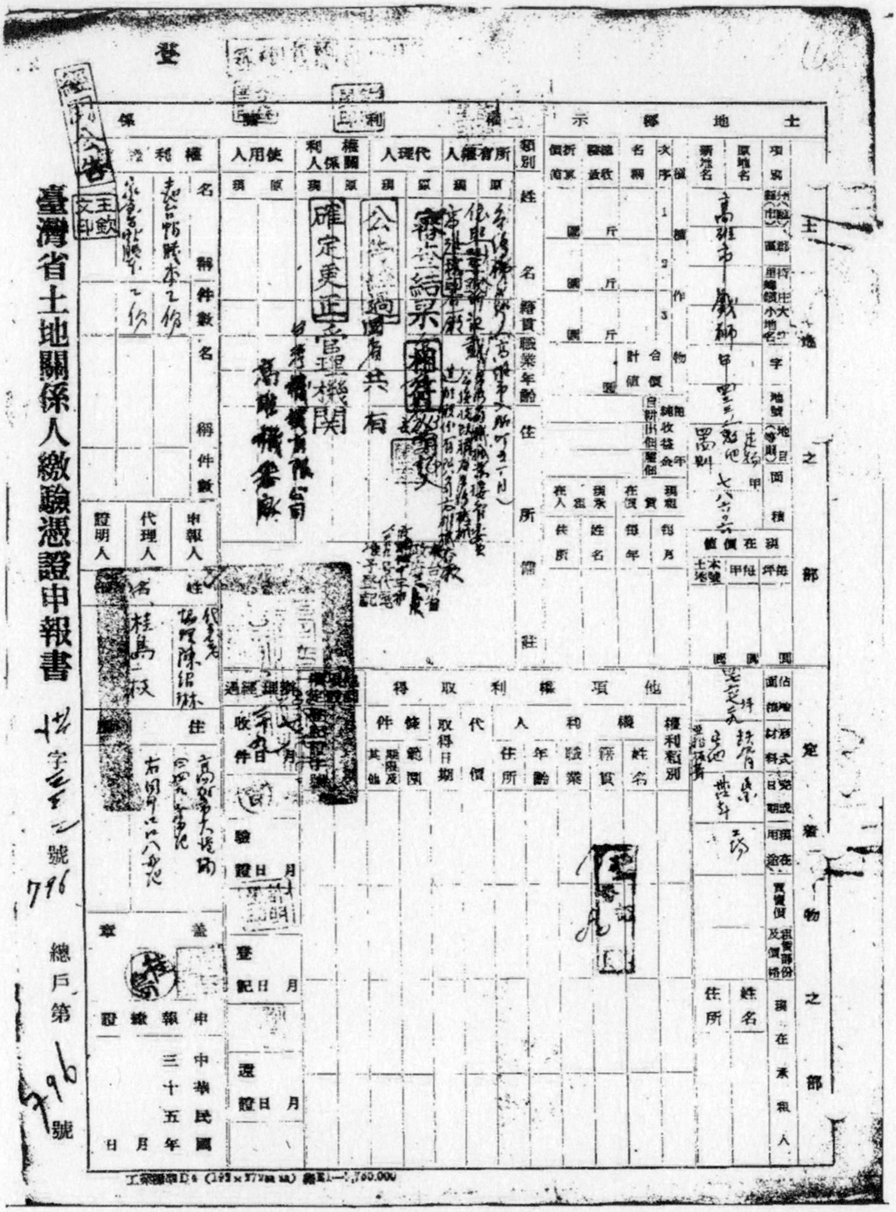

臺灣省土地關係人繳驗憑證申報書

圖 2-8 臺灣鐵工所東工場戰後由臺灣機械有限公司接管

資料來源：前鎮地政事務所，〈高雄市前鎮區獅甲段 521-2 號〉，《臺灣省土地關係人繳驗憑證申報書》。

個廠房，位於戲獅甲的原東工場為高雄總廠，下設高雄機器廠。位於鹽埕公園路的西工場為高雄鑄造廠，也就是第一分廠，下設有鑄鐵、模型、裝配、車輛、機械、電器工場。[53]除此之外，尚有位於旗津的造船廠為第二分廠，前金的原「東光興業株式會社」為第三分廠，[54]因高雄機器廠在修造鍋爐、鋼架、船隻時需要氧氣配合，而「東光興業株式會社」主要就是生產氧氣。[55]此為臺灣當時重要的機械公司，業務亦表現不俗。

四、臺灣肥料股份有限公司

戲獅甲地區化學工廠另一系統是以化學肥料為主。日治時期主要的化學肥料公司為「臺灣電化」與「臺灣肥料」兩間，「臺灣電化」擁有基隆及羅東兩間工廠，「臺灣肥料」則擁有基隆與高雄兩間工廠。因此在一九四六年五月一日資委會與行政長官公署合辦的「臺灣肥料有限公司」成立時，「臺灣電化」基隆工廠為第一廠、「臺灣電化」羅東分工廠為第一廠羅東分廠[56]、「臺灣肥料」基隆工廠為第二廠、「臺灣肥料」高雄工廠為第三廠，另日本時期原在新竹市籌建未成立之「臺灣有機合成株式會社工場」，此也一併接收成為第五廠。[57]

日治時期在臺灣建構的臺灣化學肥料工業，主要分成兩部分：一是過磷酸鈣，主要原料為磷礦石，加硫酸讓它轉變為可溶於水，位於戲

圖 2-10 1949 年台機公司各分廠位置圖，其中第三分廠就是「東光興業株式會社」，約於今日的漢神百貨。

資料來源：翻攝自陳政宏，《鏗鏘已遠—台機公司獨特的一百年》，頁 46。

圖 2-9 臺灣機械股份有限公司廣告

資料來源：翻攝自鄭建星，《臺灣工礦名錄》（臺北：國功，1948），廣告頁。

獅甲的臺灣肥料高雄工廠就是以此為主，雖然戰時破壞程度相當嚴重，接收修復後，於一九四六年十一月正式復工，經歷年來整修，生產能力提高甚多，在一九五〇年過磷酸鈣年產能力已達三萬六千公噸以上，[58]在臺肥五廠中，高雄廠的績效算是不錯的。[59]

日治時期臺灣肥料另一種類型是氰氮化鈣、尿素石膏等，這是以電石（碳化鈣）為基礎的合成工業，電石在臺灣的應用已有一段時間，因其是以石灰石為主原料配合電力生產，而臺灣生產石灰石，故從一九一六年起，位於臺北松山的臺灣電氣工業株式會社開始生產電石，後於一九二一年由臺灣電氣興業株式會社收購，一九二七年電石事業轉移至新設的羅東電化工廠。一九三五年於基隆成立的臺灣電化株式會社，也有生產電石。

戰後政府接收，電石生產就成為臺灣肥料第一廠的主要產品。而電石也是塑膠工業的原料之一，在臺灣塑膠工業發展初期，電石可加水生產乙炔做為聚乙烯的原體，也成為塑膠原料的主要來源，直到一九七四年臺灣塑膠原料全改由輕油裂解生產的乙烯為止。[60]因此雖非位於高雄的臺肥三廠所生產，但對於後來台塑建廠初期相當重要。

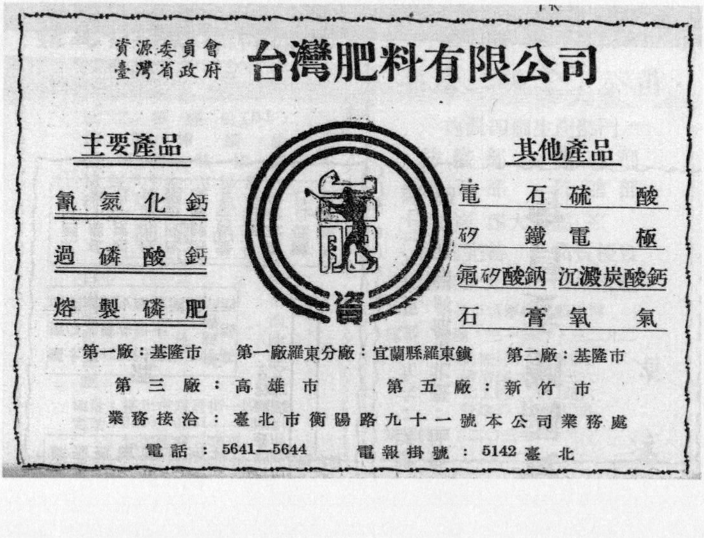

圖 2-11 臺灣肥料有限公司廣告

資料來源：翻攝自鄭建星，《臺灣工礦名錄》（臺北：國功，1948），廣告頁。

五、臺灣省畜產公司高雄工廠：高雄食品廠

位於戲獅甲之臺灣省畜產公司高雄工廠，其前身為臺灣畜產興業株式會社高雄加工工場。然而，在戰爭末期，臺灣畜產興業受到官營資金減少，以及原料、工人短缺、各地工廠遭受轟炸的影響，在戰爭結束前工廠生產即幾近停擺。

戰後，一九四五年臺灣行政長官公署派遣監理委員周亞青等人，負責接收日本畜產企業的二十二個部門，其中又以臺灣畜產會社及臺灣畜產興業會社較具規模。一九四六年五月臺灣畜產公司籌備處設於臺北，一邊進行設備統整，同時籌劃回復生產作業，至年底籌備工作完成，遂正式成立臺灣畜產有限公司，直到一九四七年五月成立農林股份有限公司，臺灣畜產公司才歸入農林股份有限公司管轄，成為畜產分公司。[61]位於戲獅甲的各廠也成為高雄工廠，包含製作罐頭的食品廠、供應肉品的屠宰廠，以及製革廠及冷凍庫，[62]一般稱之為「高雄食品廠」或「高雄加工廠」。

實際上，臺灣畜產是合併十七個單位共同組成，分別是：臺灣畜產興業株式會社、臺灣畜產株式會社、合資會社柊牧場、興南食品業株式會社、合資皮革製品統制株式會社、越智殖產株式會社、基隆牧場、株式會社朝日組、新竹牧場、南投牧場、木村牧場、臺灣羽毛輸出振

興株式會社、篠田山羊園、伊藤山羊牧場、嘉義牧場、海南製粉株式會社、安西味增商店。[63]

在十七個接收單位中，以臺灣畜產興業株式會社最為重要，在接收前，臺灣畜產興業員工高達八百四十三人，比其他十六個單位總和二百一十五人多出四倍，[64]因臺灣畜產興業之成立與供給軍用皮革、罐頭有關，因此在大戰末期，仍是臺灣主要畜產加工基地。而接收後，機械需整修、原料也不足，畜產事業幾乎停擺，[65]以臺灣畜產興業為例，在一九四六年，員工雖然恢復到七百三十八人，但產能僅到戰前（一九四五年）的十二%。[66]

產能的無法提升，與高雄工廠各廠未能修復有很大關係，到了一九五〇年全廠仍處於半停工狀態，冷凍廠甚至完全尚未整修。[67]在此過程中，漁管處[68]對於高雄工廠有極大興趣，於一九四八年向省府提出購買高雄工廠，做為其來臺漁船捕魚後加工之用，但農林公司抱怨漁管處漁船來臺太多，影響臺灣漁民生計，又說該廠省府已經準備標售民營，不宜賣給漁管處。[69]

雖然農林公司不願出售，但漁管處開價六十億（舊台幣），希望購買高雄食品廠的製革廠及水產分公司的鮫革實驗廠（今日之打狗英國領事館），省府財政廳所擬意見表示可行，只是表示依規定該公司土

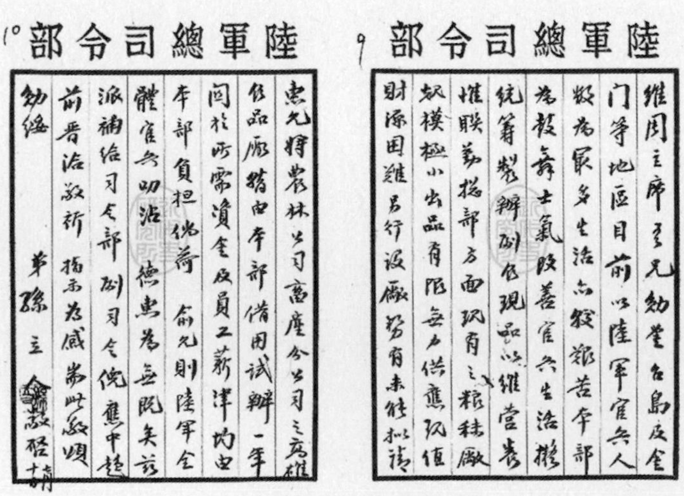
陸軍總司令部 9

維周主席吾兄勛鑒 台島原屬鬥爭地區 目前以陸軍官兵人數為最多 生活亦較艱苦 本部為鼓舞士氣 改善官兵生活 擬統籌製辦副食品 以維營養 惟聯勤總部方面現有之糧秣廠規模極小 出品有限 無力供應 現值財源困難 另行設廠勢有未能 擬請

陸軍總司令部 10

惠允將農林公司畜產分公司之高雄食品廠 由本部借用試辦一年 關於所需資金及員工薪津均由本部負擔 倘荷 俞允 則陸軍全體官兵 叨沾德惠 為無既矣 茲派補給司令部副司令倪中超前晋洽 敬祈 指示為感 專此敬頌 勛綏 弟孫立人敬啓

圖 2-12 1950 年陸軍總司令孫立人致函臺灣省主席吳國禎，希望能租借高雄食品廠。

資料來源：臺灣區生產事業管理委員會，〈陸軍總部租借畜產公司食品廠（1949-1951）〉，中央研究院近代史研究所檔案館館藏，館藏號：49-03-05-005-067。

地不得出售，僅能租予漁管處，同時不解漁管處原來僅想價購高雄工廠，為何會多出鮫革實驗廠。[70]

本案最後並未售予漁管處，原因為何並無相關資料，但也看得出來高雄食品廠雖然未修復，但一直有單位表示興趣，隨後而來的是陸軍總部。一九五〇年七月，當時的陸軍總司令孫立人寫信給省主席吳國禎，表示陸軍官兵生活艱苦，希望由陸軍總部租借高雄食品廠，改善官兵生活，並鼓舞士氣。吳國禎也請生管會及農林公司對此事加以討論，農林公司則表示正計畫由高雄食品廠總管畜產及水產之罐頭事業，不宜租借給陸軍，故吳國禎也回信予孫立人婉拒。[71]從這點也可看出該廠與軍隊間的關係。

實際上，孫立人來商借之時，高雄食品廠的修復案已經啟動。一九四九年，大批國軍撤退至臺灣，而高雄地區又是各軍種駐紮之大本營，軍糧需求升高，尤其是食品場的牛肉罐頭，因此亟需修復，當年五月生管會也同意修復計畫，經協調由臺銀貸款三十萬元，於十月由台機負責修復，共修復了罐頭工廠、屠宰廠、冷凍庫。而該罐頭工廠除生產牛肉罐頭，也增加魚罐頭業務，同時涉及畜產及水產兩分公司業務，因此在合約上名稱為「臺灣農林公司畜產水產分公司食品廠」。[72]但日後公文又多歸屬於畜產分公司。

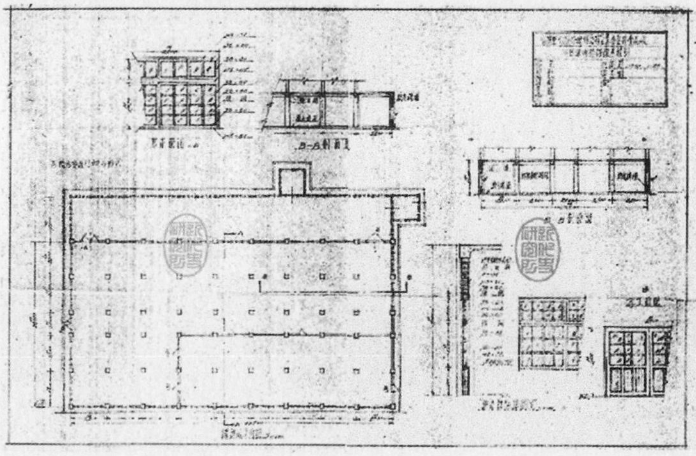

圖 2-13 1950 年興建的臺灣農林高雄食品廠之罐頭工廠草圖，由同位於戲獅甲的台機負責施工。

資料來源：臺灣區生產事業管理委員會，〈畜產公司修復高雄廠貸款（1949-1951）〉，中央研究院近代史研究所檔案館館藏，館藏號：49-03-05-002-130。

六、臺灣窯業有限公司

臺灣窯業有限公司是以日本時期「臺灣煉瓦株式會社」及「臺灣窯業株式會社」為主體接收成立，在一九四六年十一月時，共有十八間主要工廠、十七間分工廠，其中包括位於戲獅甲的高雄第二工廠，應為戲獅甲的原「臺灣窯業株式會社高雄工場」。[73]

臺灣窯業有限公司轄下各工廠，在二戰期間被盟軍轟炸，多半毀損，全臺除北投及板橋兩工廠外，全部為之停頓。一九四五年十一月二十四日，負責接收的監理委員會，向銀行貸款二百萬元，將松山、圓山、嘉義、臺南、高雄各工廠先行復工。[74]

一九四六年二月窯業接管委員會正式接管後繼續修復，並再向商工銀行借款三百萬元，陸續要將所有工廠復原，但無奈九月二十五日遭颱風襲擊，許多正在修繕的工廠又遭受重創。[75]一九四七年五月一日，臺灣工礦股份有限公司成立，下設十二分公司，臺灣工礦公司窯業分公司也為其中之一，此時名稱則改為窯業分公司高雄第一廠，原來在三塊厝的工廠則成為高雄第二廠。[76]後戲獅甲的高雄第一廠改名為「臺灣工礦股份有限公司陶業分公司高雄工廠」，於一九五〇年十月九日移交給予「臺灣工礦股份有限公司高雄耐火材料廠」。[77]

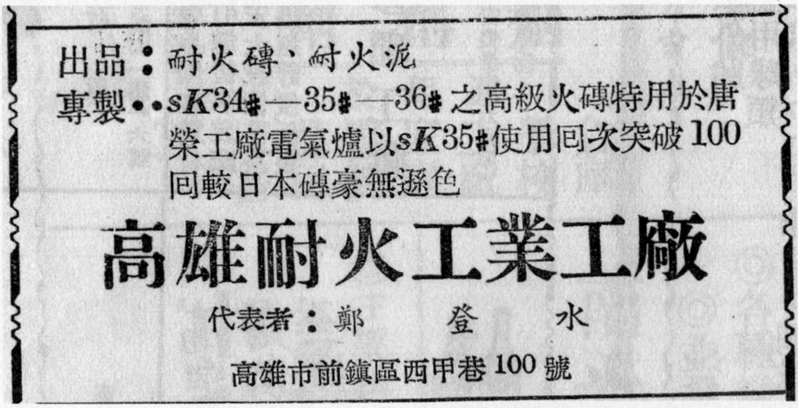

圖 2-14 高雄耐火工業工廠廣告

資料來源：翻攝自鄭建星，《臺灣工礦名錄》（臺北：國功，1948），廣告頁。

七、唐榮鐵工廠

二戰結束後，臺灣各地重要鐵工廠多遭受轟炸，難以復原，然而唐榮在戰爭期間未遭轟炸，反而得以低價收購遭損毀的其他工廠土地，用以建築新的廠房。另外，唐榮自軍方得到廢鐵，再以廢鐵煉鋼供應國內市場所需，其主要顧客亦是軍方。一九四五年唐榮鐵工所也改名為唐榮鐵工廠，捨棄含有日文意涵的用語。在前述基礎上，一九四六年六月一日唐榮更增設製釘工廠、電鍍工廠、抽線工廠等；一九四八年五月三日增設電石工廠；一九四九年一月二十五日增設氧氣工廠、鑄鋼工廠，並開始經營煉銅廠、拆船業。[78]

唐榮鐵工廠在戰後復甦看似一帆風順，卻在一九四九年面臨嚴重危機。一九四九年國民黨軍隊因戰事不利膠著於中國大陸上，大量軍民移入臺灣，物價飛漲、通貨膨脹，加上一九四六年政府施行幣制改革（即以四萬元舊臺幣換一元新臺幣），不少民營企業無法支撐動力及人事成本的提升，經濟狀況相當不良。當時唐榮鐵工廠也在這一波衝擊下，宣布停工以清理債務，當時曾停工兩個月，後由行政院長陳誠主導銀行融資紓困，才又從谷底爬起。[79]

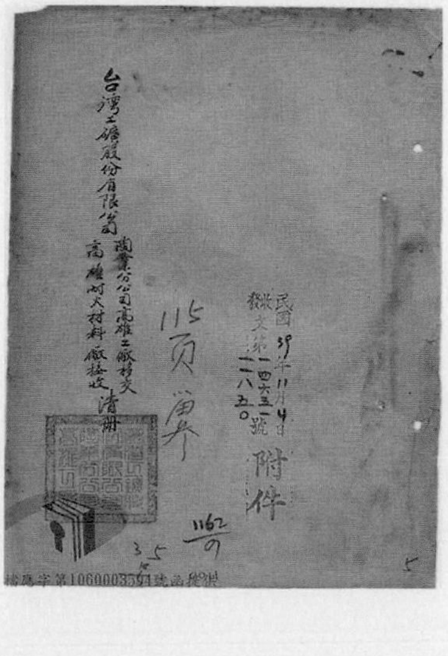

圖 2-15 戲獅甲的窯業工廠幾經波動，於 1950 年接收為「高雄耐火材料廠」。

資料來源：臺灣省農工企業股份有限公司，〈工礦－高雄耐火材料廠整併移交清冊〉，國家發展委員會檔案管理局館藏，館藏號：0039/1169/0。

戲獅甲新生軍的設立

戰後初期，戲獅甲工業區除了就原有工廠接收及復原外，也有新增工廠，分別是一九四八年底的「臺灣殺蟲藥廠」（後更名為臺灣農業化工廠）、「六〇兵工廠」、「中聯化工廠」及一九四九年的「臺灣鋼廠」、「二六兵工廠」、「高雄硫酸錏廠」、「復興木業」。

這些新增工廠有三個特點：一是多半與農業及化學息息相關。「臺灣殺蟲藥廠」主要生產DDT，「高雄硫酸錏廠」則是化學肥料，並且是藉由「二六兵工廠」的資源所設立，兩者目標就是協助農業施肥及消滅蟲害。「中聯化工」則是生產製造火柴原料。表面看來較無關的「臺灣鋼廠」，主要產品是製作罐頭的馬口鐵，農產品罐頭正是當時政府大力推動的產業。

實際上，日本時代臺灣就以米、糖的農業為主。因此戰後政府積極恢復農業，由上海調運大量的化學肥料來臺，並採取以工代賑等方式搶修毀損的水利設施，並設法修復生產化學肥料。一九四八年，更建立肥料換穀制，由農民繳交蓬萊稻穀一點五公斤交換硫酸錏一公斤、稻穀一點九公斤交換磷酸錏一公斤、稻穀二公斤交換硝酸錏一公斤、稻穀〇點五公斤交換磷酸石灰一公斤，日後可交換肥料種類有所增加。[80]

一九四九年，隨著中華民國撤退來臺，大批軍公教及眷屬湧入臺灣，加上糖的主要出口地上海已由中共佔領，遂使得政府的政策改以「重糧輕糖」，以上述肥料換穀，加上田賦徵實（以稻穀代替現金繳稅）、餘糧收購等政策，度過一九四九年，因大量移民帶來的糧食危機。[81]

這也不難理解，戰後初期戲獅甲工業區新增的工廠中，為何有高達三間與農業有關，而其中最重要的，就是一九四九年生產化學肥料的高雄硫酸錏廠，有了硫酸錏廠的生產，才能使肥料換穀制順利執行。

二是與軍事有關。戲獅甲原是日本政府因軍需所建立的工業區，除了工廠外，也有許多與軍事相關的倉庫。因此許多大陸遷臺的兵工廠，包括「六〇兵工廠」、「二六兵工廠」，「臺灣鋼廠」均選擇落腳此地，這也顯示中華國民政府在大陸節節敗退後，開始將軍事設備遷來臺灣，希望做為與中國共產黨對抗的最後堡壘。

三是民營企業多與政府關係良好。此時期新設工廠，不論是中聯化工、復興木業、中元造紙，多由中國大陸遷移至此，政商關係良好，但在一九四九年國軍撤退至臺灣後，才赫然發現許多原軍方土地發生問題，這也釀成陸軍營產「戲獅甲要塞倉庫」糾紛。

以下則針對戲獅甲新設工廠，按照興建的時間點依序討論：

一、中元造紙廠

中元造紙廠即為「戲獅甲要塞倉庫糾紛」主角。一九四七年，中元造紙[82]決定來高雄設廠，經尋覓結果，決定於戲獅甲前鎮國民學校旁，原戲獅甲要塞倉庫基地建廠，而該地所有權人為高雄市政府，於是中元造紙與市府討論，市府同意承租，但希望中元造紙能將前鎮國民學校遷建，並支付遷建費用，中元造紙也予以同意。

一九四八年四月五日，高雄市參議會開議後，廠方、市府、市參議會陸續與地方、學校家長代表等密集磋商，最後決定在前鎮及戲獅甲興建本校及分校各一，工程費一千九百五十一萬元、設計費一百九十五萬元（舊臺幣），由中元造紙出資，並於五月開工，七月二十五日遷建完畢。[83]在校舍處理完畢後，中元造紙廠房、庫房於八月九日正式動工。[84]

根據臺灣軍經理部高雄出張所長中居四郎向陳儀遞交的國有財產引繼目錄的附圖（圖2-16），比對一九四五年美軍繪製臺灣城市圖（圖2-17）可確認中元造紙所建築之地為戲獅甲倉庫，也就是今日中華五路、五號船渠交叉處，君毅正勤社區位置。

但軍方倉庫為何會變成中元造紙廠？主要是一九四六年八月十九

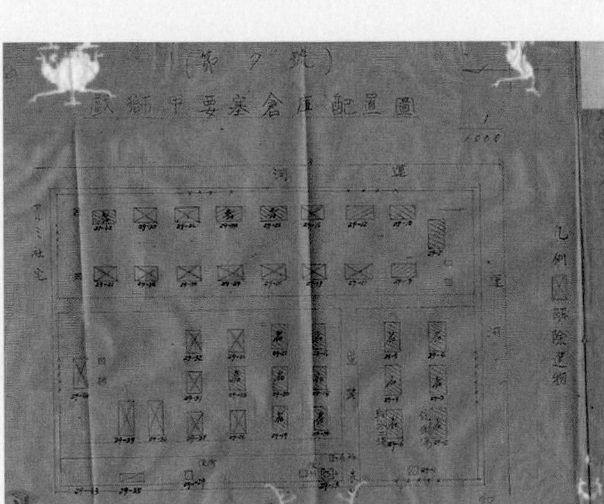

圖 2-16 戲獅甲要塞倉庫配置圖

資料來源：國防部史政編譯局，〈陸軍營產糾紛處理案〉，國家發展委員會檔案管理局館藏，館藏號：0037/900.7/742/1。

日，軍方同意將戲獅甲陸軍倉庫（應指戲獅甲要塞倉庫）及西子灣陸軍病房撥交給市府做為教育校舍用途，十月一日陸軍總部營產管理所通知市府可派員至該所高雄第一接管組接洽，十月六日市府派員至第一接管處時，因承辦人員外出，無法討論，不料三天後（十月九日），市府即發現國聲報刊登營產管理所已將上述諸倉庫標售，市府遂電警備總司令部要求維持原案，警備總司令部也允諾。但第一接管處卻強調已標售、款項也已收到，因此無法退還，市府只好與得標者張錦帆聯絡，最後張錦帆同意以原價七十六萬七千五百元轉售給市府，市府遂能夠以原計畫在此設置前鎮國民學校，[85]後來中元造紙至高雄尋覓廠址時，看上此處，遂才有前鎮國民學校的遷移及中元造紙建廠。而中元造紙建廠後，廠區也大幅改變，舊有的倉庫已拆除，可從中元造紙後來的藍圖（圖2-18）可見，從日後一九五六年的空照圖更可看出，該地原倉庫區均已拆除（圖2-19）。

此事原應至此告一段落，但一九四九年中國大陸風雲變色，二六兵工廠準備遷移至臺，原預定以臺灣工礦公司鋼鐵機械公司第一保管廠（即原高雄製鐵）及其斜對面西甲國小旁三甲土地建廠，但廠長黃朝輝嫌土地過小，後來發現有一筆市府放租給中元紙廠的土地，面積廣達十三點三四〇一甲，因該地原為聯勤所有，故希望能收回中元紙廠土地，交換鋼鐵機械公司第一保管廠北方之土地，才足以建廠（見圖2-20）。

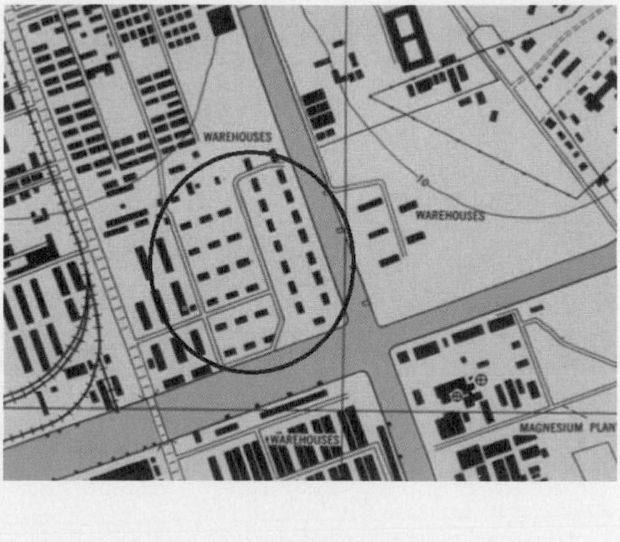

圖 2-17 1945 年美軍繪製臺灣城市圖，紅圈處即為戲獅甲要塞倉庫。

資料來源：〈美軍繪製臺灣城市圖（1945 年）〉，中央研究院地理資訊科學研究中心 GIS 百年歷史地圖，網址：http://gissrv4.sinica.edu.tw/gis/kaohsiung.aspx，檢索日期：2017 年 6 月 28 日。

圖 2-18 中元造紙廠建築基地平面圖。[86]

資料來源：國防部史政編譯局，〈陸軍營產糾紛處理案〉，國家發展委員會檔案管理局館藏，館藏號：0037/900.7/742/1。

圖 2-19 1956 年高雄市舊航照影像，紅圈處即為原中元造紙廠。

資料來源：〈高雄市舊航照影像（1956 年）〉中央研究院地理資訊科學研究中心 GIS 百年歷史地圖，網址：http://gissrv4.sinica.edu.tw/gis/kaohsiung.aspx，檢索日期：2017 年 10 月 29 日。

二六兵工廠之要求，市府以為不可，因該地最後為市府所購回，且中元紙廠也已支付遷校費用，並已有員工在此上班，市府建議可以其他土地交換，連省主席吳國禎也贊同此議。但營產管理處則堅稱此處仍為國軍營產，市府為「違法租用」，雙方爭執不休。

此事最後判定該土地為國軍營產。由另一個遷移至戲獅甲的六〇兵工廠（今二〇五兵工廠），於一九四九年十二月與中元造紙廠達成協議，以十萬元購得中元造紙廠房，土地則由軍方收回（見下圖2-21）。[87]

二、中聯化工

中聯化工也是戰後初期最早成立之民營工廠之一，主要為配合中國大陸火柴市場，生產火柴原料氯酸鉀，其大股東劉鴻生，為中國「火柴大王」、「駱駝毛大王」，其於戰後做過善後救濟總署上海分署主任。[88]一九四八年三月，中聯化工成立籌備處，籌備處主任為張維熊，六月一日正式成立，[89]十一月進行工廠登記，[90]其地址為高雄市前鎮區前鎮巷十二號。[91]

臺碱四廠在一九五〇年因失去中國大陸市場而停工時，也影響到中聯化工。因臺碱停止氯氣生產，使其無法生產氯酸鉀，也被迫停工數

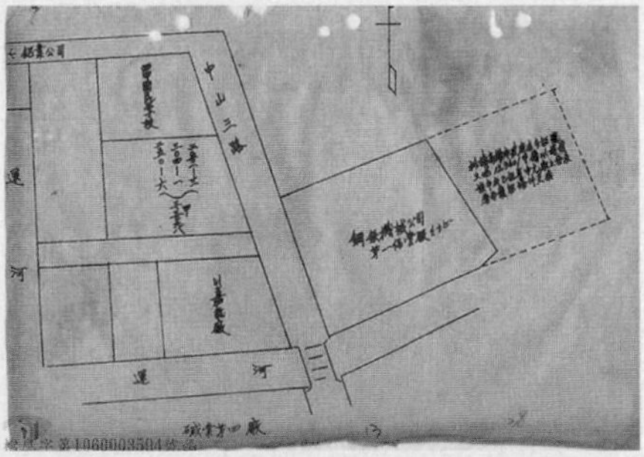

圖 2-20 26 兵工廠遷建相關圖

資料來源：國防部史政編譯局，〈陸軍營產糾紛處理案〉，國家發展委員會檔案管理局館藏，館藏號：0037/900.7/742/1。

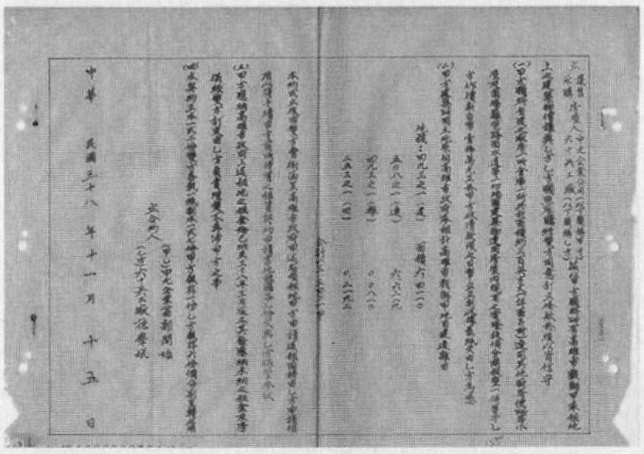

圖 2-21 中元造紙讓售廠房給予 60 兵工廠

資料來源：國防部史政編譯局，〈陸軍營產糾紛處理案〉，國家發展委員會檔案管理局館藏，館藏號：0037/900.7/742/1。

月，損失重大，最後甚至變賣器材抵債，其已從美國大量進口，製造氯酸鉀的原料氯化鉀四十噸（價值新台幣六萬四千元）僅能放在中信局。

由於氯酸鉀為禁止輸入物資，所以中聯化工的停工，立即影響臺灣火柴工業，讓民眾無火柴可用，於是生管會立即開會處理，除了趕緊進口氯酸鉀外，也要求臺碱公司能立即生產，但氯酸鉀原料為氯化鉀，臺碱公司並無氯化鉀，中聯化工希望能以放置在中信局的氯化鉀償債，因此生管會出面協調，最後同意中聯化工的提議，也協助中聯化工度過此次難關。[92]

三、臺灣農業化工廠

臺灣農業化工廠之成立，與聯合國善後事業保管委員會有關，該會原為善後救濟總署，於一九四八年改組，主要業務為協助臺灣促進衛生設施、復興農村經濟，計畫建立DDT、盤尼西林、磺胺製劑等工廠及X光工作站。

該工廠早於一九四六年就由該署醫藥組劉瑞恆博士，西人卜瑞克及巴登策劃興建。直到一九四八年因戰事急迫，所規劃器材除DDT製造設備由上海運抵臺灣外，其餘均未及來臺，遂於同年冬季在戲獅甲

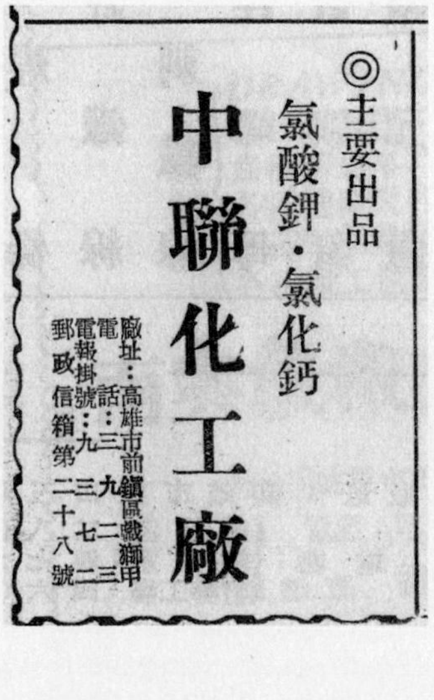

圖 2-22 中聯化工廠廣告

資料來源：翻攝自鄭建星，《臺灣工礦名錄》（臺北：國功，1948），廣告頁。

開工興建工廠，年底完工，定名為「臺灣殺蟲藥廠」，試製DDT藥劑。總經理為張茲闓，沈琰及西人藍度雅為副經理。

一九四九年六月改聘謝惠博士為總經理，並修整原有裝配機件，於同年十一月向資源委員會金銅礦務局購買高雄市戲獅甲五四三、五三八之五（後改五三八之四號）、五九九之七、五四四號四筆土地，二十三日正式開工，製造工業用DDT，分配各地農村撲滅蟲害。該土地於一九五〇年八月十四日正式撥歸行政院善後事業保管委員會。[93]

一九五〇年秋天，因為善後事業保管委員會即將結束，於是增撥款項，添購設備、購地、擴建廠房、加築倉庫、宿舍。共增加溶劑提油設備、氯苯工廠、毒魚藤精工廠。[94]

一九五〇年九月一日，聯合國善後事業保管委員會結束運作，將該廠移交給經濟部資源管理委員會，更名為經濟部資源委員會農業化學工廠，[95]十二月改名為臺灣農業化工廠。[96]

四、臺灣鋼廠

資源委員會於一九四八年十二月十六日同意鋼鐵事業管理委員會建

圖 2-23 臺灣農業化工廠廣告

資料來源：翻攝自鄭建星，《臺灣工礦名錄》（臺北：國功，1948），廣告頁。

議成立臺灣鋼廠及廣州製鋼廠，並隨即派人至兩地進行籌備工作。其最早設計是希望配合中國大陸的鐵礦及新竹的煉焦煤，設立鋼鐵工業，在臺發展兵工、造船等事業，當時關於建廠地點，以高雄及新竹為考量，雖然新竹佔有原料產地的優勢，但高雄鄰近港口、水電充足、地勢平坦，又有其他各種工業。且資源委員會臺灣金銅礦務局又在戲獅甲接收了三百六十餘畝的空地，也就是上述農化廠土地，農化廠興建後，仍有許多空地，故最後仍決定在高雄設廠，希望能煉鋼及煉鐵。[97]

臺灣鋼廠於一九四九年二月正式設立，其興建時遭遇許多困難，四月開工後，六月至九月間碰到雨季，室外工程幾乎停頓，加上其位於港邊，基地土質鬆軟，廠房興建及重型機器安裝不易，十一月才正式安裝機器，由於主要設備為節省外匯，多係自美採購舊貨，運臺後需重新改裝，也有配件缺少，需另行設計配置，直到一九五〇年三月才正式開工。[98]

農化廠與臺灣鋼廠，所使用的土地是與戲獅甲軍事倉庫一河之隔的戲獅甲倉庫區，據當地耆老追憶，戰後初期當地民眾，至倉庫區大量拿走木材等建材回家使用，使其破損不堪。[99]而在農化廠與臺灣鋼廠興建後，比照戰前地圖，也可見倉庫群幾乎消失殆盡。

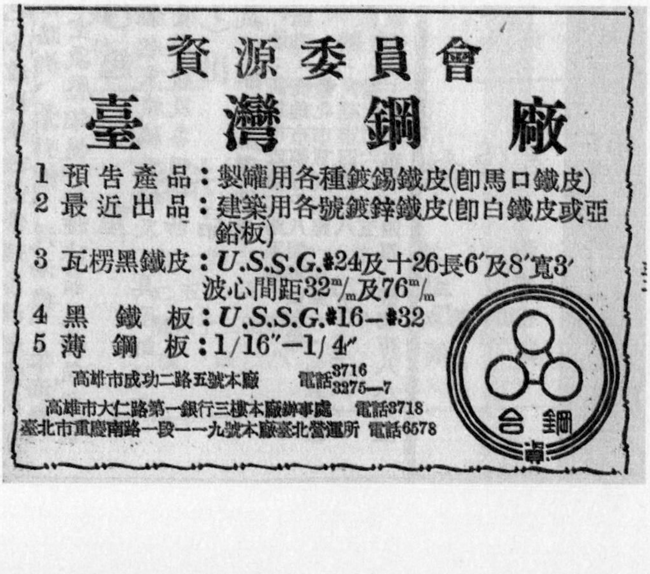

圖 2-24 臺灣鋼廠廣告

資料來源：翻攝自鄭建星，《臺灣工礦名錄》（臺北：國功，1948），廣告頁。

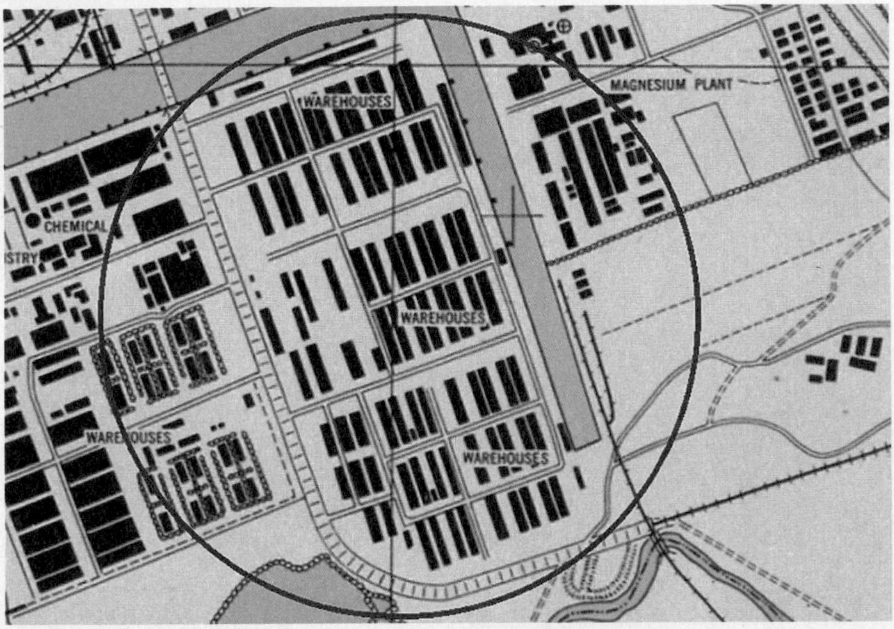

圖 2-25 1945 年美軍繪製臺灣城市圖，紅圈處即為戲獅甲倉庫。

資料來源：〈美軍繪製臺灣城市圖（1945 年）〉，中央研究院地理資訊科學研究中心 GIS 百年歷史地圖，網址：http://gissrv4.sinica.edu.tw/gis/kaohsiung.aspx，檢索日期：2017 年 10 月 10 日。

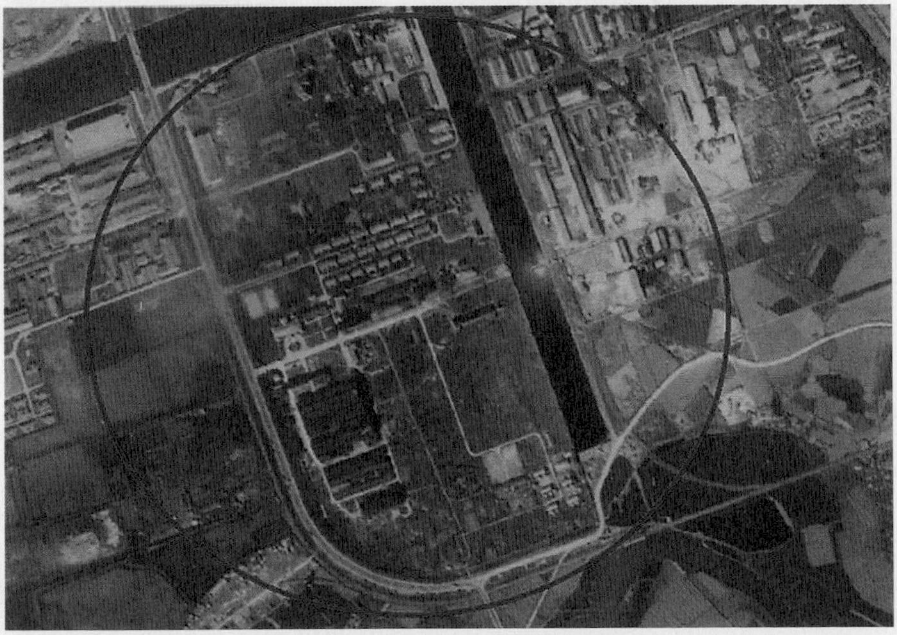

圖 2-26 1956 年高雄市舊航照影像，紅圈處即為農化廠及臺灣鋼廠。

資料來源：〈高雄市舊航照影像（1956 年）〉中央研究院地理資訊科學研究中心 GIS 百年歷史地圖，網址：http://gissrv4.sinica.edu.tw/gis/kaohsiung.aspx，檢索日期：2017 年 10 月 29 日。

五、六〇兵工廠

六〇兵工廠前身為金陵兵工廠，歷史相當悠久，可追溯自強運動時，李鴻章於一八六一年在上海購置機器，仿造槍砲彈藥所設置之松江砲局。一八六三年遷蘇州，改稱蘇州洋砲局。隔年（一八六四年）再遷南京雨花臺，更名為金陵機器局，一九一二年改稱金陵製造局，開始製造機關槍及槍彈。一九二八年改稱上海兵工廠金陵分廠，一九二九年改隸兵工署稱金陵兵工廠。中日戰爭期間，西遷至重慶江北，並於一九三八年三月復工，改稱二一兵工廠，並接收漢陽等兵工廠相關設備，當時國軍步兵主要武器：步槍及輕重機槍，均由該廠製造。[100]

一九四五年二戰結束後，重回南京，接收京滬區日本兵工機構，並迅速籌建復工，一九四六年九月改組為聯勤六〇兵工廠，一九四八年十二月因大陸局勢轉變，分批遷運至原陸軍第一倉庫為廠址重建。[101]一九七六年六〇兵工廠更名為聯勤二〇五兵工廠，二〇〇三年改隸國防部軍備局，更名為國防部軍備局生產製造中心第二〇五廠迄今。

六、二六兵工廠

一九四七年六月一日，二六兵工廠漢陽新廠工程處成立，其為戰後才成立之單位。前身為軍政部兵工署鞏縣化學廠，其於一九三三年成立籌備處於南京，後選定河南鞏縣為廠址，與鞏縣兵工廠毗鄰，為求保密易名為鞏縣兵工分廠，至一九三六年正式設廠，一九三七年十一月遷四川瀘縣，一九三八年更名為二三兵工廠，一九四〇年軍政部兵工署在四川長壽另籌建二六兵工廠，欲抽調二三兵工廠人員支援，但因機具購置延宕，故至一九四七年才成立。

二六兵工廠廠長為黃朝輝將軍，原於一九四八年冬天開始準備組裝生產機具，但因戰局演變，隨即於十一月拆遷至臺灣，於一九四九年選定因遭轟炸而無法復原之高雄製鐵株式會社為主要廠址，並將二三廠撤出之機件歸二六廠所有。[102]

七、高雄硫酸錏廠

二六兵工廠搬遷至戲獅甲，也帶動了一九四九年新設的「高雄硫酸錏廠」。實際上，高雄硫酸錏廠與二六兵工廠是共用同一個廠區，甚至是同樣的一批人馬，可說是「兩塊招牌、一套人馬」。

因為二六兵工廠為化學工廠，而當時臺灣省政府希望能增加化學肥料生產，考量新建化學肥料工廠，遂與聯勤總部兵工署協議，以美金二百五十萬元及新台幣一百萬元的價格購入二六兵工廠中製造硫酸錏及硝酸設備，這筆經費主要用於重建二六兵工廠，省政府另支付新臺

圖 2-27 1949 年 26 兵工廠機具運抵至高雄情形

資料來源：翻攝自詹德湖、朱力行編輯，《高雄硫酸錏公司發展史》（高雄市：高雄硫酸錏公司，1985），頁 12。

幣三百萬元為硫酸錏廠之籌建經費。[103]

高雄硫酸錏廠於一九五〇年正式成立，直接隸屬臺灣省政府，由生管會監督指導，工廠業務則由二六兵工廠現有人員兼任，廠長同樣由黃朝輝將軍兼任，因此創立初期，硫酸錏廠的人員編制均為報備而未正式編制。[104]硫酸錏廠此時期僅算初建廠，尚未發揮真正影響力。

實際上，硫酸錏工廠可說是政府遷臺後最重要的建設，臺灣肥料市場中，最缺乏的就是硫酸錏。日本時代的臺灣總督府曾統計在一九四一年臺灣所需硫酸錏為三十八萬餘公噸，但臺灣並無生產硫酸錏的工廠，僅能從日本本島獲得二十七萬噸。因此在一九四三年提出硫酸錏廠的建設計畫，但當時是以今日臺中港（當時稱為新高港）附近為預定設置工廠地點，因當時電力主要來自於大甲溪。[105]從此可看到硫酸錏對於臺灣農業的重要性，而這個夢想，也在戰後戲獅甲落實。

八、復興木業

復興木業公司最早創立於一九四三年的上海，由有合板之父之稱的程保廉所創設。程保廉剛從大學畢業後，便進入上海的一家英商公司工作，該公司從加拿大及美國進口原木，加工後外銷到中國各地，因程保廉十分獲得老闆賞識，不久便升遷為廠長。一九四三年程保廉在

圖 2-28 1949 年廠區尚未建立前原貌

資料來源：翻攝自詹德湖、朱力行編輯，《高雄硫酸錏公司發展史》（高雄市：高雄硫酸錏公司，1985），頁 11。

圖 2-29 1950 年所建立硫酸錏廠

資料來源：翻攝自詹德湖、朱力行編輯，《高雄硫酸錏公司發展史》（高雄市：高雄硫酸錏公司，1985），頁 13。

熟悉木業知識後，便離開英商公司，獨立創設「復興木業公司」，由於當時中國內需市場大，所以主要產品皆以供應國內為主。

雖然當時公司的營運已相當穩固，但適逢中國本土國、共內戰，局勢混亂之際程保廉看好臺灣擁有豐富的森林資源，認為頗有發展潛力，遂於一九四七年來台設廠加工，但因臺灣木材不許任意砍伐，乃改採進口原木運臺加工。[106]

一九四八年復興木業公司將一批原訂運往上海的原木運往高雄港，並在高雄港卸下後加工製作為成品，之後運往琉球群島及南非。[107]籌備年餘後，一九四八年十二月正式決定於高雄市中山三路設廠，該址前身為日產「拓南ベニヤ（合板）工業株式會社工場」，被列為第六批標售土地，由盧天富得標，因原工廠也是經營合板業，加上地點面臨中山三路、後接高雄港第五船渠，位置遼闊，適合水陸儲運木材，所以程保廉將其購下，一九五〇年六月工廠完成後開工，於一九五一年三月申請設立「復興木業有限公司高雄廠」。[108]因礙於人力、物力缺乏，夾板工廠直到一九五一年六月才開工，[109]是年恰逢原屬上海復興木業公司的工人已陸續抵臺，此時可算是完全將復興木業公司遷台。[110]

其經理為殷之浩，也就是大陸工程的創辦人，可見同為「上海幫」

的交情，[111]但沒想到隔年（一九五二年）復興木業馬上提出公司解散申請，[112]重新在一九五三年再度申請登記獲准，改組為「復興木業股份有限公司」，[113]仍於原地經營。其原因說法有二，一是為配合外銷擴展業務而增資改組，[114]另一說是因公司籌備期間開支過大，導致公司本身債台高築，遂於一九五二年增資改組為「復興木業股份有限公司」，[115]至於何者為真，缺乏進一步資料佐證。

實際上，戰後初期在戲獅甲新增的工廠究竟有多少間？目前並不清楚，從戲獅甲倉庫（中元造紙）的例子中可見，軍方在戲獅甲的大量土地，可能有被偷偷標售，如「復興木業」也是經由政府標售而來。或是如「中元造紙」是向政府承租，也難以在地籍資料上記載，因此本節僅能就資委會與軍方新增工廠為主，民間僅有復興木業、中聯化工及鬧出糾紛的中元造紙，但實際工廠家數，應大於此。而從中元造紙的例證中也看到戰後初期接收的亂象，這也是二二八事件後來發生的主因之一。

小結：接收、復原到新增：戲獅甲的復原與變化

戲獅甲是日本時代末期臺灣最重要的工業區，因此在戰爭期間受到盟軍的激烈轟炸，受損嚴重。但在接收後，戲獅甲區內特殊的工廠，

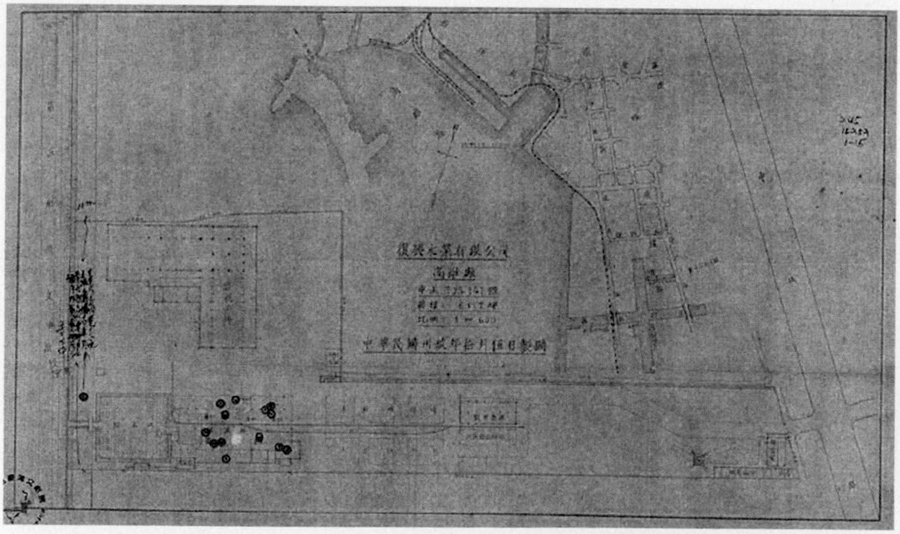

圖 2-30 復興木業高雄廠位置圖

資料來源：臺灣省政府建設廳，〈復興木業有限公司高雄廠設立申請書等核備案（1951 年 5 月 31 日）〉，《臺灣省級機關檔案》，國史館臺灣文獻館，典藏號：0044720016353001。

引起了經濟部資源委員會及長官公署的注意及爭奪，經協調後由資委會及長官公署分別或共同經營。此時公營企業分為「國營」（資委會主導）、「國省合營」（資委會與長官公署合營，但資委會佔六成股權，仍由資委會主導）、「省營」（長官公署主導）及「縣、市營」四級，其中引發資委會及長官公署爭奪的「國營」及「國省合營」共有十一間，主要廠區在戲獅甲就高達四間（臺鋁、臺機、臺鹼、臺肥），可見戲獅甲的重要性。

也因此，從一九四五年至一九五〇年間，戲獅甲的修復，也是臺灣工業復興的縮影。值得注意的是，此時臺灣的市場，也因為政權轉移的關係，由原來的日本本土變成中國大陸，臺鹼也因產品在中國大陸大受歡迎而復原進度良好，中聯化工甚至是為了中國大陸火柴市場所建立。一九四九年政府遷臺後，就使得這兩座工廠損失慘重，甚至一度停工。相對於缺乏大陸市場的臺機與臺肥，復原並未如此迅速，臺鋁則因中國原無此技術，需仰賴美國及加拿大，更為緩慢。而省營的兩間：農林公司的高雄食品廠及工礦公司高雄窯業工廠，相對於國營及國省合營的積極修復，進度極為落後。相對而言，民營的唐榮公司則展現積極活力，但也在大環境變化中步伐混亂。整體而言，臺灣在此時期的工業重建相當艱辛，也未達戰前水準，[116] 以戲獅甲為例清晰可見。

而隨著中國大陸戰局的演變，戲獅甲變化更加大，先是資源委員會的權力不敵省府新成立的生管會，而許多從中國大陸遷移來臺的兵工廠、民間工廠（復興木業），或政府希望藉由此一工業集中區能夠新設立的工廠，也陸續成立，但對於市場的考量，則是以農業，尤其是如何餵飽從中國大陸來臺的大量軍公教及其眷屬，因此新的積極建設目標，則轉為生產肥料的高雄硫酸錏廠。

除了原有的工廠，戲獅甲地區變化最大應屬原來的軍事倉庫群。高雄倉庫後來為六〇兵工廠接收，變化不大。但戲獅甲要塞倉庫，則先遭到變賣，後由市府購回再租予中元造紙，最後又被軍方要回，但倉庫群已完全消失。隔一條運河的戲獅甲倉庫，也由農化廠及臺灣鋼廠所接收使用，地貌也呈現大幅變化。至一九五〇年，目前所能掌握資料的戲獅甲區域工廠共十五間，如左表與下圖。[117]

從下圖來看，可看到這段期間戲獅甲的地景變化，戲獅甲的兩條主要道路在戰後分別被取名為

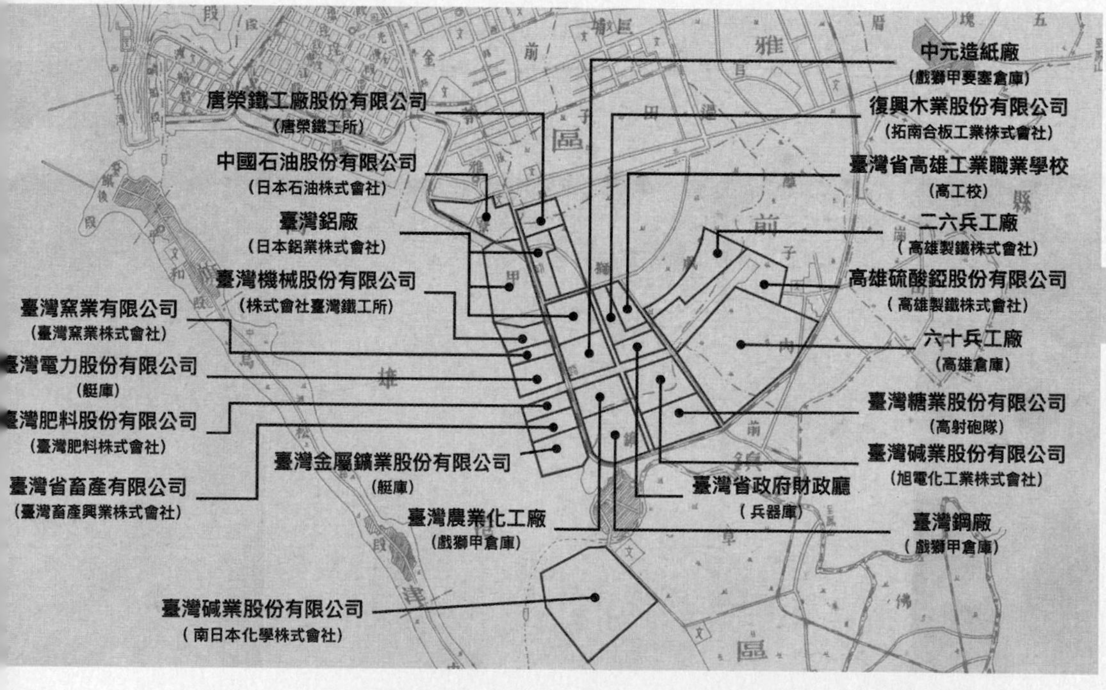

圖 2-31 戲獅甲 1950 年工廠分佈圖 [118]
說明：未括弧文字為戰後接收之工廠，括弧內文字為原日治時期工廠。

資料來源：
底圖：〈高雄市全圖（1956 年）〉，中央研究院地理資訊科學研究中心 GIS 百年歷史地圖，網址：http://gissrv4.sinica.edu.tw/gis/kaohsiung.aspx，檢索日期：2017 年 6 月 27 日。
繪圖：徐乙仁重新套繪

表 2-1 戲獅甲工業區戰後接收及新增情形（1945-1950）

單位名稱	原單位名稱	經營項目	經營者	備註
臺灣鋁廠	日本アルミニウム（鋁）株式會社	生產鋁錠	國營	
臺灣碱業公司	旭電化工業株式會社高雄工場	金屬鎂	國省合營	第一廠
	南日本化學工業株式會社高雄工場	工業鹽、燒碱	國省合營	第四廠
臺灣機械股份有限公司	株式會社臺灣鐵工所 東光興業株式會社 臺灣船渠株式會社高雄工場	鐵工業	國省合營	
臺灣肥料股份有限公司高雄工廠	臺灣肥料株式會社	化學肥料	國省合營	第三廠
臺灣省畜產有限公司	臺灣畜產興業株式會社高雄加工工場	畜牧業、肉罐頭	省營	
臺灣窯業有限公司	臺灣窯業株式會社高雄工場	耐火磚	省營	高雄第二分廠
臺灣鋼廠	戲獅甲倉庫	鋼鐵	新設／國營	
臺灣農業化工廠	戲獅甲倉庫	DDT、溶劑提油	新設／國營	
高雄硫酸錏廠	高雄製鐵株式會社	化學肥料	新設／省營	兩者共用同區域
26 兵工廠	高雄製鐵株式會社	化學相關	新設／軍方	
60 兵工廠	陸軍第一倉庫	槍枝彈藥	新設／軍方	
唐榮鐵工廠股份有限公司	株式會社唐榮鐵工所	鋼鐵	民營	
復興木業股份有限公司	拓南ベニヤ工業株式會社工場	木材業	新設／民營	
中聯化工		化學原料	新設／民營	
中元造紙廠	戲獅甲要塞倉庫	造紙	新設／民營	1949 年停業

資料來源：王御風、陳慧鏝，〈日治時期戲獅甲工業區的建立〉，《高雄文獻》5(2)，頁 115。吳若予，《戰後臺灣公營事業之政經分析》（臺北：業強，1992），頁 34-38。作者不詳，《臺灣窯業有限公司概況》（博揚文化事業有限公司，1946），頁 5。

成功路及中山路。在成功路西側，原本就是工廠林立的區域，仍維持原來的工廠，僅是名稱改變。但在成功路東側，原來的宿舍區，開始出現新設立的工廠：臺灣農業化工廠及臺灣鋼廠，兩者在運河南側。

中山路的變化則較大，中山路東側原為臺灣製鐵株式會社及陸軍倉庫，後成為兩個兵工廠進駐的區域，六〇兵工廠採用以前的陸軍倉庫建廠，二六兵工廠則以臺灣製鐵株式會社原址重新設立，而在同一個廠址，生管會為了加強臺灣化學肥料的生產，由二六兵工廠同樣的人員及土地，新成立「高雄硫酸錏工廠」。至於在中山路西側，原高工校改為獅甲國小，旁邊為新設立之復興木業。

從新設的工廠中，可看到政府對於戲獅甲區域的想法，仍是延續著臺灣總督府的軍事、機械、化學、肥料的主軸，同時為了軍事的緊張狀態，以及在臺灣湧入大量人口，如何供應糧食，化學肥料及機械成為兩個戲獅甲新設立工廠的趨勢：臺灣鋼廠及六〇兵工廠，都脫不了軍事工業的關係。而臺灣農業化工廠、高雄硫酸錏廠更與要如何增強農業收成，加強食物供給，以支持大量湧入的軍公教人口有關，甚至一直未修復的高雄食品廠，也看到軍方對其的興趣。

此時湧入的大批外省人士，除了軍公教體系外，也紛紛湧入公營事業，以戲獅甲工業區為例，左表為資源委員會針對一九五〇年臺灣鋁廠、臺灣鋼廠、臺肥、臺碱等公司人事的省籍做一比例調查，雖然臺肥與臺碱在其他地區仍有設廠，但這也可看出當時公營事業在用人上的省籍分布。

表 2-2 臺灣鋁廠、鋼廠、肥料、碱業 1950 年員工省籍分布表

	臺灣鋁廠	臺灣鋼廠	臺灣肥料	臺灣碱業
臺灣	21.5%	12.5%	26.7%	22%
江蘇	27.5%	30.5%	19.7%	18.8%
浙江	11.5%	9.7%	15.2%	18.2%
福建	11.9%	5.5%	8.15%	6.2%
河北	3.95%	9.7%	3.4%	10.2%
安徽	6.5%	4.2%	3.63%	2.65%
湖北	3.7%	4.2%	2.8%	2.2%
山東	3.15%	4.2%	3.4%	1.33%
廣東	3.25%	5.5%	3.65%	2.65%
江西	不詳	4.2%	2.8%	4.45%
湖南	—	5.5%	5.1%	1.33%
四川	—	—	1.7%	1.33%
山西	不詳	—	—	1.78%
廣西	—	—	—	1.38%
遼寧	—	—	—	2.20%
河南	不詳	—	—	—
其他	不詳	4.2%	3.65%	2.93%
總人數	約 1500	286	約 2200	745

資料來源：資源委員會，《民國三十九年度資源委員會在臺各生產事業單位概況》（1951）。

這四大廠中，可看到臺灣人大約佔五分之一左右，且主要分布在日治時期就已經設立的臺灣鋁廠、肥料及碱業三廠，新設立的臺灣鋼廠，僅約佔十分之一。因為這份資料中，並未詳細列出其職級，無法確認臺籍與外省籍員工，是否主管級皆為外省籍，臺籍員工佔多少，但或許臺灣鋁廠等三廠的臺籍員工是日治時期就已在此工作的員工，人數才會與新設立的臺灣鋼廠有所差異。

另一個比較有趣的是江蘇及浙江籍員工在四廠中都普遍佔多數，江蘇籍員工在鋁廠及鋼廠，甚至比臺籍員工還高，為何如此，並不清楚。但從員工比例可以看到，此地的生活圈，也漸漸從日人為主，開始轉變建構成以外省為主的區域，這也可以從當地生活的蛛絲馬跡，如復興路以販賣麵食為主，可窺得一二。

從整體結構來看，論者曾指出，戰後工業政策最大的特色，就是由日本時代以軍需為主的私營體制，轉變為政府控制的公營體制，主要的出口對象也由日本國內轉變為中國大陸。[119]這在戲獅甲可明確看到，如臺碱就搭上中國大陸市場，成為戲獅甲復原最快的公司，而一九四九年的中華民國政府遷臺，更連帶喪失中國大陸市場，各工廠僅能以臺灣內部為市場對象，這也就讓肥料工業特別受到重視，如農化廠、高雄硫酸錏的興建，也迫使政府必須要重新思考，以「計畫性自由經濟」為主，開啟下一階段的經濟政策。

第三章

美援、民營化與戲獅甲工業區的變化

3

1950-1970

高雄硫酸錏廠

1951 年 1 月高雄硫酸錏廠藉由 26 兵工廠遷台之際成立，為當時戲獅甲工業區最重要的建設之一。（繪圖：林立偉）

一九五〇年，對於臺灣歷史發展極為關鍵。一九四九年因中國大陸戰敗撤退來臺的中華民國政府，在美國政府發表《中美關係白皮書》，表明不介入國共內戰後，岌岌可危。但一九五〇年六月爆發的韓戰，使得美國警覺共產陣營急速擴張，於是改變原本中立的臺海政策，不僅派遣第七艦隊進駐臺海，也開始一連串經濟援助，美援成為一九五〇及一九六〇年代臺灣經濟發動的引擎，也帶動臺灣許多經濟的轉變，包括由農業轉型為工業，民營公司逐漸出現，這都在戲獅甲可清晰看見，從協助農業為主的高雄硫酸錏廠（以下簡稱硫酸錏廠），到石化產業中民營公司的代表臺灣塑膠公司（以下簡稱台塑），都在戲獅甲。

美援及民營化

美國對臺灣援助最早始於一九四八年，美國國會通過「援外法案」（Foreign Assistance Act）。該年度分配給中國大陸工業部門七千五百萬美元的援款中，有五百萬轉撥到臺灣糖業公司、臺灣鐵路局及臺灣電力公司。不過美國對臺灣提供大量且持續性的援助，則是前述韓戰爆發以後。[1]

美援的運用，美方是由美國共同安全總署中國分署（Mutual Security

Agency, Mission to China）辦理，我方則是由「美援運用聯合委員會」負責，相關機關有後述的經安會、農復會等，一九六三年九月，美援會與經安會及其附屬的工業委員會合併為行政院國際合作發展委員會。在計畫的執行，也可約略分為早期（一九五一—一九五四）及後期（一九五五—一九六五），早期目標是重建，也拯救了當時經濟出現危機的臺灣；後期則改以「計畫型」為主。[2] 計畫型經濟以四年為一期，故簡稱為「四年計畫」或「經建計畫」，第一期計畫於一九五三年開始。[3]

隨著美援協助中華民國政府在臺灣的穩固，主管經濟的生管會也出現定位上的問題。前一章提及，生管會的成立，是因蔣介石即將下野，中央要員紛紛投共，蔣介石特別指派心腹陳誠擔任臺灣省主席，並將所有權力收至臺灣省，與中央切割。在經濟方面，生管會取代了經濟部資源委員會，主管臺灣的經濟政策及各公營事業。但隨著中華民國政府於一九四九年播遷來臺後，實際統治範圍僅以臺灣為主，以及陳誠在一九五〇年三月升任行政院長，隸屬於臺灣省政府的生管會凌駕中央之上，掌握臺灣經濟大局，不僅在體制上不合時宜，也不符合政治現實，這個過渡性質的生管會就在一九五三年功成身退。[4] 但生管會在此動盪時期，成功穩定臺灣經濟，成為陳誠倚重的財經幕僚，並延續在新單位擔任重要職務。

一九五三年七月，行政院裁撤生管會，並將相關單位予以合併，改組為行政院經濟安定委員會（以下簡稱經安會），做為經濟計畫設計、審議及推動的專責機構。由省主席俞鴻鈞擔任主任委員，下設四組一會，其中「工業委員會」就是主管工礦交通，以及四年計畫中工業部門的相關規劃，委員會委員由各部會首長擔任，而由尹仲容出任召集人，可見其所受重視，後來臺灣工業發展，與工業委員會有密切關係。[5]經安會旋即另行擬定〈臺灣經濟建設四年計畫〉，開始執行第一期的計畫，並以工業發展為主。

當時陳誠已升任行政院長，備受陳誠信任的尹仲容在第一期四年計畫中就配合美援，適度開啟「民營化」大門，在四年計畫的目標就指出「鼓勵民營，亦為政府制定之政策，在執行計畫過程中，凡屬可以民營之事業，將盡量鼓勵國內外民間投資興辦」。[6]這對當時許多財經官員及立法委員是一大衝擊，他們力推三民主義的「節制私人資本」，還是主張以公營為主，雙方展開爭論，如尹仲容中途也曾因「楊子案」下台，可見當時「民營化」對臺灣的衝擊。

但在政府支持下，這個由政府主導的「四年計畫」，其內涵除了原本的公營事業外，也開始推動民營化，也是臺灣企業體質由公營轉向民營的開始。加上此時為配合「耕者有其田」政策中最後的「公地放領」，政府一口氣將四大公營公司：工礦、農林、台泥、台紙開放民營。[7]在這一波民營化浪潮中，其中最具代表性就是一九五四年新設，位於戲獅甲工業區的台塑。除此之外，位於戲獅甲的工礦公司高雄耐火材料廠也由民間公司購得。但實際上，本期的工業發展，僅可說是民營化的萌芽期，政府及美援主軸發展仍在公營事業上，民營化中的四大公司也不乏原本就經營艱辛者，[8]經濟官僚雖開始有民營化思維，但整體政策仍是以公營為主，這都在戲獅甲範例上清晰可見。

除了民營化之外，政府另一個期待是藉由美援提升工業化，這主要都從計畫型經濟而來。從一九五三年至一九七五年的連續六期四年經建計畫中，最主要用於電力、工礦及交通建設，電力佔百分之三十六．五、工礦佔百分之二十四．二、交通佔百分之十三．二，[9]這三者其實就是工業及基礎建設，合計達百分之七十三．九，可見工業發展與計畫型經濟之密切關係，這也是工業從一九五〇年代開始，慢慢能夠超越農業的關鍵。

民營與工業化可明顯在戲獅甲工業區看到。戲獅甲原本就是臺灣工業的重點區域，在美援支持下，公營的台鋁、台機等工廠有長足進步，民營的台塑更是臺灣石化產業先驅。但初期的工業發展，實際上是以「肥料工業」為主，再藉由「農業培養工業、工業發展農業」的策略，讓工業逐步成長，[10]戲獅甲內的硫酸錏廠就是為了發展「肥料工業」的重點建設。

戲獅甲與當時臺灣工業發展較無關是紡織、麵粉業，此時臺灣政府鎖定的工業發展是「進口替代」，也就是將原來需要進口的民生工業，如成衣、麵粉等，透過美援的棉花、小麥原料，以及高關稅，扶持紡織、麵粉業發展。許多臺灣著名大公司，如裕隆、潤泰、統一，都是在此時起家，這與戲獅甲的重工業較無關係。但戲獅甲的工業，不論是製鐵、塑膠、鋁業，同樣也都靠著美援的養分成長，只是這些都非新創產業，以往的研究較少受到關注。

美援其實是美國的全球性政策，一九五七年美國內部產生經濟不景氣，促使美國重新檢討美援政策，加上原執行之「進口替代」政策也因國內市場飽和等因素有更改之需要，因此美國希望臺灣能改變經濟政策，將以往「自立自足」、「節流」的「進口替代工業化」，改成「賺取外匯」、「開源」的「出口導向工業化」。[11]

一九六三年，美援會改組為「國際經濟合作委員會」，名稱與工作更為相符，當然也是因為嚴家淦認為以後臺灣的美援將有減少的趨勢，我們必須要向世界銀行或國際的資金貸款單位（如美國進出口銀行等）貸款，所以有成立專職機構負責國際合作的必要，同年，美國援外政策改變，一九六四年我國接獲美方通知，一九六五年美援正式畫下休止符。

圖 3-1 1962 年 9 月 26 日，美援公署長柏森士及副署長尹仲容參觀台灣鋁業股份有限公司。

資料來源：高雄市立歷史博物館，登錄號：KH2002.015.308。

美援停止消息傳來時，國人反應很是震驚，都認為我們的經濟發展還沒達到相當程度，美援停止後，會有所影響。但事後證明，美援時期成功開啟了臺灣的民營化及工業化，也順利從「進口替代」轉換到「出口導向」，[12]在此階段，戲獅甲都扮演了重要的角色。

戲獅甲的民營企業

在一九五〇年代的政府民營化政策中，除了四大公司外，最重要就是位於戲獅甲的台塑公司，這是臺灣石化產業發展的關鍵。至於四大公司中，戲獅甲也有工礦公司的高雄耐火材料廠及農林公司的高雄食品廠，最後則是有成有敗，高雄耐火材料廠順利出售給大華耐火材料廠，高雄食品廠則乏人問津。另一個在戲獅甲重要的民營產業是木材產業，除了上述的復興木業外，另一個是在此時期成立的開南木業，這兩家與另一家林商號，更帶動高雄合板業的蓬勃發展。

相對而言，民營的鋼鐵業在此時期則成效較差。南部最大的民營鋼鐵廠：唐榮鐵工廠，在周轉不靈的情形下，由政府收購，變成公營機構。另一間新成立的祥泰鋼鐵，同樣因為經營不善而倒閉。以下則針對戲獅甲民營化的三種型態，分別描述：

一、台塑誕生與石化產業的發展（台塑、南亞、國泰化工、中聯化工）

在此時期，戲獅甲對臺灣經濟影響最大是塑膠產業的發展，並對後來的石化產業影響深遠，進而開創臺灣的「石化王國」，成為臺灣最主要的產業之一，[13]此時期出現在戲獅甲的石化相關公司分別有台塑、南亞、國泰化工、中聯化工、中大化工，其中台塑集團的台塑、南亞公司最為重要。

（一）台塑、南亞的創立[14]

台塑公司的誕生與美援有密切的關係。臺灣塑膠工業公司前身福懋塑膠工業公司（以下簡稱福懋），是在上述美援時期第一個四年計畫中誕生，亦為臺灣塑膠產業的奠基者。台塑創建初期主要生產塑膠原料：聚氯乙烯（PVC，Poly Vinyl Chloride），迄今屹立不搖。

台塑誕生其實與台碱有關，台碱主要生產的燒碱，是用食鹽在水溶液中電解而得，同時也會產生氯氣。在一九五〇年以前，燒碱主要用於製造肥皂及紙漿，氯則用於紙漿與漂白，兩者大約可平衡。但在一九五〇年後，燒碱用量日增，但氯氣市場未以同樣增加，由於氯氣是有毒氣體，為恐貽害環境和人體，台碱需花費購買石灰加以吸收，再運往外海拋棄，十分浪費。[15]

經安會的工業委員會認為可以運用這些多餘氯氣，做為臺灣化學工業發展的一個起點，位於戲獅甲的台鹼與台肥都提出PVC，美援會、美國安全總署臺灣分署，以及擔任技術顧問的美國懷特公司對此均表同意。因為PVC主要原料是氯氣和電石，除了台鹼的氯氣，電石則是由肥料公司所生產。電石（碳化鈣 CaC2）遇水生成乙炔（C2H2），再將乙炔與氯化氫（HCl）合成製出氯乙烯單體（VCM），VCM再聚合製成PVC。[16]

當時經安會內部對於這個工廠究竟是要民營或公營爭論許久，分為公營和民營兩派。公營派以台肥和台鹼最積極，認為PVC塑膠前途有利，積極爭取。民營派以經安會主委尹仲容為主，也獲得美方支持，美國認為美援目的就是要培養臺灣的民間企業，因此在副總統陳誠及財政部長嚴家淦的支持下，決定將這座PVC工廠交給民間來辦理。[17]但究竟要交給誰呢？

尹仲容原先屬意的是何義，因為何義擁有永豐化工，對於化學工業並不陌生。製造塑膠時須使用的電石，於製造肥料時也會使用，而永豐何家在日治時期即銷售肥料，因此尹仲容挑選何義並不意外。[18]但何義經過研究後，認為臺灣當時塑膠下游產業並不充足，每天大約只能消化二或三噸 PVC 粉，但根據行政院規劃，新工廠每天需生產四噸，如此每月將有一半生產的 PVC 粉無法銷售，因而中途退卻。[19]

此時政府需要另找投資者，否則美方將會把七十八萬的援助撤回，工委會正愁找不到投資者，正巧此時王永慶透過其合夥人趙廷箴（其舅舅為行政院秘書長陳慶瑜），致函工委會，說有一千萬元要投資，但不知該投資何種事業，原本想投資水泥、玻璃，但都談不攏，後來工委會在找不到其他人狀態下，問其是否願意投資 PVC，沒想到王、趙兩人均一口答應，自接洽到答應，僅僅一週時間，日後成為全球最大 PVC 公司的台塑，就在此因緣際會下誕生。[20]

一九五四年初，王永慶、趙廷箴、張清來、陳天信、何義等投資創立福懋塑膠工業公司，[21]並會同懷特公司作成 PVC 廠計畫，於一九五四年二月送美國華府，同年五月核准 P/A 四二四五號器材貸款七十九萬八千美元。[22]

福懋雖獲得美援貸款，建廠過程卻歷經一些波折。一九五四年六月美援貸款獲華府國外業務署批准，並經臺灣政府與駐華安全分署簽訂合約。後因安全分署與美援會對於福懋之現款提存有意見，以及工程招標方面，原屬意美國懷特公司，後卻流標，改向日本廠商招標等過程，使得設施設備進口延宕至一九五五年六月二十八日始達成決標，

圖 3-2 台塑高雄廠建廠過程

資料來源：臺灣塑膠工業股份有限公司提供

至同年十一月才開始交貨。[23] 後來美國孟山都（Monsanto）公司又對此有意見，發動美國議員薛明敦（Symington）在國會中批評，要求安全總署取消此計畫，最後則因中共知曉此事，在廣播中說美國如何欺騙臺灣，遂使美國不敢取消，改以台塑邀請一個 PVC 工廠擔任顧問做下台階。[24]

這個位於戲獅甲工業區內的台塑第一座工廠（台塑高雄廠），於一九五六年動工建廠，一九五七年三月完工，亦即後來的台塑高雄廠，四月更名為臺灣塑膠工業公司，五月二十六日正式生產，月產一百二十噸。這是我國第一座生產 PVC 塑膠原料的工廠。

台塑的地點位於台肥、台碱及硫酸錏旁，由於戲獅甲早已是臺灣化學工業的主要聚集地（台肥、台碱、硫酸錏），因此當政府要發展同屬於化學工業的塑膠產業時，選在具有群聚效應的戲獅甲地區，也就不令人感到意外。

台塑雖順利開工，卻得面臨兩大難題：一、生產過剩。創廠初期生產規模是當時全世界最小的，只有日產四公噸，且臺灣內部市場需求規模小。二、生產成本偏高。PVC 國際行情每噸售價八百美元，台塑產量少、成本高，外銷市場沒有著落。[25]

圖 3-3 臺塑、臺肥、臺碱及硫酸錏工廠分佈

資料來源：
底圖：〈Google Maps 衛星圖（2017 年）〉
網址：https://www.google.com.tw/maps，檢索日期：2017 年 8 月 3 日
繪圖：徐乙仁套繪。

政府對於台塑困境，適時予以協助。首先，政府補貼進口原料稅捐以降低生產成本。PVC 生產除 VCM 主原料之外，須進口如可塑劑、安定劑、填充劑和顏料等副料，當時此類副料所佔成品售價比率高達百分之四十五，導致外銷虧損。一九五八年一月，行政院外匯貿易審議委員會（以下簡稱外貿審議會）鑑於台塑所生產 PVC 國內市場小，且生產成本高，為協助該公司發展起見，決議准予台塑登記為外銷廠商，其外銷塑膠粒所得外匯准按百分之八十登記進口原料，以資彌補，[26]亦即進口原料採記帳方式，於出口後沖銷，免實質課稅，是一種獎勵出口的補貼。其次，一九五八年八月，外貿審議會將台塑外銷塑膠粒列入外銷貸款種類範圍，[27]對於該公司資金調度也有所助益。

在政府協助之外，王永慶獨到而果決地採行「增加產量、降低成本」、「推廣銷售、擴大市場」，以及「建立從原料到加工的經營體系」等三項策略，順利開啟台塑的歷史新局。

王永慶認為，日產 PVC 四噸不但產量少，而且成本偏高，唯有增加產量，才能降低成本。[28]因此，縱然開工第一年銷售成績慘澹，隨即向公司提出擴增產能的看法，歷經內部分歧，終於獲得美援經辦人沈觀泰的支持，[29]一九五八年六月八日向行政院國際經濟合作發展委員會提出擴大生產計畫，[30]初步從日產四噸提高至七噸，再擴大為日產十九噸，預定於一九六〇年二月全部完成。[31]

圖 3-5 正在包裝車縫的臺灣塑膠粉

資料來源：臺灣塑膠工業股份有限公司提供

右圖 3-4 臺灣塑膠公司高雄廠全景

資料來源：臺灣塑膠工業股份有限公司提供

台塑第一次產能擴增於一九五八年冬完工，[32]一九五九年間外銷市場逐漸打開。台塑乃順勢呈請經濟部批准進行第二次擴充設備計畫。[33]這項計畫於一九五九年七月獲經濟部核准，並由中華開發信託公司貸予新台幣後結匯美金三十萬元，於貸款八個月後就外銷所得外匯中扣百分之十分三年還清。擴廠設備於一九五九年底至一九六〇年九月，相繼核准進口，[34]不久即完工。一九六〇年四月七日《聯合報》以標題〈發展中的塑膠工業〉報導指出：「產品品質合乎國際水準，價格低廉。」[35]至此，王永慶初步達成「增加產量、降低成本」的目標。

商品品質再好、價格再低廉，若無市場行銷或需求有限，終究難以擴大生產規模。台塑的行銷策略是先外銷而後再擴大內需市場。

早在一九五八年間物資局便將PVC樣品送給國外廠商試用，輔導出口；[36]一九五九年間，台塑總經理趙廷箴積極出國考察並拓展市場。[37]官民同步進行的質量改善與市場擴展策略，明顯有其成效。一九五九年三月，台塑PVC原料開始外銷，順利出口韓國和菲律賓。[38]接著越南、泰國、香港、伊朗等地來函洽購者更形踴躍，僅韓、菲兩地廠商與該公司簽訂的長期供應合約者，每月即各需供應五十噸；此外，美國廠商於一九五九年十月間來台觀光時，與台塑簽約，自一九六〇年七月份起，每月訂購PVC塑膠粉三百噸。[39]至一九六〇年間，台塑PVC已經呈現供不應求的情況，又以外銷香港、菲律賓居多。[40]至

圖3-5 以牛車載運聚氯乙烯(PVC)粉

資料來源：臺灣塑膠工業股份有限公司

一九六一年全年，台塑 PVC 外銷金額達一百五十萬美元，[41] 比一九六〇年全年外銷額二十四萬美元，[42] 呈現高度倍增趨勢。一九六一年五月六日《聯合報》以〈塑膠公司外銷大增〉為標題報導：「台塑積極開拓國外市場之後，外銷數量大增。」[43] 短短三年間，台塑外銷策略相當成功。

內銷方面，臺灣既有塑膠加工業規模小。一九五二年四月間，十八家塑膠業者發起籌組「臺灣區塑膠工業同業公會」，從業人員僅二百六十三名。[44] 台塑剛生產滯銷時，趙廷箴就立即出國考察 PVC 新產品，後來帶回塑膠鞋的製成設備，並且立即仿製給有興趣的廠商，擴大市場。[45]

除此之外，台塑還自己下場，將下游的餅做大。早在台塑開工前夕，《聯合報》就指出：「臺灣塑膠公司開始生產後，尚將趕速建立一座規模較大的塑膠加工公司，以利用塑膠製造水管，建築材料，乃至於尼龍皮鞋，尼龍車胎等。該加工公司定名「南亞」，預計一年後完成」[46]。可見王永慶創建台塑之初即已決意統合 PVC 的生產與加工，如此可確保 PVC 的產銷市場。

一九五八年南亞塑膠加工公司成立竣工，[47] 廠房設置在台塑高雄廠旁，生產 PVC 加工製品（二次加工），產品有膠布及膠皮等。待南亞技術漸成熟後，又成立新東塑膠的三次加工工廠，一九六一年初開工，生產雨衣、尿布、塑膠皮包等。[48]這些產業策略不僅奠定台塑 PVC 在臺灣內部的基本市場，從而帶動塑膠加工廠紛紛建立，進而擴大內部市場的需求。新東後來併入南亞，[49]南亞統合 PVC 下游的二次與三次加工產業。一九六七年台塑向政府申請設立聚丙烯腈纖維（Polyacrylic Fibro，即奧龍類纖維）工廠，即前鎮台麗朗廠，日產四噸。南亞和前鎮台麗朗廠乃是台塑向下游加工業發展的代表。這兩個廠同樣位於戲獅甲工業區中。

在南亞帶動下，塑膠加工業者如雨後春筍，到處都有新的工廠設立。[50]台塑為了吸引這些加工業者並促進 PVC 加工產業之發展，自一九六一年八月起將 PVC 原料價格平均降低百分之二十出售，藉以增進新穎用品之產製，並開展加工品外銷市場。PVC 售價係按照各用戶每月購用量多寡而訂定，每月購貨五十噸以上者，每噸價格降百分之一五．二八，每月購貨十噸以下者，每噸價格降百分之八．七三。[51]總之，台塑以 PVC 打折優惠的促銷形式吸引國內塑膠加工用戶，也促進 PVC 下游產業的發展。整體而言，台塑是要把臺灣的塑化產業的餅做大，在擴大臺灣塑化產業規模的過程，從而奠定台塑在臺灣塑化產業的基礎。

在本時期，台塑公司在美援支持下，於戲獅甲踏出臺灣塑化產業第

圖 3-7 1962 年 9 月 26 日，美援公署長柏森士參觀南亞塑膠公司。
資料來源：高雄市立歷史博物館，登錄號：KH2002.015.309。

一步。在王永慶的成功經營下，從最早的乏人問津、慘淡經營，漸漸建立起外銷及內需管道，不僅外銷成功，內需的下游市場，也在戲獅甲成立南亞公司後，逐步帶動國內塑膠加工的榮景，一九六五年於台塑高雄廠附近設立了前鎮碱廠，生產碱液及塑膠增韌劑。一九六七年又興建前鎮台麗朗廠生產聚丙烯腈纖維。

台塑以PVC為核心發展出上下游龐大產業群，因而得以充分控制生產成本與銷售市場。回顧上述台塑發展歷程，一九六〇年代乃是其運用電石法得以首度充分掌控塑化產業鏈的年代，從而奠定往後穩定發展的重要基礎。即使後來同為生產PVC的公司如華夏塑膠（一九六四）、國泰塑膠（一九六五）相繼成立，皆難以與其匹敵。此外，在一九七二年台塑仁武塑膠廠開工生產之前，台塑PVC工廠僅高雄廠一處，產能從創廠一百二十噸每月提升至二千一百噸每月（一九六三年），[52]可見台塑創建的前十五年間，其生產的核心重鎮即為戲獅甲的高雄廠。

（二）國泰化工

國泰化工廠股份有限公司，成立於一九六二年十二月，公司地址為臺北市漢口街一段一二八號，[53]高雄工廠位於高雄市前鎮區台碱四巷，最初登記資本額為新台幣七百萬元，為全國首創以鋅粉法製造保險粉之工廠。[54]國泰化工高雄廠曾在一九七〇年增資新台幣一千四百萬元，生產低亞硫酸、氯酸鉀，[55]一九八八年十月又向臺糖購置四千坪土地，作為長程發展擴充使用。[56]國泰化工在一九九〇年代為國內規模最大生產保險粉、鋅氧粉、吊白塊的廠商，國內市場佔有率達百分之五十以上。[57]一九九一年國泰化工開始規劃高雄廠的遷廠計畫，並預計賣出高雄廠近一萬坪土地，原先預定以桃園觀音作為新廠地點，[58]最後則於二〇〇五年配合政府闢建「高雄多功能經貿園區」政策暨分期分區開發計畫之推動，著手逐步將高雄廠遷建於屏東縣枋寮鄉屏南工業區，隔年屏東廠竣工落成。[59]

（三）中聯化工[60]

中聯化工在度過一九五〇年台碱停工的衝擊後，逐漸步入正軌，也積極發展其他的事業項目。除生產原來的火柴原料氯酸鉀外，也生產氯化鈣，在一九五四年中聯化工更向經濟部申請其固體氯化鈣的正字標誌，獲得通過，可見其品質。[61]

有趣的是，一九五二年，臺灣製造氯酸鉀的工廠，除了台碱安順廠為公營外，尚有包括中聯化工的六家民營工廠，政府收到訊息，其原料多來自農民收到配給的氯化鉀肥料，這對當時政府的肥料政策有所影響，故下令臺灣省糧食局清查。[62]也可看到此時臺灣化學工業與肥料之間的關係。

中聯化工所製造的氯酸鉀及氯化鈣，除了供應國內廠商外，也於一九五六及一九五七年經過加工品外銷小組審核後，登記為外銷廠商，外銷至韓國、越南、泰國等國。[63]可見其品質。

除了原本的氯酸鉀及氯化鈣外，中聯化工也積極申請美援貸款，希望利用該廠原有及新添設備，以建立臺灣第一座保險粉工廠。保險粉（SODIVM HYDRO SULFITE）是染織工業中的重要原料，許多顏料不用保險粉，就不能將顏色固染於衣料上。當時（一九五六年）臺灣每年約用保險粉一百六十噸，均自國外輸入。因為保險粉的製造，與該廠很多設備相符，製造過程尚有副產品氯化鋅，可應用於染織、電池、及白鐵皮等工業。所以才申請美援貸款，積極轉型。[64]因資料所限，並未確定此案是否成功。但從一九五九年開始，中聯化工一直無法支付其美援貸款，可見其經營似有問題。

整體而言，此時期在戲獅甲發展最重要的產業就是台塑的 PVC 產業，這與整體戲獅甲從日本時代以來，就專注在化學產業有關。在台碱、台肥相關技術，以及王氏昆仲努力下，終於開創臺灣戰後最重要的塑膠產業，但此時原料尚未以石油的輕油裂解取得，因此戲獅甲可說是臺灣石化產業的開創地，但在一輕登場後，石化產業的大本營，就轉移至楠梓、仁武一帶。

二、木業加工的持續發展（開南木業、復興木業）

王永慶在戲獅甲的事業，除了塑膠業外，尚有原本起家的木材事業，一九五一年在戲獅甲與趙廷箴合作經營開南木業，這其實才是王永慶最早在戲獅甲的佈局，而開南木業與復興木業，也見證了當時高雄合板事業的全盛時期。

（一）開南木業

王永慶原本就為木材商人，開南木業與同位於戲獅甲的復興木業均以合板業為主要生產項目。開南木業成立約一九五一年，[65]由王永慶與趙廷箴合作開設，兩者也是一九五四年合作成立台塑的夥伴，趙廷箴是台塑第一任總經理。[66]王氏昆仲（王永慶、王永在）在日本時代經營米業，戰後改以木業為主，王永慶在嘉義、王永在在羅東經營，後來王永慶在臺北承德路五十號成立建茂行，負責下游業務向營建廠接單，由王永在位於羅東的信興製材行製作，而開南木業則為上游，建立上、中、下游的垂直整合鏈，[67]這也是後來王永慶建立台塑的資本來源。

合板業為臺灣一九六〇年代快速發展的工業，一九六一年時全臺產量僅一千八百餘萬平方尺，一九七一年已達一億六千七百餘萬平方尺，增加九倍以上，生產主要外銷至美國及加拿大，也是臺灣重要的外銷產品。全臺以李長榮、臺灣合板、林商號、復興木業、開南木業五家為規模最大。[68]

當時臺灣的夾板廠只有復興、楊子與林商號三家老字號，復興與揚子是從中國大陸遷臺，林商號從日本時代就存在，於是開南積極切入此領域，從日本進口夾板機器，以外銷美國為主，獲得不錯成績，[69]一九六二年時更擴充廠房，[70]後來王永慶與趙廷箴不再合作，[71]開南木業由趙廷箴擔任董事長，並有嘉新水泥張敏鈺投資。[72]而趙廷箴後來成立華夏海灣塑膠，與台塑抗衡。[73]

開南木業在一九六八年獲得日本住友商事會社的投資，並在一九七一年增資。[74]其全盛時期，擁有生產工廠五所，寬闊原木貯木池一所，電力供應站一座，蒸氣鍋爐房兩大間，木料烘乾室十四間，及機器設備工廠、倉庫等設施。[75]與復興木業是戲獅甲兩大木業公司。

實際上，王永慶在開南木業後，仍在高雄有木業相關投資，一九六六年與李科永合作成立朝陽木業，由東南亞進口原木，經由愛河拖至內惟埤地區，其工廠位於今日大順路好市多附近，如今工廠已關閉。朝陽木業目前仍在經營，於高雄市小港區，為臺灣傢俱業龍頭，但也與台塑集團無隸屬關係。

（二）復興木業

復興木業也是戲獅甲區域另一間重要的合板業者。在臺灣發展合板，首先須克服原料進口的問題，復興木業老闆程保廉先說服政府開放原木的進口，以南洋地區產的柳安原木加工，成為臺灣第一家具有規模的木材加工業者。但隨之而來的是進口稅高昂的問題，當時原木進口關稅規定為：百分之二的貨物稅、百分之五的防衛捐、百分之二的港口捐，原料成本提高，自然無法降低售價外銷，因此程保廉又建議政府制訂「進口原料加工成品外銷退稅」、及實施外匯登記的辦法。一九五二年政府實施第一次加工退稅，直到一九五七年退稅制度已建立起來。

復興木業股份有限公司以高雄為總公司及高雄總廠，高雄總廠設施包含：夾板廠房、鍋爐房、電氣間、乾燥烘焙房、倉庫、事務所等建物。生產項目包含：鋸料、夾板、膠合門、膠合板等。[76]上一章曾述復興木業在一九五三年曾有改組，而一九五四年起程保廉接到大量美軍駐琉球基地工程的訂單，因新築基地需大量的柳安鋸木、夾板、膠合門等成品，奠定了復興木業發展的基礎。一九六七年復興木業更增

圖 3-8 復興木業股份有限公司高雄總廠工廠會議成立典禮

資料來源：高雄市立歷史博物館，登錄號：KH2002.018.106。

設了膠合板工廠，利用廢棄的碎材生產人造木板，經加工後輸出，提升了原木的利用率。後來更創新採用合成樹脂為膠合原料，增進夾板及其他木製品的膠著力。另外，復興木業直至一九七二年才公開上市。[77]

（三）高雄港大貯木池的設立

當時合板業的盛況，可從一九七〇年所興建的大貯木池可見。此貯木池由十七家合板及木業廠商共同投資新台幣三千二百萬元，在高雄港第九船渠與大汕頭之間所興建。

當時為了原木進口方便，臺灣大多數合板及木業工廠皆設在高雄。在一九七〇年左右，僅在高雄港下卸的原木就高達百萬噸。平均每日進口原木三千噸左右。這些原木大多貯存在港區三、四、五船渠水面，其餘均存在愛河、前鎮河一帶。

高雄港務局及市政府對於這些原木安全管理問題傷透腦筋。廠商也由於原木存放在公用水面，須繳原木滯留費用，大感吃力。因此業者希望能找到適當地點，自建一座大貯木池，以解決進口原木貯存問題。

此議題於一九六七年十一月間，由臺灣區木業與合板輸出業公會開始與高雄港務局協商，直到一九六九年三月二十五日正式簽訂合

圖 3-9 賴比瑞亞林業部長參觀復興木業

資料來源：高雄市立歷史博物館，登錄號：KH2002.018.089。

約。並成立高雄港進口原木貯木池籌建委員會，由林商號木業公司董事長林自西任籌建主任委員，復興木業公司總經理程保廉任副主任委員，該項工程由港務局設計，於五月十五日，該籌建會自行發包施工。

高雄港進口原木貯木池位置在旗津半島第九船渠與大汕頭之間，面積有三十四萬三千七百十五平方公尺，其大小約長一・五公里，寬二百五十公尺，內以界樁劃為八格，可貯存進口原木約十餘萬噸，並解決港區原木壅塞問題，也可看出當時合板業在高雄的重要性。[78]

三、工礦及農林的民營化（大華耐火磚廠、高雄食品廠）

一九五〇年代政府配合「耕者有其田」，將四大公營企業：工礦、農林、台泥、台紙民營化，在戲獅甲屬於這四大公司體系的僅有工礦的高雄耐火材料廠及農林的高雄食品廠。但兩者在這波民營化策略中，命運截然不同，高雄耐火材料廠順利出售，成為民營的大華耐火磚廠，而高雄食品廠則命運多舛，出售時乏人問津，最後因負債太多，交由物資局託管，最後併入隔鄰的台肥。

（一）高雄耐火材料廠（大華耐火磚廠）

高雄耐火材料廠原是臺灣窯業分公司高雄第一廠。一九五五年七月

圖 3-10 復興木業儲木

資料來源：高雄市立歷史博物館，登錄號：KH2002.018.106。

二十九日，當次工礦公司進行第二次分廠標售，共釋出六間工廠，分別是：鍊鋼廠花蓮熔磷工場、鍊鋼廠、佳里磚廠、高雄耐火材料廠、臺南磚廠、北投陶瓷耐火器材廠。最後均順利標出，高雄耐火材料廠由大華公司取得，故該廠改為大華耐火磚廠。[79]

（二）高雄食品廠

高雄食品廠則是附屬於臺灣農林公司，原為臺灣畜產分公司，其公司可分為高雄食品廠及高雄製革廠兩部分。高雄食品廠為當時唯一具有綜合性之食品工廠，設有屠宰、冷凍、製罐、製革及肝油製造等工廠，其業務以自製食品罐頭，代客加工，代客冷凍三項為主。

但高雄食品廠一直與軍方關係密切。一九五〇年因大批軍隊遷臺，也使得高雄食品廠重新修復，除了原有的牛肉罐頭外，也開始製造魚罐頭，配合軍方推出「軍魚」。

「軍魚」就是由軍方向漁民購買固定數量的魚貨，交由高雄食品廠製造罐頭。這項「軍魚」買賣，從一九五一年底開始，雙方更議定辦法：甲、交接問題：一、交接地點決定在未奉明令規定以前，暫定於魚市場交貨。二、交魚時間：決定每日下午五時以前，由魚市場以電話分別通知補給司令部及食品廠，交接時間，訂於上午八時半，由區

圖 3-11 高雄港的大批浮木存放之情景

資料來源：〈高雄市舊航照影像（1969）〉，中央研究院地理資訊科學研究中心 GIS 百年歷史地圖，網址：http://gissrv4.sinica.edu.tw/gis/kaohsiung.aspx，檢索日期：2017 年 9 月 28 日。

司令部派車會同食品廠派員監收。三、魚類及鮮度之檢驗，由補給司令部派員負責檢驗，根據決定除去頭、翅、內臟外，豆腐鯊、烏鯊、水鯊等，下等鯊魚不予接收。「需要選擇上等鯊魚交貨」。四、運輸手續，車輛由補給司令部供應搬運上車，由魚市場負責下車，由食品廠負責搬運費。乙、成品驗收及提運問題。一、成品交貨由補給司令部請示軍需署指示，決定希望製成成品後，二十天內配發。二、根據軍需署提單撥發，上下車力由提貨單位自理。三、木桶由補給司令部先撥五百隻，以便檢查修理。四、成品每桶實重三〇公斤，由補給司令部監收人員驗收後，於桶監上，蓋印證明。[80]

由以上辦法可知，「軍魚」的魚種為鯊魚，為何選擇鯊魚並不得而知，但價格是低於市價，一九五二年一月，聯勤總部與省漁會理事長蔡文玉曾為了「彌補」漁民虧損，開會討論，最後結論是實行平均價格（時價打八折）交易，其計算方法，為每日魚市場拍賣之鯊魚總金額，除是日之鯊魚總數量為該日之平均價格，并決定每月拍賣鯊魚總金額除每月鯊魚總數量為該月之平均價格。[81]除了軍魚之外，高雄食品廠還積極開發魚肝油，這同樣也是與供應軍方食用有關。[82]

在一九五五年農林公司決定分廠出售時，報刊曾做過評估，認為農林公司所屬的茶葉、鳳梨、水產、畜產中，以茶葉、鳳梨最容易出售，高雄食品及製革廠則被認為「價值較低」，[83]果然也沒有在民營化中

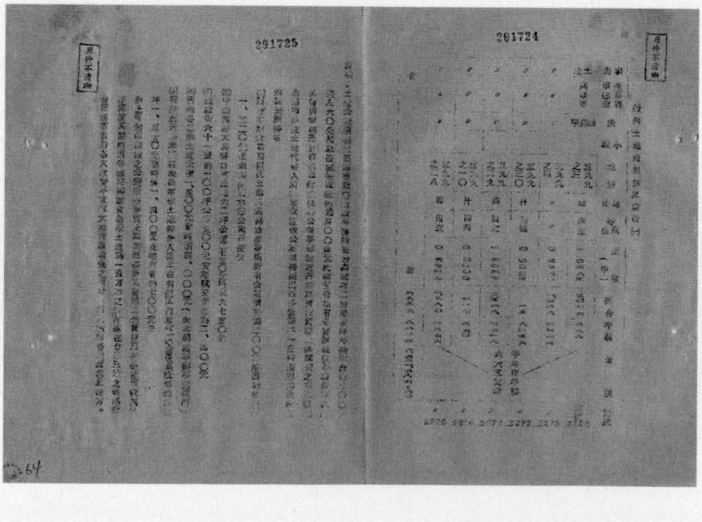
281725

281724

圖 3-12 高雄食品廠售予台肥

資料來源：〈財政廳簽為准物資局函為擬將高雄食品廠與台肥公司一案提請府會討論（1964年10月5日）〉，〈01委員會議〉，《臺灣省政府委員會議檔案》，國史館臺灣文獻館，典藏號：00501081707

被民營企業購買，後未能出售的公司集合而成「農工企業公司」，而高雄食品廠與另一個高雄冷凍廠，是省議員質詢時直接點名虧損連連的單位，省府也希望能開放民營，[84]但無奈苦無買家。省府最後決定於一九六二年由物資局接管，並重新調整人事。[85]

但物資局接管後，因該廠設備陳舊、房屋逾齡，且位於台肥三廠左側，終日被該廠廢氣所籠罩，已不復具食品加工的優良條件，因此於一九六四年停止營業，機器租予味全公司。後經物資局與隔鄰的台肥討論，由於台肥規劃要擴廠，因此決定售予台肥，但台肥不願接受廠內機器及廠外宿舍，因為高雄食品廠機器多為食品加工所用，與其較無關，而廠外宿舍為其員工佔住不還，台肥也不願涉入，最後以台幣九百五十萬將高雄食品廠之土地與廠房售予台肥。[86]正式售予時間，根據檔案及地籍資料比對，應為一九六六年三月三十日。

四、失敗的鋼鐵業（唐榮鐵工廠、祥泰鋼鐵）

在這一波的戲獅甲民營工廠中，鋼鐵業的經營相對欠佳。原本是民營最重要的唐榮鐵工廠因虧損而被政府併購，成為公營企業。強勢崛起的祥泰鋼鐵也因經營不善倒閉，使得戲獅甲的鋼鐵產業鏈全由公營企業支撐。

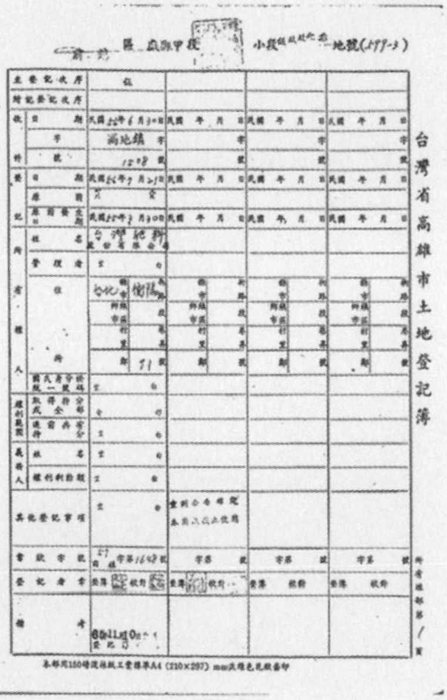

圖 3-13 台肥於 1966 年 3 月 30 取得高雄食品廠土地

資料來源：前鎮地政事務所，〈高雄市前鎮區戲獅甲段 599-3 號〉，《高雄市土地登記簿》。

（一）唐榮鐵工廠

唐榮在戰後崛起頗具戲劇化。前一章曾述，唐榮以鋼鐵業為主，但當時煉鋼原料不多，唐榮公司卻能把一些人們視為「破銅爛鐵」的廢鐵，包括廢船、軍中廢料等煉成鋼筋，同時也把握戰後許多民間鋼鐵廠因局勢及金融波動而經營困難時，加以收購擴充，雖一度也遭遇危機，但仍解決困難，與北部的大同公司，成為臺灣兩大民營公司。

一九五〇年後唐榮鐵工廠仍持續增設廠房設備，一九五二年唐傳宗先生回國接棒，又增設第三軋鋼工廠，比起之前的第一、二軋鋼廠生產力更高，一九五三年又陸續增設第三煉鋼工廠、第四軋鋼工廠、鍍鋅工廠及水泥電桿工廠，並持續收購其他廠房、土地及事業，至一九六〇年為止，唐榮鐵工廠同時還擁有興台公司、煉銅廠、高雄磚廠、中國電器公司、臺北機械廠、唐榮油漆廠及水泥電桿工廠。[87]

連續的擴張，使得唐榮公司的資金面臨問題，雖然一九五五年唐榮鐵工廠正式改組為股份有限公司，但已有五百餘萬元虧損。[88] 唐榮公司主要借貸單位，一是各金融機關，二是以高利貸吸收民間軍公教存款，同時也購進大量非工業土地，希望能夠利用地價飆漲後獲利解決困境，但臺灣銀行董事長尹仲容運用抽緊銀根方式，限制土地押款，終使唐榮公司財力不支，於一九六〇年發生周轉不靈的危機，向政府

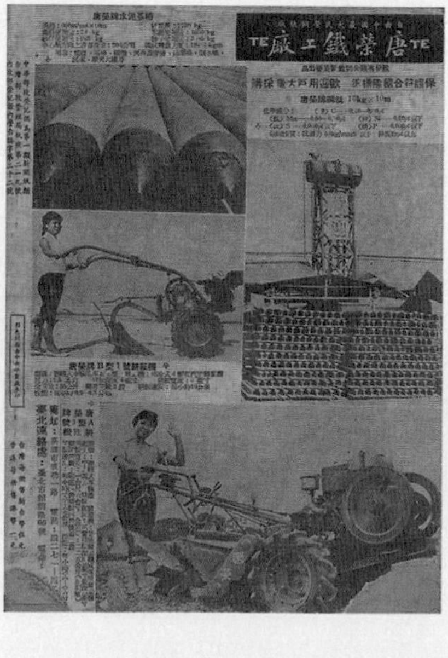

圖 3-14 唐榮鐵工廠在全盛時期的宣傳廣告，其中主打耕耘機的製造，也可看到臺灣當時以農業為主的環境。

資料來源：串門文化

請求緊急救助。

政府於一九六〇年十二月十四日委託中華開發信託公司監理，監理期自一九六〇年十二月十四日起至一九六一年六月三十日止，主要任務為維持唐榮鐵工廠正常運作及清理債務，一九六一年七月一日至一九六二年一月三十日為處理小組管理時期，主要任務為改組公司，依據報告最後決定唐家喪失經營權，唐榮公司收歸公營，成為省府轉投資之公營事業。[89]

唐榮鐵工廠在成為公營事業後，積極調整體質，主要方向有二：一是償還債務、二是遷建新廠。

在償還債務部分，因唐榮公司每月債款利息高達三百萬元以上，於是省府核准自一九六四年九月一日起暫停計息二年，同時省府也在十一月核准各行庫債務中約一億四千三百三十六萬轉為增資，同時在一九六七年股東大會中也通過減資讓股，民股四千餘萬元，由公股出資收購。[90]

唐榮鐵工廠原位於戲獅甲的廠區，因為都市計畫預定道路所割裂，加上廠區內機器已多老舊。遂於一九六七年六月十四日核定遷至小港臨海工業區，成立「中興鋼鐵廠」，並於同年十月落成，開始正式生

圖 3-15 1958 年 9 月 9 日 臺北記者參訪唐榮公司

資料來源：高雄市立歷史博物館，登錄號：KH2002.018.013。

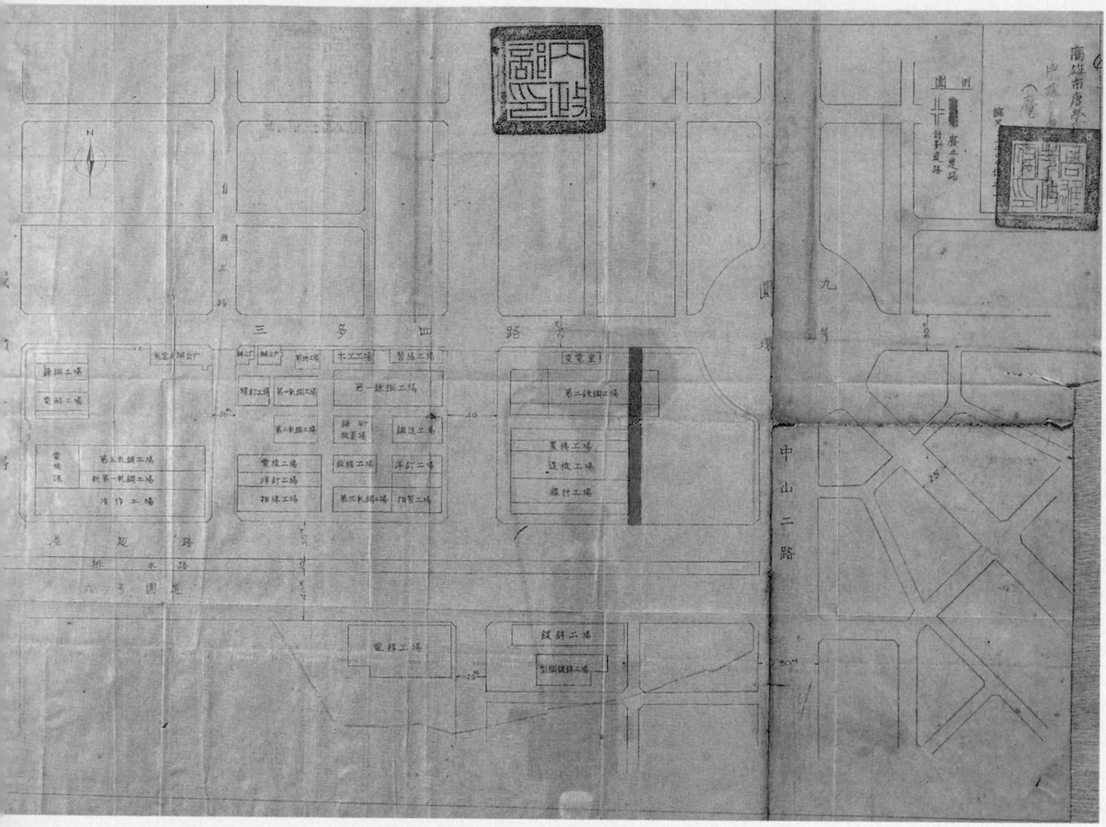

圖 3-16 1963 年原位於戲獅甲之唐榮鐵工廠廠區全圖

資料來源：高雄市政府，〈1963 年 6 月 15 日高市府建土字第 3702 號函公告唐榮鐵工廠申請變更都市計畫案計畫圖〉

圖 3-17 1968 年 10 月 5 日，唐榮中興鋼鐵廠舉行建廠落成典禮。

資料來源：高雄市立歷史博物館，登錄號：KH2002.018.171。

產，內設有四套軋鋼工廠。[91]一九六九年，奉國防部之令，在中興鋼鐵廠內設立「中興合金鋼廠」，此為唐榮鐵工廠主辦，軍方協辦，研製軍用鋼材，因應國防需要。後於一九八〇年由台機接手。[92]

除此之外，高雄廠區原有營建廠及水泥製品廠，在一九六七年兩者合併，更名為「唐榮鐵工廠股份有限公司營建廠」。一九六九年三月一日起，營建廠獨立經營，一九七六年二月，水泥製品廠獨立經營，一九七六年二月，營建廠及水泥業務廠均遷往臺北機械廠。

營建廠與水泥廠所遷移的地點，是原位於臺北市八德路四段一四五號的唐榮公司臺北機械廠，後也於一九七八年搬遷至新竹縣湖口鄉。營建廠曾一度在臺北另覓地點，但在一九九六年底，同樣遷往新竹縣湖口鄉。[93]

在經過停息、增資、販售土地，僅存三大廠（高雄鋼鐵廠、臺北機械廠、營建廠）陸續參與許多重大建設，如十大建設、臺北捷運淡水捷運站、臺鐵各級車廂等，在一九七五年底，除以債務轉投資及省財政廳墊款外，均已全部清償。[94]

但經過一九六〇年代的變動，唐榮鐵工廠已經離開發跡的戲獅甲區，將重心轉移至高雄的臨海工業區及新竹湖口。其原來在戲獅甲的

圖 3-18 唐榮中興鋼鐵廠

資料來源：高雄市立歷史博物館，登錄號：KH2002.018.172。

土地，於一九七〇年啟動自辦重劃，逐步變成商業區。

（二）祥泰鋼鐵

祥泰鋼鐵廠為香港投資設立之鋼鐵廠，[95]一九五八年籌設於高雄，總經理曹曾祓主理設廠事務，以向台糖公司購買之高雄市前鎮區中山三路土地，共計十四甲地作為廠址。祥泰鋼廠設廠之初，向比利時訂購最新型煉鋼電爐，因當時世界上使用該型電爐的國家只有五十多具，因此相當受到工業界注目，其生產效率據說比傳統之電爐增加五倍，且產品的品質更加穩定。[96]

祥泰鋼鐵廠董事長為楊存國，浙江寧波人，除於一九五九年接辦祥泰鋼鐵公司之外，同時為嘉新水泥公司股東，亦為美國辛克力石油公司臺灣總代理商。[97]然而，祥泰鋼鐵初運轉不久，就傳出楊存國惡性詐欺六千七百萬元企圖逃港一事，雖當時楊存國透過律師否認，且聲明資產大於債務，並不影響公司營運，[98]但債務糾紛卻接踵而來，據當時報紙記載，楊存國單向國家銀行局庫借款本利便高達二千二百六十餘萬元、商銀十六萬元，其餘則為私人借款，估計達一千數百餘萬元，相當驚人。[99]

除此之外，祥泰鋼鐵廠股份有限公司總經理曹曾祓，亦因開出之支票未能兌現，被控違反票據法，受罰五萬元罰金。[100]另外，楊存國、曹曾祓皆因偽造文書起訴，一九五八年二月間，由曹曾祓赴港以擬擴建新廠需要資金為由，向旅港僑商石覺頑騙取投資美金一十萬元，此一官司纏訟至一九六〇年底才解決。[101]

一九六〇年八月祥泰鋼鐵工廠停止生產，但該廠自設廠以來，已投下鉅額資金，卻未能大量生產完整的成品上市供應銷售，以致挹注的資金，難以回收作為繼續週轉之用。

另外，根據當時報紙的說法，有人認為該公司工廠計畫，使用M·B·C設備，以鐵水方法之技術，再生產鋼鐵，根本不合本地經濟的做法，但另一方面，也有不少技術人員認為該工廠設計並無錯誤，並且肯定M·B·C方法在其他各國經多人採用，相當成功，應無不妥，技職員工皆認為資金上的週轉不利，才是導致工廠停工的最大癥結點。[102]

因此，到了一九六〇年十月份祥泰鋼鐵就因列入美援欠償廠商名單，遭外貿會公佈並停止進口結匯之權利。[103]

一九六〇年底，祥泰鋼鐵廠負債已高達近七千萬元，因資金週轉失靈而停工的祥泰鋼鐵廠，曾希望能透過吸收外資恢復生產。當時祥泰鋼鐵廠為南部僅次於唐榮製鋼廠的鋼廠，雖設備新穎，產品曾運銷國外，然因負債七千萬元而被迫停工。當時總經理曹曾祓表示，如獲得三千萬元資金，即可恢復生產，[104]只可惜最終仍是走向破產的命運。

直到一九六一年祥泰鋼鐵股份公司資產五千一百三十二萬四千二百六十二元，負債達六千一百六十七萬三千四百四十二元，楊存國不依法聲請宣告破產，經檢察官提起公訴。[105]倒閉後的祥泰鋼鐵公司，其所有最新式M‧B‧C熔鐵爐，經政府主管當局決定撥售予唐榮鐵工廠使用，所有價款俟唐榮公司業務有盈餘時再分期償還。[106]而祥泰公司廠區的土地，則多半由台塑買走，也就是日後的前鎮台麗朗廠。

整體而言，戲獅甲此時期的民營工廠，除了四大公司民營化下的耐火磚及高雄食品廠外，以塑膠、合板及鋼鐵為主，塑膠及合板皆獲得不錯的成績，但鋼鐵卻遇到重大挫敗。而從民營公司經營者來看，能夠在此地設廠之業主，仍以外省籍為主，如祥泰鋼鐵、復興木業，就算是本省籍的王永慶，也得搭配外省籍的趙廷箴。從這些民營公司成立的軌跡來看，如祥泰鋼鐵能由台糖手中購得建廠土地，其中奧妙就頗耐人尋味。

戲獅甲的公營事業

美援時期是臺灣產業從農業轉變為工業的關鍵時期，身為臺灣重要的工業群聚區，戲獅甲在此時期也成為臺灣發展的重點區域之一，尤其是公營事業。在戲獅甲的公營事業中，是以化學及機械工業為兩大重點。而化學工業中，又以肥料及石化工業前身為主，可明顯看到臺灣化學工業重點由肥料轉至石化的痕跡。至於機械工業，也可看到日後想轉型為重工業的脈絡。

一、化學工業

（高雄硫酸錏、台肥第三廠、臺灣農業化工廠、台鹼）

一九五〇年代的臺灣產業，仍以充分供應糧食為第一優先，之後才能以「農業培養工業、工業發展農業」，所以肥料產業是四年計畫第一期最關切的事情，高雄硫酸錏廠也是在此氛圍下建廠，此時期台肥三廠也併購高雄食品廠而擴廠，可見肥料工業在此時期的重要性。

（一）高雄硫酸錏廠（二六兵工廠）

一九五〇年，藉由二六兵工廠遷臺所興建的高雄硫酸錏廠，是此時期戲獅甲最重要的建設之一。

硫酸錏廠至一九五一年一月安裝完成，正式開工產無水氨、硫酸、硫酸錏等產品，成立初期主要產品硫酸錏之年產量約為五千公噸，後該公司自一九五六年至一九六二年間，先後完成三次擴廠，至一九六七年其年產量已達十七萬公噸，使得臺灣的肥料工業步入新的境界。[107]

從一九五三年開始，政府配合美援，提出四年一期的計畫，直到一九六五年美援結束，此時期共執行三期的計畫。[108]第一期（一九五三—一九五六）重點為高硫的擴廠、成立花蓮氮肥有限公司，以及台肥六廠的興建。

第一期最重要是高硫的擴廠。初期製造硫酸錏是採取電解水取氫為原料的製程，其製造過程為先電解水取氫，復使氫與空氣中的氮經觸媒化合成氨，再以硫磺製成硫酸與氨化合而成硫酸錏。故其廠內有日產無水氨五噸的無水氨廠、日產硫酸五十噸之硫酸廠、日產硫酸錏二十噸硫酸錏廠、日產濃硝酸二十噸濃硝酸廠。但因電解所發生的氧氣利用未發揮最高效益，因此成本不僅極高，品質及產量也不理想。

也因此，在高硫設廠時，廠長黃朝輝就已經擬定計畫向經合署申請美援，在一九五二年獲得美援一百五十九萬餘元，臺銀也投資美金一百五十萬，進行第一次擴建計畫，也因申請美援需具備合法之企業組織，因此在一九五四年春籌設，成立董監事會，於同年十月一日正式成立高雄硫酸錏股份有限公司。[109]

同時間，高硫還投資了花蓮氮肥有限公司。該公司是由生管會在一九五二年利用原來日本鋁株式會社花蓮廠址，向美經合署申貸經費興建硝酸錏鈣肥料廠，並成立花蓮氮肥廠籌備處展開籌設工作。一九五六年成立，並聘請高硫總經理黃朝輝先生擔任董事長，高硫並出資一百五十萬元投資，可見當時在黃朝輝主導下，高硫所受到的重視。[110]

本次將生產製程改成由焦炭為製氫原料，與空氣液化製成氫配合，再經高壓與觸媒劑作用合成氨。而初期製程以電解法生產硫酸錏時，除氫氣為生產所用外，同時產生的每日約十噸的氧氣，卻白白浪費，因此本次擴充計畫是利用氧氣、蒸氣及焦炭製成水煤氣（Semi-Water gas），再經提煉後可增產氨約十五公噸，連同原有五噸，年產可達二萬八千噸。

第一次擴建工程於一九五七年底完成，硫酸錏及無水氨年生產力均有所成長，硫酸錏成長為三萬公噸、無水氨一萬五千公噸，但因硫酸仍由原有設備供應，因此硫酸錏產量仍有成長空間，加上第一次擴充計畫改用焦炭為製氫原料，雖較電解法成本低，但焦炭採用臺產，成

圖 3-19 1957 年 3 月 18 日硫酸錏廠擴建工程完成舉行開工典禮

說明：高雄硫酸錏公司第一期擴充工程完工，於 1957 年 3 月 18 日舉行開工典禮，邀請公司董事長關吉玉及總經理黃朝輝主持，臺灣省主席嚴家淦蒞臨剪綵。

資料來源：高雄市立歷史博物館，登錄號：KH2002.018.004。

本仍高。

在擴建過程中，高硫得知高雄煉油廠有一新建計畫，可利用高雄煉油廠的副產品氣體為原料，價格較焦炭低廉，因此規劃第二次的擴充計畫，利用導氣管將煉油廠廢氣輸入廠內，經過觸媒重組，使碳氫化物分裂重組，成為氫及一氧化碳，導入現有之一氧化碳低壓氧化設備，再經壓縮精煉製成無水氨。

但高雄煉油廠所能提供的氣體有限，充其量每日僅能製造無水氨九十公噸，因此高硫提出第二期擴建計畫，將擴建分為兩部分，一是氣體重組部，以煉油氣為原料，可年產無水氨二萬七千噸。二是局部氧化部，以燃料油為原料，可年產無水氨一萬八千噸。

此項擴充計畫於一九五六年獲經安會通過，並於一九五七年開始執行，同時配合此計畫新建年產八萬五千公噸的硫酸工廠，希望能藉此配合氨氣的擴充，達到硫酸錏增產的目的，並分別於一九六一及一九六二年擴建完成，可日產無水氨一百五十噸、硫酸三百二十五公噸，轉製硫酸錏四百公噸。但這次的擴建並未達成原來的目標，因為高雄煉油廠未能提供預期的油氣，也使得高硫必須於一九六四年增建日產一百公噸氧氣工廠，以及一九六五年的煤氣工廠，才能讓煉油廠供應的油氣不用再移作燃料使用，全部用於製造硫酸錏的原料。

圖 3-20 戰後初期硫酸錏的運送，還是以牛車為主。

資料來源：高雄市立歷史博物館，登錄號：KH2002.018.004。

雖然兩次的擴建均與預期有些許誤差，但高硫仍成為臺灣硫酸錏產量最大的工廠，也從一九六一年起停產氮液肥及氨水兩種肥料，[111]從下表可看出，在這段期間內，硫酸錏已經成為臺灣主要的化學肥料，幾佔三分之一，產量為全臺之冠的高雄硫酸錏廠重要性可見一斑。

表 3-1 硫酸錏及臺灣的化學肥料比例。（單位：公噸）

民國	肥料生產總量	硫酸錏生產	硫酸錏輸入
35	4,843	—	6,182
36	17,208	—	41,300
37	38,330	—	67,725
38	45,840	—	84,916
39	58,692	17	203,277
40	110,512	4,951	147,766
41	147,830	5,568	290,851
42	162,719	5,839	168,685
43	166,796	4,688	258,008
44	167,314	4,428	301,304
45	193,262	6,598	296,739
46	206,985	15,361	355,275
47	202,440	17,408	344,256
48	257,592	22,014	349,676
49	311,215	21,242	306,207
50	341,827	29,212	295,042
51	423,894	68,180	252,980
52	475,001	107,656	251,445
53	616,922	219,313	131,087
54	721,883	266,874	193,800
55	766,109	275,568	163,605
56	804,067	293,559	110,400
57	895,250	346,880	105,187
58	1,006,108	377,434	89,142
59	903,564	346,353	10,510
60	896,693	354,483	—
61	1,002,882	366,248	0
62	1,171,044	556,957	7,052
63	1,273,693	533,400	101,861
64	1,346,266	626,755	82,755
65	1,271,665	560,705	131,585

資料來源：黃俊夫，《硫金歲月：臺灣產業經濟檔案數位典藏專題選輯：高雄硫酸錏股份有限公司》，頁 57。

在硫酸錏廠逐步成長後，碰到與二六兵工廠如何切割的問題。高雄硫酸錏廠人員、土地均是來自於二六兵工廠，但二六兵工廠也有自己的業務，同時硫酸錏廠屬於省府、二六兵工廠屬於軍方，制度也大不相同。逐漸演變的結果，變成就算執行相同業務，可能因所屬單位不同，待遇、福利截然不同，也進而產生怨言，形成管理的問題。所以從一九五六年起，就開始討論兩廠的分合，究竟是要分開，或是要合併。

一九五六年八月，高硫針對兩廠之管理、制度現況詳加分析檢討，提出兩單位的分合問題研究，希望以代營方式解決兩廠之問題，省政府雖也同意，但國防部並無核示，只能維持現況。一九六一年，兩廠正式劃分為獨立營運，但仍針對後續在土地、宿舍、設備等資產劃分解決方式持續協商。[112] 一九六四年，兩廠正式釐清，以磚造兩牆為界線。[113] 直到一九七〇年才提出資產劃分解決方案，得以釐清多年來爭執不休的產權歸屬問題。[114] 一九七六年，二六兵工廠正式遷往大樹，才讓兩者的問題告一段落。

在這期間中，高硫的定位及擴廠一直持續討論，政府曾針對高硫與台肥三廠，同屬肥料產業的整合問題展開討論，如美援會曾建議將高雄硫酸錏、台肥三廠、花蓮氮肥廠合併為一個新公司，但後來因牽涉主管單位不同，合併並未成功。[115]

圖 3-21 硫酸錏廠所生產的肥料，頗受臺灣民眾歡迎。

資料來源：串門文化

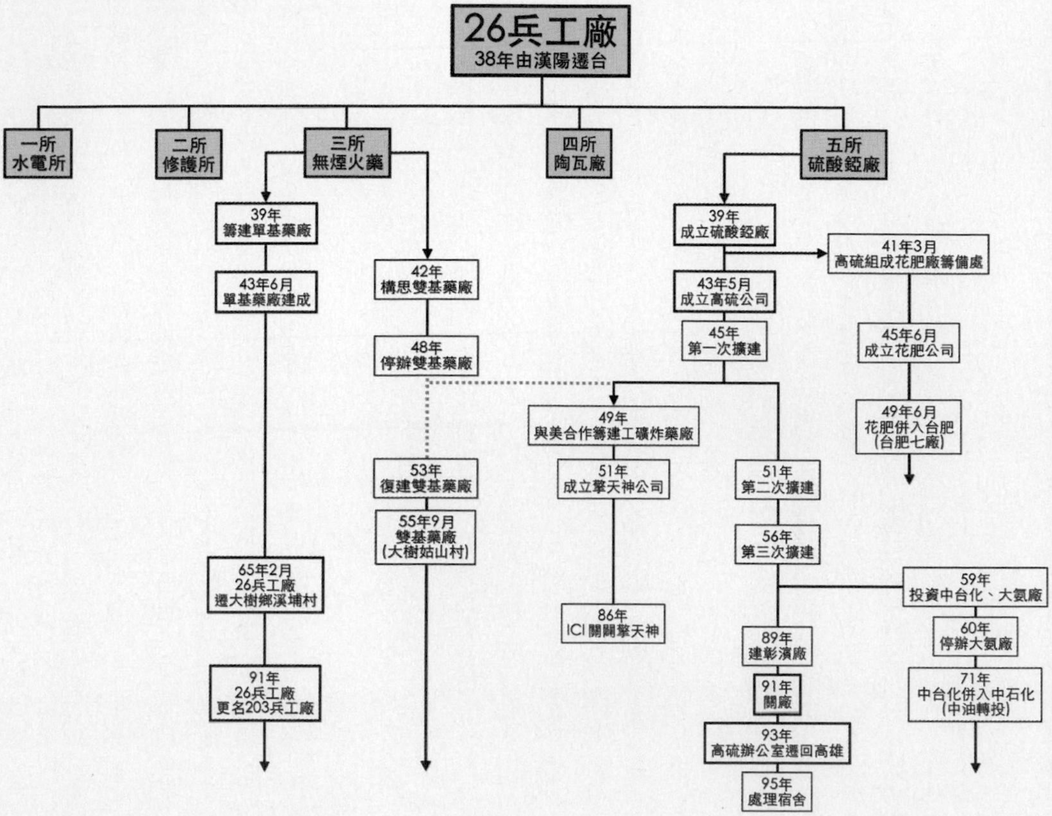

圖 3-22 高雄硫酸錏各廠關聯圖

資料來源：國立科學工藝博物館黃俊夫研究員提供，徐乙仁重製。

高硫本身也一直試圖擴廠，硫酸錏廠於一九五四年擬擴廠至今日中山路、三多路、光華路、復興路的範圍，受到高雄市政府反對，尤其這會將原都市計畫欲開闢的道路（如今日一心路切斷），造成交通不便。[116]因此未成功。但其於一九六二年與美方合作，於大樹成立擎天神公司生產炸藥，今日之佛陀紀念館，就是立基於當年的擎天神公司，也可見硫酸錏廠在此時的活力。

（二）台肥第三廠（高雄廠）

台肥第三廠在日本時代是生產過磷酸鈣，戰後初期修復也以此為主。在此時期則配合四年經建計畫，有數次大幅的擴充及整修。第一次是一九五四年六月開始籌建氮磷肥料工廠，引進美國工業國際公司（Chemical Industrial Internation Ltd.）與美國華昌國際公司共同製程，於一九五七年七月完成，開始生產日產四十公噸硝酸，再和磷礦石反應產出一百公噸的硝化磷肥。

一九六三年七月，原來塔式硫酸製造設備已經陳舊，故引進日本三井－孟山都（Mitsui-Monsanto）之技術，承建燃硫接觸法之硫酸工場一座，於一九六五年三月試車完成，日產二百噸硫酸，再與磷礦石反應製造磷酸鈣。同時也加購西門子公司製造，可以利用硫酸工場更新後副產品廢熱蒸氣自行發電的發電機。

圖 3-23 1960 年台肥高雄廠大門

資料來源：台灣肥料股份有限公司

左圖 3-24 1956 年台灣肥料股份有限公司第三廠成立十週年全體同仁合影

資料來源：台灣肥料股份有限公司

同時為發展高成分多元肥料，由日本鋼管公司（NKK）承建三十公噸的磷酸工場一座，在一九六五年十二月試車完成，除產磷酸外，尚有副產品石膏一百四十公噸，供應國內水泥需求。

一九六〇年代的設備大幅更新，也使得台肥三廠的土地不足，如前述，於一九六六年購入隔鄰的高雄食品廠，才能持續擴廠。先是利用廠內所產之硫酸及磷酸，並配合新竹廠的液氨與尿素，採用氨化粒化法，興建日產一百五十公噸或三百公噸的錏磷複肥工廠一座，由日本鋼管公司與栗本鐵工製作所承造，於一九六九年八月完成安裝，十月正式生產。

後又配合新竹廠液氨的生產，興建日產二百公噸的硝酸工廠及三百公噸硝磷複肥工廠，採用酸解濃縮法，由日本旭化成公司提供技術設備，於一九七〇年二月完成，七月正式生產。[117]

在本期中，台肥高雄廠（第三廠）不僅購併了隔鄰高雄食品廠的土地，大興土木，雖然還是以原來的過磷酸鈣為主軸，但增加生產硝化磷肥、錏磷、硝磷等，也可證明此時期臺灣肥料工業的興盛。

（三）台碱

前一章曾述，台碱在大陸市場喪失後，步入一段黑暗期。但隨著韓戰爆發及美援的到來，臺灣的工商業逐步發展，也帶動燒碱的內需市場，加上味精生產方式的改變，以及臺灣紙業利用甘蔗渣製造紙漿時需要氯氣，使得台碱的燒碱產量大增，在一九六四年達到頂峰。[118]並在一九六七年進行擴建工程，[119]向義大利訂購日產燒碱一百三十五噸及氯氣一百二十噸的新機器。[120]

台碱一直遇到的問題，就是在生產燒碱的過程，會有氯氣的產生。燒碱與氯氣兩者產量如何平衡，一直困擾著台碱。在此時期，所碰到的問題都是燒碱銷售量不錯，但氯氣過剩。台碱曾於一九五〇年代後期研究製造氯乙烯、聚氯乙烯、二氯乙烷等小型生產設備，甚至一九五九年美援運用委員會一度建議台碱公司利用剩餘氯氣製造氯化銨，做為肥料之用，台碱也編列預算，計畫建廠，但台碱也考慮到農民的接受程度。而一九五七年建廠的台塑，以氯氣為原料製造PVC塑料粉，當一九五九年台塑擴大產量時，經濟部同意所需氯氣均由台碱提供，這使得台碱解決了氯氣剩餘的問題，於是氯化銨建廠計畫就胎死腹中，成為台塑原料的提供廠商。[121]

台碱雖然在一九六〇年代成績非常出色，但政府對於台碱未來一直

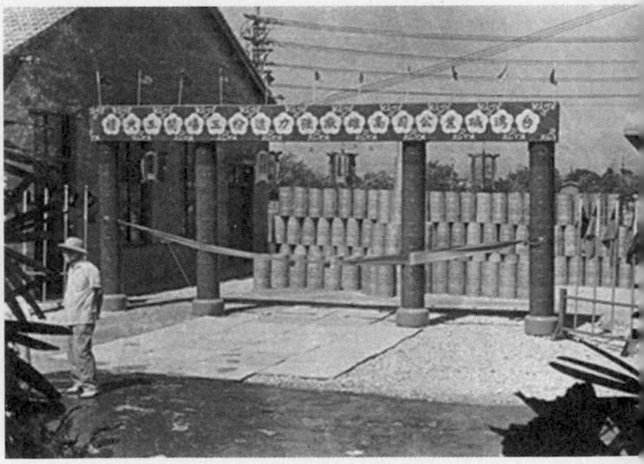

圖 3-25 1957 年 8 月 9 日臺灣碱廠強力漂粉工廠開工典禮

圖 3-26 1957 年臺灣碱廠工廠外觀

資料來源：高雄市立歷史博物館，登錄號：KH2002.018.006。

有所「規劃」。在一九六四年時，傳出政府希望以台碱與省府的台電股份交換，讓台電股份集中。[122]後來此一計畫並未實現。

一九六五年時，經合會舉行工業塑膠原料座談時表示願意出售高雄台碱廠，以優先能供應中油「輕油煉解」所生產乙烯的工廠，而民間籌建中的「中國醱酵工業股份有限公司」即表示有意願。但經濟部屬意售予中油做為石油化學工業中心。因此於同年針對台碱高雄廠土地做一資產評估，雖對外強調並不出售。[123]但實際上政府已將台碱列入政府發展石化產業的佈局思考中。

台碱當初在接收時，是以「會六省四」持股的「國省合營」企業，也就是中央（資委會）佔有百分之六十、省府佔有百分之四十。一九六七年時，百分之四十的省股經臺灣省政府及省議會同意，移轉至中油公司。[124]一九六八年，中央的六成股權，也由中油公司以四千八百萬元收購。[125]而在中油掌有台碱公司後，報章也放出訊息，以「相關高層」表示「目前我國臺灣塑膠、華夏海灣、國泰及義芳等四家塑膠公司，其所用原料仍沿用舊法取自電石生成之乙炔，成本甚高，難與歐美產品競爭，必須改用以石油化學品為原料，始能挽救此一危機。」，[126]這也暗示下一個階段，政府介入石化產業的策略。

左圖 3-28 臺灣碱廠工人裝卸強力漂粉

下圖 3-27 臺灣碱廠工人工作情形

資料來源：高雄市立歷史博物館，登錄號：KH2002.018.006。

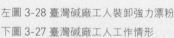

（四）高雄農化廠

高雄農業化工廠是戰後才新增的單位，前期最主要的產品是DDT，希望能藉此減少病蟲害，對農業有所幫助。而該廠製造DDT的技術確實有所進步，省衛生處所需要的份量，也全跟農化廠購買，可見其品質受到肯定。[127]而本期主要著墨於研發以黃豆及米糠榨油的技術，尤其是美援有大量的黃豆，使得政府對於此技術有極大期待。

但此榨油技術卻是一直「只聞樓梯響」，生管會在一九五二年已通過貸款美金外匯十萬餘元及新台幣一百九十餘萬元建立工廠一事。[128]機器也很快運抵臺灣，預定在一九五二年底即可開工。[129]卻不料一直拖到一九五四年中才安裝完畢。[130]建廠的延宕，使得農化廠虧損連連，在四大公司民營的規劃中，農化廠原本也考慮改成民營，[131]但後來決定於一九五六年六月移交給台糖公司。

在一九六五年時，台糖也委託經濟部公企會及經合會做調查，是否該出售民營。經兩會調查後指出，臺灣現有農藥工廠四十家，農化廠約佔百分之十，且每年成長率約有百分之八，是臺灣最大農藥工廠，民間許多農藥，也是仿製農化廠成品，農化廠的農藥成品不僅可節省外匯，且民營藥廠少有研發，應由公營事業帶頭示範。因此經濟部長李國鼎表示農化廠原則上應在安定情形下，繼續加強推銷農務並研究新產品製成，對於出售民營一節，暫不考慮。

台糖公司接手後，對於製油部分相當積極，於一九五八年向政府爭取進口美援黃豆製油，[132]雖然引起許多民營油廠反彈，[133]但台糖成效頗佳，後轉移至小港糖廠生產，在小港糖廠結束製糖事業後，也以沙拉油為事業主體，「台糖沙拉油」更成為台糖重要的產品。

二、機械金屬工業（臺灣機械公司、臺灣鋼廠、臺灣鋁廠）

戲獅甲的機械工業，仍是以台機、台鋁兩大系統為主，其中虧損較嚴重的臺灣鋼廠併入臺灣機械，而台機、台鋁在美援協助下，在本期也有不錯的成績。

（一）臺灣機械公司、臺灣鋼廠

臺灣機械公司是另一個美援時期的重點發展公司，該公司為臺灣少有的機械工業公司，在美援期間，除了接受美援增購機械，讓廠內配置更為齊全外，更將分散於各地的各廠清楚定位，也成為臺灣最重要的機械工廠。

首先在一九五二年，利用原來接收的「東光興業株式會社」（位於

圖 3-29 擴建完成的台機船舶廠船體組合工廠鳥瞰圖

資料來源：翻攝自賈志強，1968，《台機月刊》3:1（高雄：臺灣機械公司，1968 年 7 月 1 日），照片頁。

今日成功路、新田路的漢神百貨），成立「臺灣自行車公司」，由台機投資場地及機械設備，除了台機之外，尚有許多民股，後民間企業認為公營事業不應與民爭利，於是台機於同年（一九五二）讓售該公司。[134]

一九五二年因業務需要，將原屬機械廠的造船工廠獨立，成立修船部。當時生產單位有工務部及修船部。工務部下轄有工具工廠、保養工廠、製鋼工廠、鑄鐵工廠、鍛鐵工廠、第一機械工廠、第二機械工廠、冷焊工廠及車輛工廠。修船部則有西甲工廠及旗津工廠。一九五四年，因臺灣漁業發展迅速，將修船部擴充成立船舶廠。[135]

當時臺灣最主要的造船廠是位於基隆的臺灣造船公司，在一九五八年前，台機船舶廠僅能修造當時臺灣漁民所使用的木船，一九五九年則開始建造鋼殼船，但原有設備無法製造大型遠洋漁船，隨著臺灣漁業逐步往遠洋發展，台機船舶廠也於一九六六年至一九六八年間有計畫的投資擴充，並配合台機廠房的合併及重組，戲獅甲的原東工場也開始以船舶廠為主，特別針對船用柴油機、鍋爐及遠洋漁船三項專業產品進行更新。在一九七〇年台機第一期擴建工程完工後，船舶廠改變最為顯著，一九六八年新增兩部二十五噸塔型吊車，以及五千噸半乾船塢，與台船業務分隔，成為主要的中型船隻製造廠。其動線非常清楚，並新增船舶廠的辦公大樓，取「同舟共濟」之意，命名為「同

圖 3-30 台機船舶廠承造之各型駁船

資料來源：翻攝自賈志強，1968，《台機月刊》3：1（高雄：臺灣機械公司，1968 年 7 月 1 日），照片頁。

舟樓」。[136]

船舶廠的擴建，與一九五八年台機接收同樣位於戲獅甲，但營運不善的「臺灣鋼廠」有關。台機接收後，在此成立「鋼品廠」。實際上，「鋼品廠」除了「臺灣鋼廠」外，還包括在一九六四年合併的「中央標準局臺灣工廠」，但該廠位於臺南市火車站前的成功路一巷一號，辦事處則位於臺北市重慶南路一段一一九號，所以實際上鋼品廠主要還是在戲獅甲。

臺灣鋼廠在一九五〇年成立後，一開始主要生產目標是黑鐵皮，供應液體燃料及化工原料的盛器，及兵工、車輛、家具等工業需求，但臺灣需求較高為馬口鐵皮。馬口鐵皮是製造罐頭的重要原料，臺灣從日本時代起，罐頭產業就頗為發達，其中關鍵為一九二二年設廠於高雄市三塊厝的「東洋製罐株式會社高雄工場」，其來臺設廠後，讓臺灣的罐頭製造商不再需要從日本本土進口空罐，降低製罐成本，也帶動了臺灣鳳梨罐頭產業的熱潮。

該工廠戰後由臺灣機械公司接管，一九四六年五月改稱為臺灣工礦公司鋼鐵機械分公司第二機械廠，由於戰後馬口鐵採購不易，也使其無法大量生產，而各農產品罐頭是戰後初期臺灣重要產業，因此除了向美國採購馬口鐵皮外，[137]臺灣鋼廠原已生產黑鐵皮，只需增加鍍鋅

圖 3-31 台機船舶廠內的同舟樓，已於 2017 年 11 月拆除。
資料來源：何彥廷攝

設備即可生產馬口鐵皮及白鐵皮，故自日本購置鍍鋅機，於一九五二年開始生產馬口鐵皮。[138]

一九五〇年鋼廠甫成立時，美援會懷特顧問公司曾建議廠內安裝煉鋼設備，鋼廠也頗表認同，撰寫「煉鋼計畫書」，建議安裝十噸及六噸電爐兩座，經討論後，生管會決議先將鍍鋅鍍錫設備安裝後再議。[139]因此臺灣鋼廠最後是以馬口鐵為主要產品。

鋼品廠的成立，加強了台機的事業能量。一九六八年利用原有的大型黑鐵皮軋製廠房，成立冷焊工廠，做為生產鐵道車輛及一般冷焊工作之用，隔年（一九六九年）增設車輛工廠，專門製造鐵道車輛。

鋼品廠真正最賺錢的利器是製造罐頭的馬口鐵，一九五八年剛併入台機時，年產量不過三千公噸，但隨著國內罐頭工業的成長，需求量日益增加，台機於一九六三年向日本八幡製鐵會社購入七十五吋雙列直線型熱浸鍍錫機兩台，使其產量直線上升，成為鋼品廠最穩定的獲利來源。[140]

既然戲獅甲有了「鋼品廠」，一九六四年原本在東工場（戲獅甲成功路）內機器廠的鑄鋼工場遷移至公園路西工場內，配合公園路原有的鑄鐵工場，使得此地成為臺灣機械公司鑄造廠，也是臺灣當時最具規模的機械工廠。[141]

換言之，在這段期間，台機透過整併、整理的方式，將旗下工廠分為鑄造廠（公園路原西工場）、船舶廠及機器廠（原獅甲成功路東工場）、[142]鋼品廠（原獅甲成功路臺灣鋼廠）等四大工廠，也是臺灣最重要的機械工廠。

（二）臺灣鋁業股份有限公司（臺灣鋁廠）

戰爭時期受損嚴重的臺灣鋁廠，在一九五一年時，能夠年產三萬二千噸之製煉鋁氧設備已全部修復，電解設備則因損毀嚴重，最多僅能年產八千噸，但整修工作已大致完成。

在第一期四年經建計畫（一九五二—一九五六）中，台鋁獲得美援援助，繼續擴充其設備，包括電解爐整修、整流設備增補、熔鑄工場設備配合加工部門之增建予以充實，也使得台鋁的產量到一九五六年時，增加到八千七百五十九噸，也在一九五五年改變組織，改為臺灣鋁業股份有限公司，仍屬經濟部。

二戰後鋁業生產技術大幅成長，但台鋁所修復的電解設備最多僅能供應年產九千噸，以致年產三萬二千噸的製煉鋁氧設備只能使用一

圖 3-32 台機四大工廠位置分佈

資料來源：〈Google Maps衛星圖（2017年）〉，Google Maps，網址：https://www.google.com.tw/maps，檢索日期：2017 年 8 月3日。
繪圖：徐乙仁重新套繪

半，而電解爐也是在戰前設計，容量僅二萬六千安培，耗電且效率低。台鋁因此從一九五五年八月提出電解爐改善計畫，幾經修正後，於一九五七年六月由工業委員會及懷特公司核准定案，將興建八十六座十萬安培，由法國畢希尼公司出產的大型電解爐，同時將製煉鋁氧設備改進增補，使其年產量能達到四萬二千噸。

台鋁為建造電解爐，於一九五九年四月成立擴建工程處，鋁氧增建部分先於一九六〇年底完成，電解部分則於一九六一年七月完成首期新電解爐六十座廠房及爐體建造，於一九六二年四月五日正式開工。隨後將原來的舊電解工場拆除，在原地續建新爐二十八座，於一九六三年八月竣工，總金額為美金三百六十四萬五千餘元及新台幣一億八千零六十萬。這也帶動台鋁的內外銷市場，使得接下來的第四期經建計畫，希望能繼續擴充台鋁設備。

此次擴充，仍是以鋁氧廠及電解廠兩部分為主力。由於以往鋁氧廠原料來自南洋，只需用低壓低溫蒸煮即可提煉鋁氧，但隨著南洋礦藏逐漸枯竭，需轉用澳洲所產原料，但這需要經中壓中溫方能煉出，因此需更換設備，除適應新原料，更希望將年產量提高為七萬噸。

此設備更新，台鋁於一九六六年六月，與西德聯合鋁業中心（德鋁）簽訂技術合作，又與畢希尼公司在一九六八年提供技術添建新爐六十

圖 3-33 1958 年 11 月 13 日經濟部長楊濟曾視察鋁廠

資料來源：高雄市立歷史博物館，登錄號：KH2002.018.018。

座，於一九七二年完成。擴充後鋁氧廠年產量擴增至六萬三千噸，電解爐年產量增至三萬八千噸。[143]

此時期是戲獅甲公營事業的黃金時代，在美援協助下，以化學、機械兩大主軸的公營事業都繳出不錯的成績，也帶動整體臺灣經濟發展。儘管大環境轉好，但仍有少部分公司經營困難，此時政府的解決辦法是以其他有能力的公營公司加以合併，如高雄食品廠讓售給台肥、農化廠由台糖接手、臺灣鋼廠則是成為台機的一份子。而從中也看到政府對於產業的佈局，例如台碱改為中油百分之百投資，不僅看到政府對於石化產業的企圖，也可見政府正在尋找肥料產業後，下一個能接手的化學相關產業。上述趨勢，進入一九七〇年代後，就更快速而急迫的發展。

戲獅甲的公共建設及居民變化

戲獅甲在一九五〇至一九六〇年代的發展，隨著工廠的逐步建立，也開始調整其公共建設，尤其是攸關貨物進出的鐵公路。從以下一九五六及一九七三年兩張地圖並置，就可看到戲獅甲的大幅改變。

圖 3-34 鎔鋁爐及靜置爐

資料來源：翻攝自李惟梁，〈台鋁電解擴建工程之進展〉，《今日鋁業》創刊號（高雄：臺灣鋁業公司，1969 年 5 月），頁 7。

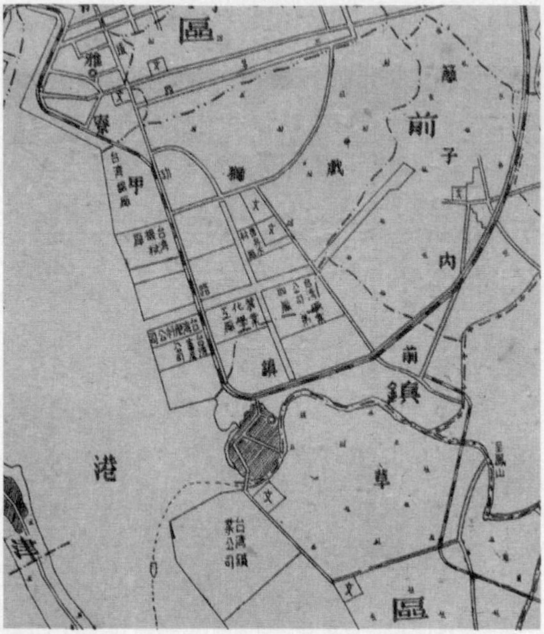

圖 3-35 1956 年戲獅甲地圖

資料來源：〈高雄市全圖（1956 年）〉，中央研究院地理資訊科學研究中心 GIS 百年歷史地圖，網址：http://gissrv4.sinica.edu.tw/gis/kaohsiung.aspx，檢索日期：2017 年 8 月 3 日

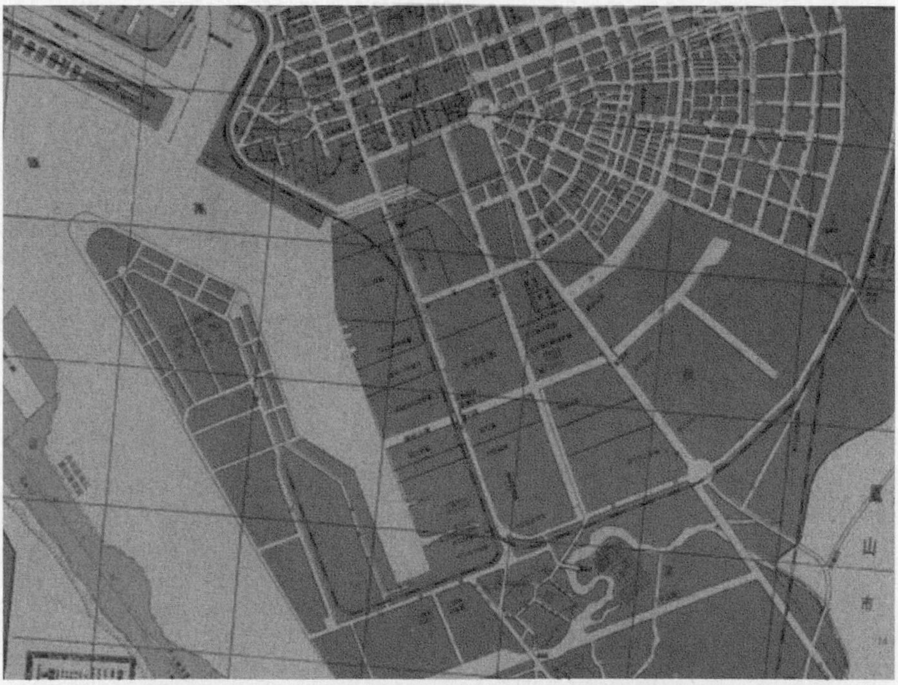

圖 3-36 1973 年戲獅甲地圖

資料來源：〈高雄市街觀光圖（1973 年）〉，中央研究院地理資訊科學研究中心 GIS 百年歷史地圖，網址：http://gissrv4.sinica.edu.tw/gis/kaohsiung.aspx，檢索日期：2017 年 8 月 3 日。

一、交通動線建設及新區域開發

在一九五六年的地圖當中，我們看到臨港線已經修復，由於臨港線是所有戲獅甲貨物，運往高雄港車站及其他各地的重要運輸路線，因此在戰後就積極修復。由於臨港線最主要功能是運送每一間工廠的貨物，因此進入工廠的支線，是此時期修復的重點，從一九五一年開始，陸續完成各廠支線，更重要是一九五五年重建前鎮橋（今成功橋），讓臨港線功能完全恢復，成為戲獅甲各工廠的最重要運輸工具。[144]實際上，由於臨港線是一九四四年才完成，當時各工廠幾乎也都停擺，因此臨港線真正發揮功能，反而是這個時期。

如硫酸錏公司在一九六〇年擴廠後，還特別委託臺灣鐵路管理局為其鋪設四百一十．四公尺的支線貫穿廠區，[145]可見臨港線對於戲獅甲各廠區的重要性。

另一個與臨港線相同，繼續發揮功能的是人工運河。一直到一九七三年的地圖，仍可看到人工運河維持不變，今日的光華三路及中華五路仍是運河。而運河仍是許多工廠運貨的管道，如台塑集團的高雄廠就是沿著運河而建。

在此一階段變化最大的應為道路，從一九五六年的地圖來看，重要

圖 3-37 台機公司船舶廠內依稀可以看見當時臨港線軌道的樣貌

資料來源：何彥廷攝

幹道僅有成功路、三多路、復興路。中山路已有雛形，但僅達復興路，尚未貫穿至三多路。另一條重要幹道：中華路，則是在一九五六年左右，在美援支持下，興建到中華三路，但僅止於青年路。一心路也僅至光華路。沿著臨港線（今日輕軌）的凱旋路則尚未出現。民權路仍不見蹤影。

在三多、復興、成功及復興、三多、中山這兩大區域，與如今大不相同，除了尚未開發外，前者在中山路以西，主要為唐榮鐵工廠所使用，後者在一心路以西，為硫酸錏（二六兵工廠）及六〇兵工廠用地（後二〇五兵工廠）。但在兩大區域中，則有許多小路貫穿其中，如前者有西甲一路、二路、三路，後者有籬子內一路及二路。

如果我們對比日治後期的都市計畫圖，可以發現後來的道路確實按照當初的規劃所開闢，也由於戰後政府是直接沿用日本時代都市計畫，遂有前述硫酸錏於一九五四年想要擴廠時，槓上日治時期已規劃完成的都市計畫。當時的硫酸錏廠長黃朝輝在公文中陳述：

復查該項都市計畫係日據時代所訂，原計畫內本無聯勤第二六、六〇兵工廠廠址，該兩廠遷臺建廠後，已成國防軍需工業重心，並為保持高度軍事機密及安全計。廠區四周更不宜居民留住，而前項都市計畫因環境變遷似不切實際，而況都市計畫之實施遙遙無期，際此軍事

左圖 3-38 1955 年高雄市都市計畫分區使用圖

資料來源：高雄市政府建設局，〈1955 年 5 月 19 日高市府建土字第 14605 號函公告本市都市計畫及分區計畫案計畫圖〉。

生產第一，為增加生產安定、民生經濟起見，該都市計畫擬請賜予修正，俾利擴建工程之進行。

當時市府的回覆意見中，提到如依硫酸錏廠建議，將影響一大片住宅區，及許多道路、公園、學校用地之開發。也因影響太大，最後硫酸錏變更案並未通過。[146]

不知是否與此有關，上述硫酸錏公文中「實施遙遙無期」的都市計畫，於隔（一九五五）年正式頒佈，圖中就將今日光華路、民權路、中山路、三多路等區域劃為住宅區。[147]再比對一九七三年的地圖，上述區域的重要幹道，如民權路、一心路、二聖路均已完工，中山路也貫通至三多路圓環，住宅也開始出現，為此時期最重要的地景改變。

二、南部發電廠及西甲加壓站

工業區的基本公共建設，除了運輸系統外，

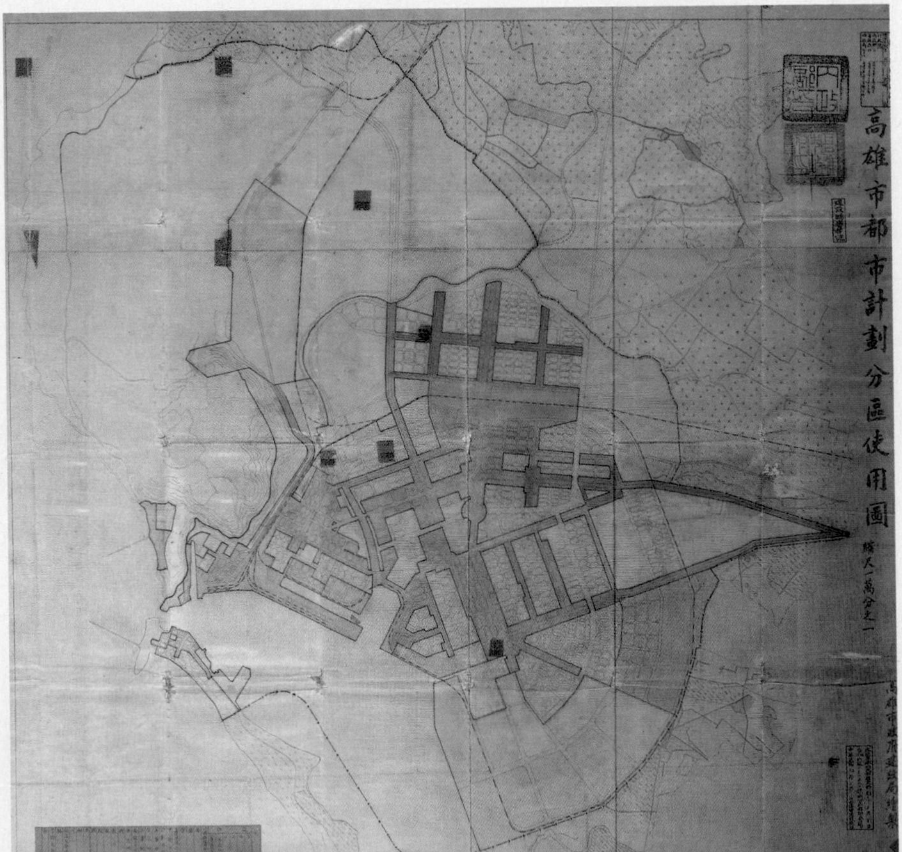

最重要的就是電力及水力。尤其像是煉鋁的高耗電工業，如果沒有充足電力，工廠無法運作。因此戲獅甲的重建工程中，最重要就是電廠及西甲加壓站的設立，這也獲得美援的認同，於一九五三年撥款購買器材，設置台電南部電廠。[148]

台電南部電廠為火力發電，當時是臺灣最大，發電機重九十五噸，發電量達四萬瓩，價值美金一百萬元，由美國奇異電氣公司承造。該發電機為戰後運臺機件中之最重者，因高雄港現有起重能力僅限五十噸，無法起卸，因此將該發電機先由美運至香港，再由港轉裝S-S-Benal Banach輪船轉運高雄，因該輪本身備有大型之起重設備，可由船上自行卸下。[149]

其整體工程分為三期，上述第一期於一九五五年完工。[150]第二期工程則於一九五六年開工，發電量同為四萬瓩，於一九五八年六月正式運轉。[151]在各工廠不停增產下，第三部發電機規模更龐大，發電量可達十二萬五千瓩，於一九六三年啟用。[152]但在工業發展迅速下，一九六六年臺灣出現限電危機，於是台電決定緊急向美國西屋公司訂購氣渦輪發電機組三台，發電量為十萬瓩。[153]在短短十多年內，台電南部電廠成為總發電量約三十萬瓩的大發電廠，不僅供應了戲獅甲工業區穩定的電源，迄今仍在運轉，成為台電唯一位於都會區內的發電廠。

圖 3-40 迄今仍在營運的台電南部電廠，為台電唯一在都會區內的發電廠。

資料來源：何彥廷攝

圖 3-39 1960 年 2 月希臘親王參觀火力發電廠

資料來源：高雄市立歷史博物館，登錄號：KH2002.018.018。

除了南部電廠外，另一個重要的基本設施是供應工業用水的西甲加壓站，西甲加壓站設於今日復興三路、一德路、修文街、滇池街所圍起的區域。由於西甲加壓站所需的面積，內有今日正安街延伸至一德路的道路預定地，因此高雄市府於一九六一年二月三日以高市府建土字第六三九八號函申請廢止，經內政部都委會於四月二十六日第二十六次委員會通過。[154]

三、宿舍與學校

實際上，在上述區域的民間住宅出現以前，各工廠的眷舍早就出現。工廠眷舍分為好幾批，其中以台鋁宿舍較為密集，延續了日本鋁宿舍的規模，其他各廠宿舍則較為分散。

台鋁員工所居住的地點有二：一

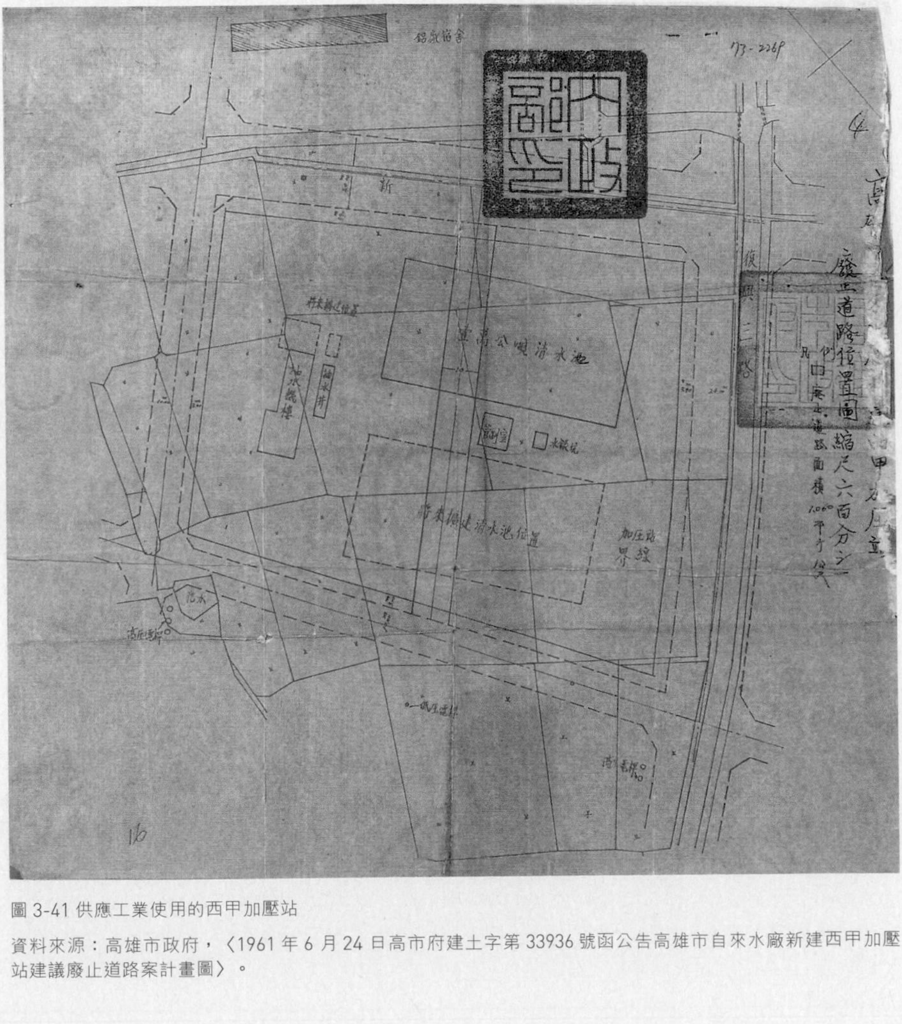

圖 3-41 供應工業使用的西甲加壓站

資料來源：高雄市政府，〈1961 年 6 月 24 日高市府建土字第 33936 號函公告高雄市自來水廠新建西甲加壓站建議廢止道路案計畫圖〉。

是今日成功路以東、新光路以南、五號船渠以北、中華路以南是公誠一村至六村。二是在民權路、一心路、修文街、一德路所圍繞的區域，也就是今日台鋁新村及西山里，台鋁新村地址均為台鋁某巷，是最容易探尋的地點。

台鋁宿舍中以公誠一村最為舒適，為台鋁高級幹部宿舍區，內部的招待所更是當時來高雄出差的黨政要員選項之一。宿舍區內也有學校，獅甲國小最早就是設立於公誠三村內。但隨著台鋁的擴廠，公誠一村至六村均被挪為工廠使用，宿舍搬遷至今日復興路為人所熟知的台鋁新村及其附近的西山新村。[155]也因為大批台鋁眷屬的遷入，使得復興路此區塊以外省麵食聞名，迄今仍有許多知名的麵店。

相較於台鋁，其他各工廠宿舍區規模較小且分散，一心路、復興路、民權路、二聖路間則有硫酸錏員工的宿舍，以前也曾被稱為硫酸錏巷。台肥、台塑及臺灣鋼廠的宿舍則在廠區內，台肥及臺灣鋼廠宿舍均是日治時期留下來，家家都有小花園，非常別緻。[156]目前僅有戰後的台塑宿舍留下來，最早建廠時，王永在也與員工相同，以廠為家。

另一個兵工廠（二〇五兵工廠）的宿舍區是興建於一九五〇年的正勤、君毅眷村，[157]正勤新村位於今日君毅正勤國宅位置，君毅新村則位於今日復興路及中華路交叉口（今復興路、中華路、啟聖街、林森

圖 3-42 位在台塑高雄廠的宿舍

資料來源：何彥廷攝

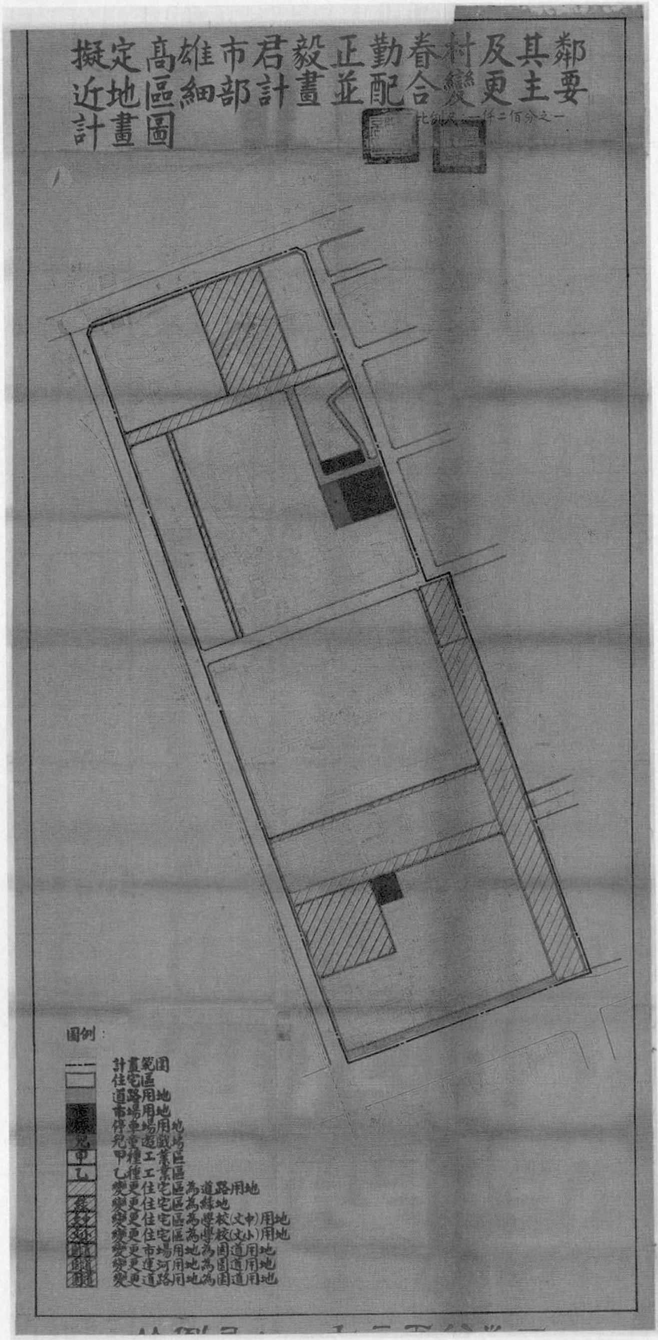

圖 3-43 君毅正勤眷村改建並辦理都市計畫變更

資料來源：高雄市政府，〈1983 年 10 月 13 日高市府工都字第 27670 號函公告「擬定高雄市君毅正勤眷村及其鄰近地區細計畫並配合變更主要計畫案」計畫圖〉。

路所圍成之區域），後因其老舊，被高雄市政府列入國宅興建計畫，二〇五兵工廠於一九七九年同意與市府於正勤新村合建國宅，但因其土地為工業區，因此辦理「擬定高雄市君毅、正勤眷村及其鄰近地區細部計畫並配合變更主要計畫案」，後經高雄市政府都委會及內政部一九八二年第二五九次都委會通過，將此地區變更為住宅區。[158]於一九九四年陸續完工。

各廠宿舍區中，未座落於戲獅甲的是台鹼，因為戰後台鹼總廠是在前鎮草衙，因此台鹼新村位於鳳山。今日仍存在的鳳山區武漢路台鹼新村一、二、三、四巷，範圍為新甲路以東、武漢路以西、新富路以南、武營路二三九巷以北所包圍。其住戶約略兩百多戶，皆為台鹼公司基層員工及其家眷。電影《愛琳娜》的導演林靖傑就是在此地長大，因此在電影中也有許多關於戲獅甲工業區（一心路上中石化）的畫面。[159]

與工廠宿舍不同，在中華五路上，五號船渠至正勤橋間，也就是台塑高雄廠的後方，曾有一些平房搭建，這是「拉瓦克部落」[160]。這個部落最早是以屏東三地門、瑪家、泰武鄉的排灣族原住民為主，形成時間是一九五三年，一位在復興木業工作的林姓排灣族工人搬離宿舍區，至廠區外一路之隔的空地搭屋，後來許多同樣為復興木業工作之排灣族人，甚至是其他各族、閩南、外省族群者也居住於此，形成一個聚落，由於居住在運河邊，所以用排灣族語取名為「拉瓦克」，也就是靠海的意思。[161]

一九五四年，該部落取得門牌號碼「中山三路四十一號之一」[162]。而隔著運河（今天的中華五路）是眷村居住的地區（今日的君毅、正勤

國宅），兩岸中間以小鐵橋相連，也是眷村子弟去獅甲讀書的必經之地，因為在橋上談戀愛的青年男女很多，居民都戲稱那是「情人橋」。

一九五七年台塑建廠後，居民只能搬遷到台塑牆邊繼續生活，南亞塑膠公司成立後，隨著煙會飄下白的東西，居民後來才知道這是塑膠顆粒。[163] 也有居民是潛水至五號船渠中打撈台塑排放廢水中還可堪使用的「下腳料」，回賣給台塑。可知其居住環境之惡劣，尤其在復興木業衰微後，五號船渠就成為戲獅甲地區工廠排放廢水的匯流處，臭氣沖天。[164]

「拉瓦克部落」極盛時期在一九九七年，多達約一百二十人居住於此。一九九七年，高雄市政府將凱旋路至復興路的五號船渠加蓋，即為現在的中華五路，後又於二〇〇三年一月，於中山三路及光華路口設置截流站，並在聚落前道路（中華五路）下方埋設汙水幹管。這些工程讓當時的「多功能經貿園區」更加完善，但「拉瓦克部落」卻面臨巨大衝擊，首先是開闢中華五路讓原聚落土地內縮，截流汙水整治工程要讓附近工廠廢水不能排入五號船渠，但也同樣使得「拉瓦克部落」積水無法排出，逢雨必淹。一九九七年，高雄市政府提出一個方案，將拉瓦克居民安置於小港區的娜麓灣國宅，但需每月繳交三千五百元月租，且安置期僅六年，因此僅有五戶入住，且在六年後，紛紛搬回「拉瓦克部落」。[165]

右圖 3-44 位在一心路旁的中石化（原中台化工），電影愛琳娜亦曾在此取景。

資料來源：何彥廷攝

由於「拉瓦克部落」土地屬於高雄市政府所有，在多功能經貿園區加速啟動下，該處被劃為「特貿四」卻是由聚落居民做為住家使用的特殊情形也引發關注。市府從一九九七年開始，在二〇〇三、二〇一三數度要求居民搬離，最終於二〇一八年四月二日進行拆遷工作。[166]

各廠眷屬除了居住外，最迫切需要解決就是小孩的讀書問題。戲獅甲區域內幾間學校都與附近工廠子弟有關，鄰近的獅甲、復興、愛群國小都是為此而成立。

設立最早為獅甲國校，當時稱為高雄市「前鎮分校」，校址位於今中山四路的聯勤宿舍內。一九四八年九月二十三日由鋁廠、鋼廠、肥料廠籌組建校協進會，與高雄市政府訂立合約：教職員工薪津由市府支付，校舍建築由協進會負責，並推舉許自強先生為首任校長，校名即定為「高雄市獅甲國民學校」。校舍完成後即遷於現址，當時僅有學生一百卅餘人。一九四九年兵工廠遷臺後，該廠眷舍建於本校學區內，學童激增，兵工廠亦加入協進會，並由兵工廠支援建教室，及鐵皮活動房屋等，又商借鋁廠公誠三村內宿舍一棟，設立「復興分校」，另設幼稚班於西甲廟內。[167]

上述可知，繼獅甲國校後成立的是復興國校，成立於一九四九年

圖 3-45 位在中華五路上的拉瓦克部落

資料來源：徐乙仁攝

十一月，借用聯勤的公誠三村（約今日 IKEA）上課，當時為獅甲國校分班。後於一九六六年，台鋁擴廠時，原來校舍被拆除，台鋁還在旁興建五間教室，讓學童可以順利上課，學校於一九六八年八月一日改名為復興國小，但因台鋁又要持續擴廠，經協調於一九六九年十二月達成協議，遷至今日民權路上校址，[168]反而不在原來的復興路。

此區域第三間成立的是愛群國校。該校與復興國小相同，源自於獅甲國校。一九五七年九月由獅甲國校劃出部分學區，成立「愛群國民學校」，並借用獅甲國校教室四間上課。當年十月十一日遷至現在的校址，亦即原來的文二二預定地。[169]但愛群國校人數擴張迅速，原有校地不敷使用，遂於一九六一年三月十日以五〇高市府建土字一五四六一號呈請擴張愛群國校預定地，後內政部於當年七月二十一日第二十八次都委會通過，[170]從圖可見，愛群國小幾乎擴張了一倍，校園圍牆到達復興路。而從班級數來看，從創校（一九五七年）至一九六九

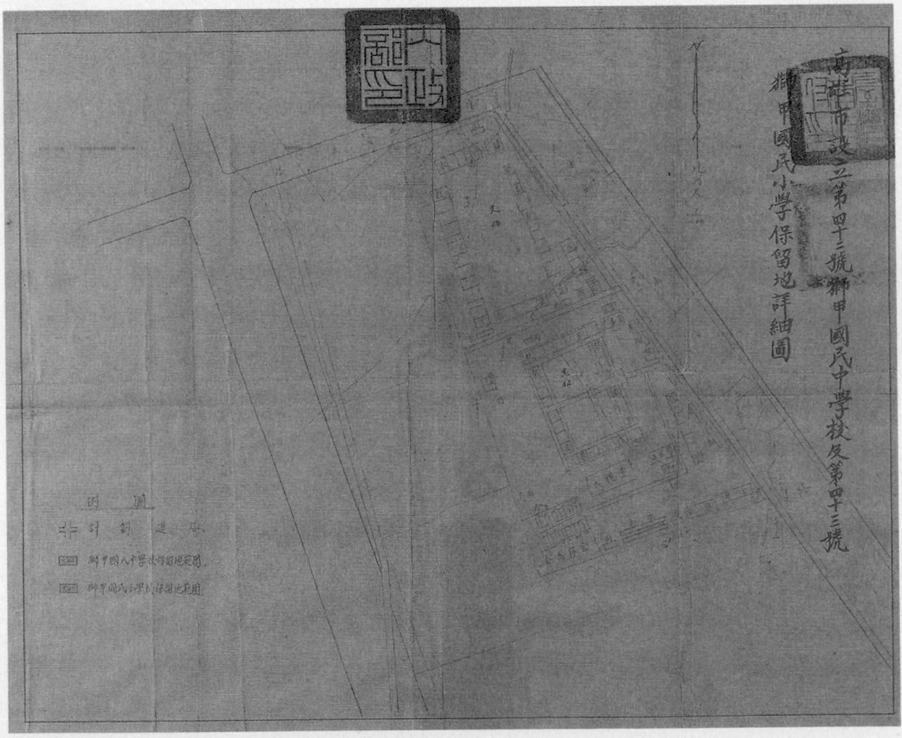

圖 3-46 文 42 為獅甲國民中學，文 43 為獅甲國民小學。

資料來源：高雄市政府，〈1969 年 12 月 30 日高市府建土字第 50310 號函公告高雄市設立第四十二號獅甲國民中學及第四十三號獅甲國民小學保留地案計畫圖〉。

年，班級數已達到五十四班，[171]也可見其附近居民的快速增加。由於此次取消的道路並非重要幹道，也順利通過。

獅甲、復興、愛群國小目前都還在持續運作，另一所台機代用國校則已經停止運作，台機代用國校位於今日南區職訓中心，該校人數不多，一個年級僅有一班，升學率非常好，但在實施九年義務教育後就停止招生。[172]

國小學童畢業後要繼續升學，因此在一九五一年，由戲獅甲各廠發起成立私立獅甲初級中學，並由硫酸錏廠廠長黃朝輝擔任董事長，各廠廠長及地方人士擔任董事，希望市府能撥用土地，[173]後學校成立為「高雄市立二中西甲分校」，一九五四年獨立成為「高雄市立第三初級中學」，一九六八年改名為「高雄市立獅甲國民中學」。

戲獅甲另一個較特殊學校為一九九〇年成立之高雄市立成功啟智學校，原於成功國小上課，後在台鋁貨櫃廠廢棄後，經都市計畫變更為學校用地，方於一九九七年搬遷至戲獅甲。[174]

四、西甲市場與中山市場（高市第一間民營市場）

除了宿舍與學校，與一般居民生活最密切當屬市場。戲獅甲此地最

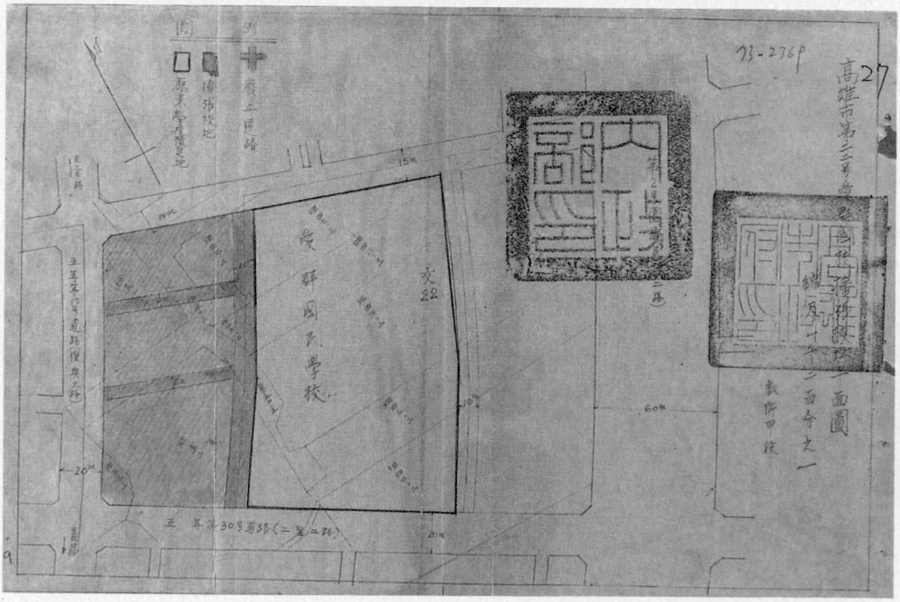

主要市場為西甲市場，官方正式名稱「高雄市前鎮區第一公有零售市場」，其成立原因是一九五〇年政府遷臺後，市政府為輔導大陸來臺人士及退伍軍人謀生，准許其在戲獅甲地區荒地上興建簡陋市場維生，其地點就在今日中華五路、復興路交叉口的中華四路預定地上。一九五一年底，市府派員進入市場管理，並向一百七十八間攤商徵收稅捐租金，名正言順成為市府轄下之公有市場。

由於附近工廠逐步興建，人口也增加不少，西甲市場生意相當興隆。於是在復興路、中山路口，有民營業者興建「中山商場」，原以販售百貨用品的商場使用。但一九六三年底，其貼出「西甲新建市場聯絡處」，內部攤位也自行變更成為經營魚肉、蔬菜的設施，這引起西甲市場攤商不滿，認為西甲市場已經年久失修，許多設施都需整建，市府不僅不理睬，還准許民間在距離不到三百公尺處興建第二間市場，相當不合理，因此展開一連串的請願，希望市府能阻止「中山商場」變更為市場，同時「改建」西甲市場。[175] 但這些請願行動碰到市府的軟釘子，攤販在一九六四年一月十六日，前往市府向市長陳啟川請願時，陳啟川都表示「愛莫能助」。[176]

市府認為西甲市場位於中華四路上，與開發中華四路有所抵觸，在都市計畫未能修改前，西甲市場不能「修建」，僅能「遷建」。並在一九六四年十月六日表示，將核准中山商場改建為市場，也希望西甲

右圖 3-47 隨著就學人數增加，愛群國民學校便開始擴張校地。

資料來源：高雄市政府，〈1961 年 9 月 7 日高市府建土字第 50310 號函公告高雄市第 22 號愛群國校擴張校址案計畫圖〉。

市場攤商能夠搬遷到中山商場。[177]

此舉不僅引發西甲市場攤商強烈不滿，也引發議會的熱烈討論。有一派認為中華四路未能開通的主要原因是唐榮鐵工廠也位於道路用地上，除非唐榮鐵工廠能夠遷走，否則西甲市場的「遷建」毫無意義，「修建」即可。不論是西甲市場的「拆建」或「遷建」，或是中山商場改建為市場的贊成與否，都在市議會分成兩派爭論。[178]

一九六五年四月，市府宣布中山商場可改建為民營中山市場，立即引起西甲市場攤商反彈及陳情。[179] 七月九日市府宣布，在中華四路未開闢前，西甲市場各攤位可就原狀「修建」。[180] 在各退一步下，西甲攤商也就接受，一九六六年三月二十九日，高雄市第一處民營的中山市場正式開幕，由當時擔任高雄市議會議長的王玉雲剪綵。這兩個市場也就同時並存經營，西甲市場直到一九九七年因開闢中華五路而拆除，[181] 而中山市場目前仍存在，為當地居民日常採買的主要地點。

小結：戲獅甲的黃金時期

一九五〇—一九七〇年間可說是戲獅甲的全盛時期。公營的台機、台鋁、硫酸錏都交出不錯的成績單。民營的台塑、復興木業，也都帶

圖 3-48 1997 年拆除前橫亘於中華路上的西甲市場，從 1950 年起就是當地居民採買的主要場域。

資料來源：翻攝自巫慶珠，《寧靜的革命》（高市：高雄市政府新聞處，1998），頁 67。

動了塑膠及合板產業，前者更催生出日後臺灣石化產業。儘管也有像唐榮如此需要重整，或如高雄食品廠虧損連連，但整體而言，戲獅甲在機械工業、肥料工業、化學工業、木材加工業等都成為臺灣工業最重要的領頭羊，也帶領臺灣從農業社會跨入工業社會。

也因此，在一九六〇年，高雄市向中央申請變更都市計畫，首次設立工、商業專用區。其工業專用區的範圍有二：一是戲獅甲地區、二是高雄川（愛河）以北、縱貫鐵路以東至中華一路，也就是今日美術館園區的區域（見圖），該案於一九五九年十二月五日的高雄市都市計畫委員會通過。後一九六二年內政部第三十二次委員會決議：「都市計畫法無專用區之名詞，本案應准設定為工業區及商業區」。[182] 戲獅甲也明確定位為工業區。

雖然戲獅甲工業區已「正名」，但也進入飽和狀態，需要向外發展，硫酸錏廠一九五四年積極爭取附近地區就是明顯徵兆，但在市府堅持依照原都市計畫發展下，戲獅甲周遭陸續興建住宅。也迫使政府在配合高雄港的十二年擴建計畫，開闢中島商港區後，向南延伸出臨海工業區，也讓新計畫的工廠向南遷徙，如唐榮鐵工廠收歸省營後，就積極搬遷至臨海工業區，此在本期最後階段（一九六五年後）已逐步發展，此部分將在下一章完整敘述。

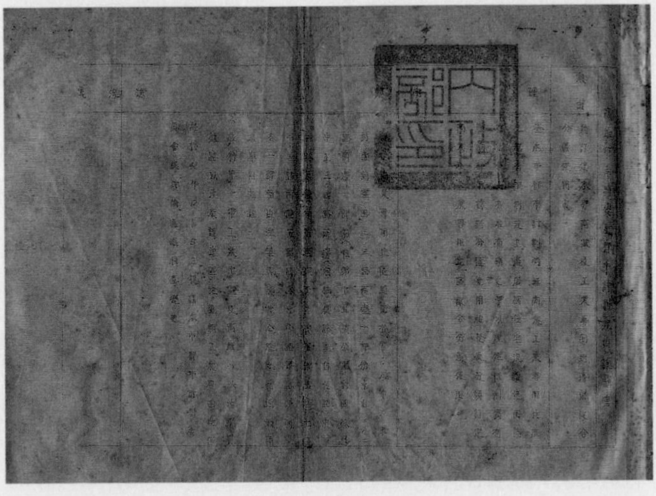

圖 3-49 高雄市訂定商業及工業專用地區

資料來源：高雄市政府，〈1963 年 2 月 13 日高市府建土字第 9889 號函公告本市設立工業地區案〉。

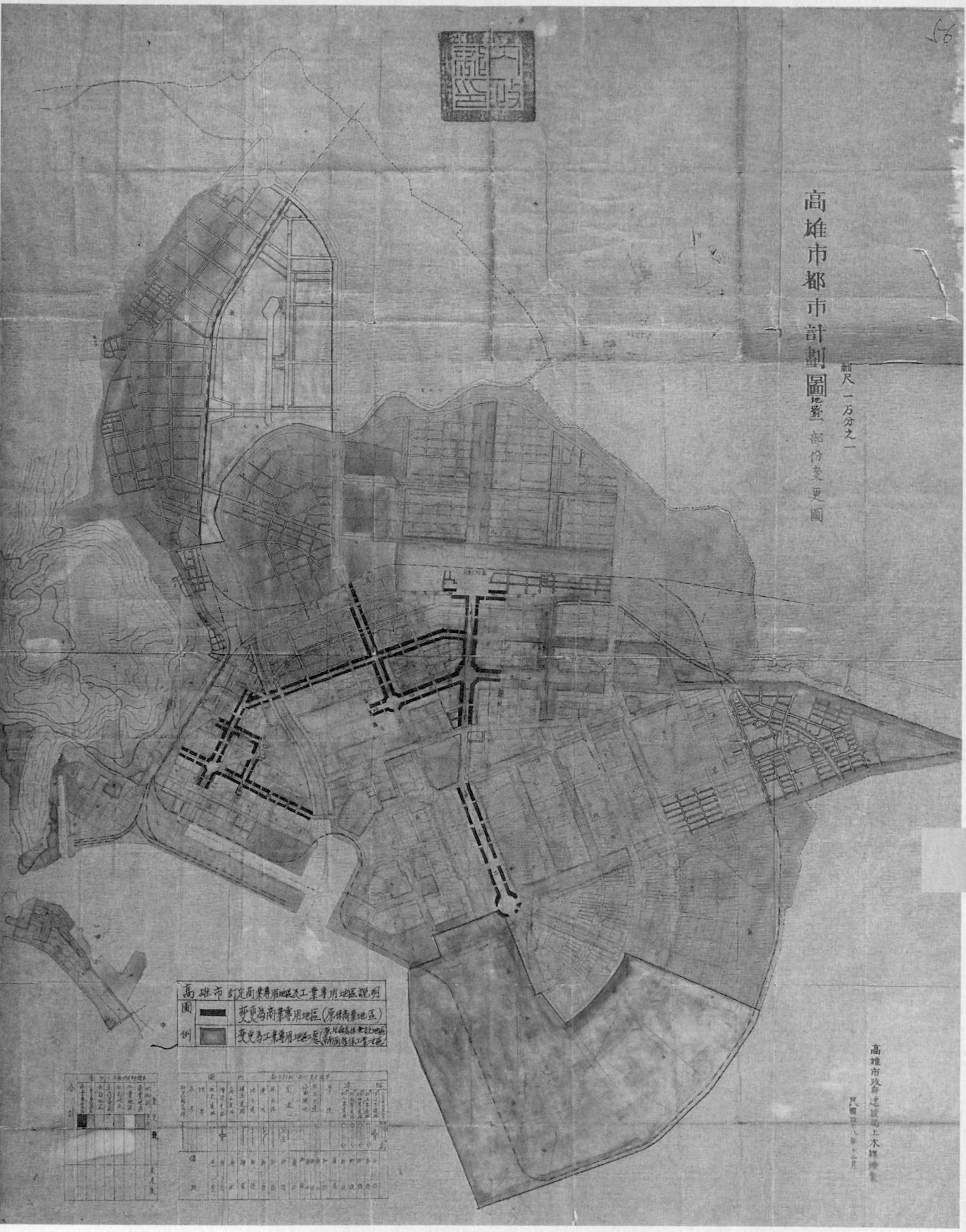

圖 3-50 1963 年開始高雄市明確劃分商業及工業專用地區

說明：紅色為商業區，紫色為工業區。
資料來源：高雄市政府，〈1963 年 2 月 13 日高市府建土字第 9889 號函公告本市設立工業地區案計畫圖〉。

戲獅甲此時期的成績，反映出在美援與計畫經濟雙重因素下，臺灣的經濟由農業轉向工業的過程，從一開始，戲獅甲以硫酸錏、農化廠與農業相關者為主軸，到後期的台機、台鋁，乃至於蓄勢待發的塑膠及石化產業，可看出轉變，也從一九六三年起，臺灣工業產值比例開始超過了農業產值比例獲得例證。[183]

但在戲獅甲風光的背後，其實有著隱憂。因為戲獅甲工業的發展，有賴於美援對公營事業及計畫經濟對工業的大力援助，而非市場運作下的自然產物，這也使得戲獅甲內公營工廠遭遇問題時，政府均以體質較好的公營事業救援，如虧損的臺灣鋼廠、農化廠、食品廠，分別由台機、台糖跟台肥接手，畢竟虧損的公司民間較無意願，「公公併」仍是政府眼下的最佳手段，但就算是公公併，仍因管轄單位不一，如省府與國防部對於硫酸錏與二六兵工廠問題無法取得共識，因此無法解決公營企業遭遇的問題，這也使得公營企業問題逐步擴大，導致下一階段要改尋不同形式的「民營化」做為藥方。

而此時期的「民營化」，從戲獅甲的例子也看到，還是需要政商實力的配合，能落腳在戲獅甲的業者，通常會是與政府關係良好的外省籍商人，而且就算打開民營化的門，但政府在整體產業發展上，仍是以政府掌控為主，如塑膠產業在民間努力有成後，政府開始考慮石化工業的發展，但並非放手給予已有成果的民間主導，反而政府是開始

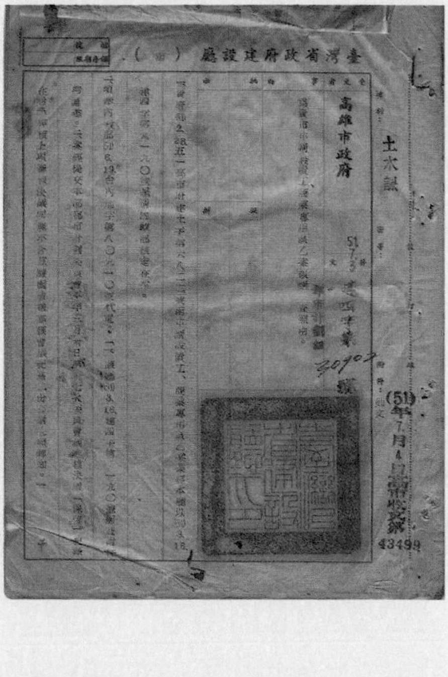

圖 3-51 臺灣省政府建設廳函覆高雄市政府同意設置商業及工業專用地區並核定在案

資料來源：高雄市政府，〈1963 年 2 月 13 日高市府建土字第 9889 號函公告本市設立工業地區案〉。

表 3-2 戲獅甲工業區各工廠變遷表（1951-1970）

單位名稱	原單位名稱	經營項目	經營者	備註
臺灣鋁業股份有限公司	臺灣鋁廠	鋁業相關	公營	
臺灣碱業有限公司	臺灣碱業有限公司	金屬鎂	公營	第一廠
	臺灣碱業有限公司	工業鹽、燒碱	公營	第四廠
臺灣機械公司船舶廠	臺灣機械有限公司	船舶修造	公營	1954 年更名
臺灣機械公司鋼品廠	臺灣鋼廠	鋼鐵、馬口鐵	公營	1958 年由台機接收
台糖高雄農化廠	臺灣農業化工廠	DDT、沙拉油	公營	1956 年由台糖接收
臺灣肥料公司第三廠	臺灣肥料公司高雄工廠	化學肥料	公營	
	臺灣農林公司畜產分公司高雄食品廠	畜牧業、肉罐頭	省營	1966.3.30 日售予臺肥
唐榮鐵工廠	唐榮鐵工廠	鋼鐵	省營	1962 年收歸省
高雄硫酸錏股份有限公司	高雄硫酸錏廠	化學肥料	省營	兩者共用同區域
26 兵工廠	26 兵工廠	化學相關	軍方	
60 兵工廠	60 兵工廠	槍枝彈藥	軍方	
大華耐火磚	臺灣窯業有限公司	耐火磚	民營	1955 年標售
開南木業		木材業 / 新設	民營	
復興木業		木材業	民營	
臺灣塑膠公司		塑膠業 / 新設	民營	
南亞塑膠公司		塑膠業 / 新設	民營	
國泰化工		化學業 / 新設	民營	
中聯化工廠		化學業 / 新設	民營	
中大化工廠		化學業 / 新設	民營	
祥泰鋼鐵		鋼鐵業 / 新設	民營	

製表：王御風

積極佈局，如台碱的百分之百由中油持股，就可看出後來石化上游由中油主導，以及成立中石化、中台化工等參與石化產業的端倪，這也影響接下來戲獅甲的發展。

右頁表及下圖為此時期各工廠的演變情形，可清楚看到戲獅甲各工廠的轉變。

下圖可清楚看到，一九七〇年的戲獅甲工業區，成功路及中山路兩側，除了部分眷舍外，均已開發完畢，而工業區外圍的道路，如一心路、民權路，也隨著高雄市的發展而逐步興築完畢，以往僅有空地或

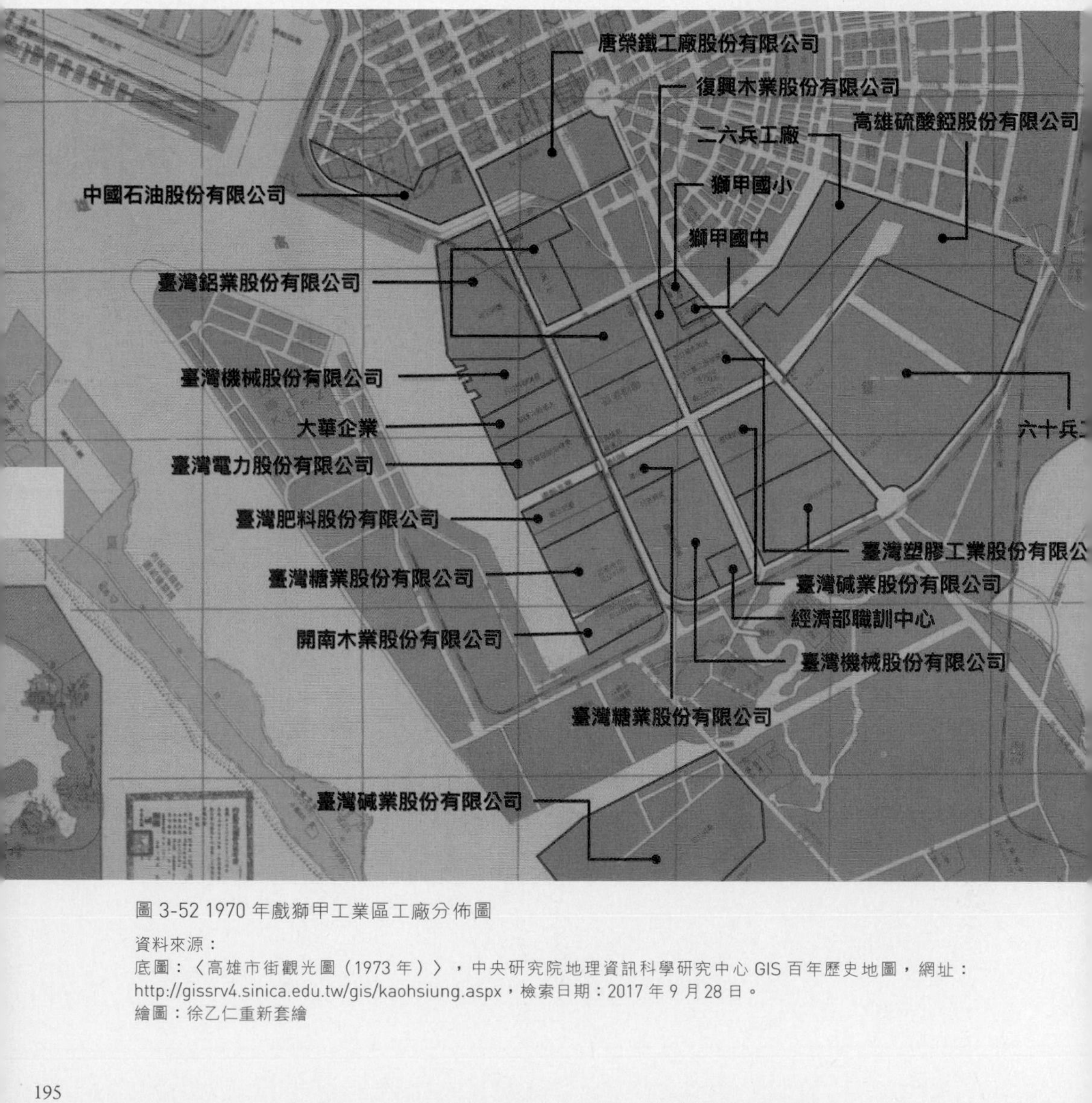

圖 3-52 1970 年戲獅甲工業區工廠分佈圖

資料來源：
底圖：〈高雄市街觀光圖（1973 年）〉，中央研究院地理資訊科學研究中心 GIS 百年歷史地圖，網址：http://gissrv4.sinica.edu.tw/gis/kaohsiung.aspx，檢索日期：2017 年 9 月 28 日。
繪圖：徐乙仁重新套繪

工廠的畫面已不再，工業區與住宅區的緊密結合，也為後續的發展埋下許多變數。

第四章

從戲獅甲出發：臺灣工業轉型及戲獅甲衰微

4

1970-1990

台灣機械公司船舶廠

臺灣機械公司船舶廠，是台機公司位於戲獅甲的造船廠，為戰後初期臺灣重要的造船工廠。（繪圖：林立偉）

美援時期，臺灣經濟從農業逐步轉變為工業，在此過程中，原本就是臺灣最重要的工業區：戲獅甲工業區更加速成長，不僅公營事業逐漸茁壯，許多民營事業也在此獲得發展。

戲獅甲發展與高雄港密不可分，最初就是日治時期高雄築港計畫下的產物，戰後也延續擴港，最重要是一九五八年開始的十二年擴建計畫，鄰近戲獅甲的沙洲填築成為中島商港區，隨後並於一九六六年在此成立了第一個加工出口區、一九六九年建立第一座貨櫃碼頭，兩者聯手之下，讓臺灣當初推動的「出口導向」政策蓬勃發展，奠定臺灣「經濟奇蹟」基礎。

但加工出口區生產多半是輕型及代工工業，政府在一九七〇年代有意升級重工業及石化工業，兩大工業原都以戲獅甲為基地，政府以此為基礎並進而轉至高雄其他地區發展：一是以高雄港新填築的臨海工業區為主，由中船、中鋼、台機為鐵三角，試圖結合造船、鋼鐵、重型機械，發展重工業。

另一條路線則是由位於後勁的中油高雄廠為中心，逐步擴張到林園的石化工業廊帶。結合石化產業的上游：中油高雄廠內的第一及第二座輕油裂解廠（一輕、二輕），以及中油林園廠的第三、四座輕油裂解廠，加上周遭仁武、仁大工業區及林園工業區的中下游廠商，形成兩個石化產業聚落。林園的石化聚落更自臨海工業區延伸，可說是高雄港擴建所形成的工業帶。

這兩條路線後來的結果大不相同，中船與台機在一九八〇年代的大幅虧損，使得臨海工業區要帶動臺灣經濟轉型的任務失敗，也掀起公營事業民營化的風潮。以後勁為中心的石化園區倒是有不錯的成績，配合周遭的仁武、仁大工業區，形成臺灣石化工業的重鎮。但戲獅甲本身的石化產業卻面臨挑戰，公營事業轉型投資者，如中台化工等均虧損嚴重，最後也只能一一關門。

但不論臨海工業區，或是後勁、林園的石化聚落，都遠離了戲獅甲。使得一九七〇及一九八〇年代的戲獅甲工廠，不管是轉型失敗而虧損（如台機、中台化工）、或是重心轉移（如台塑），都使得戲獅甲風光不再，面臨下一步的轉型。

功敗垂成的重工業升級：臨海工業區與台機

高雄港與高雄產業發展息息相關，在一九七〇年代，隨著高雄港十二年擴建計畫的完工，高雄港不僅多了中島商港區，整體使用面積更向南延伸。一九六〇年代後期在中島商港區上陸續成立加工出口區

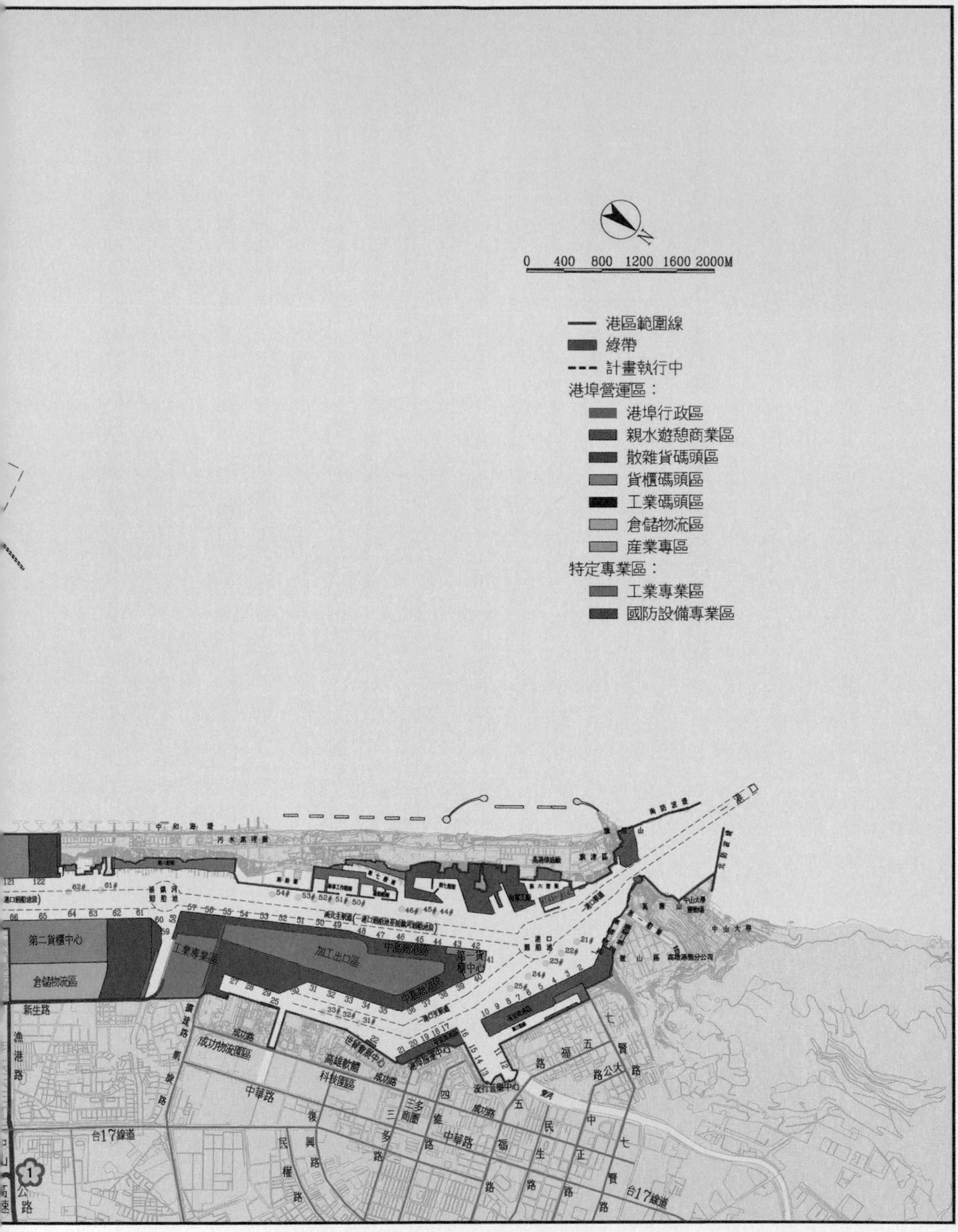

圖 4-1 高雄港發展現況

資料來源：〈高雄港現況發展圖（2014 年）〉，臺灣港務股份有限公司，網址：http://kh.twport.com.tw/chinese/cp.aspx?n=117813148B91AD20，檢索日期：2017 年 8 月 3 日。

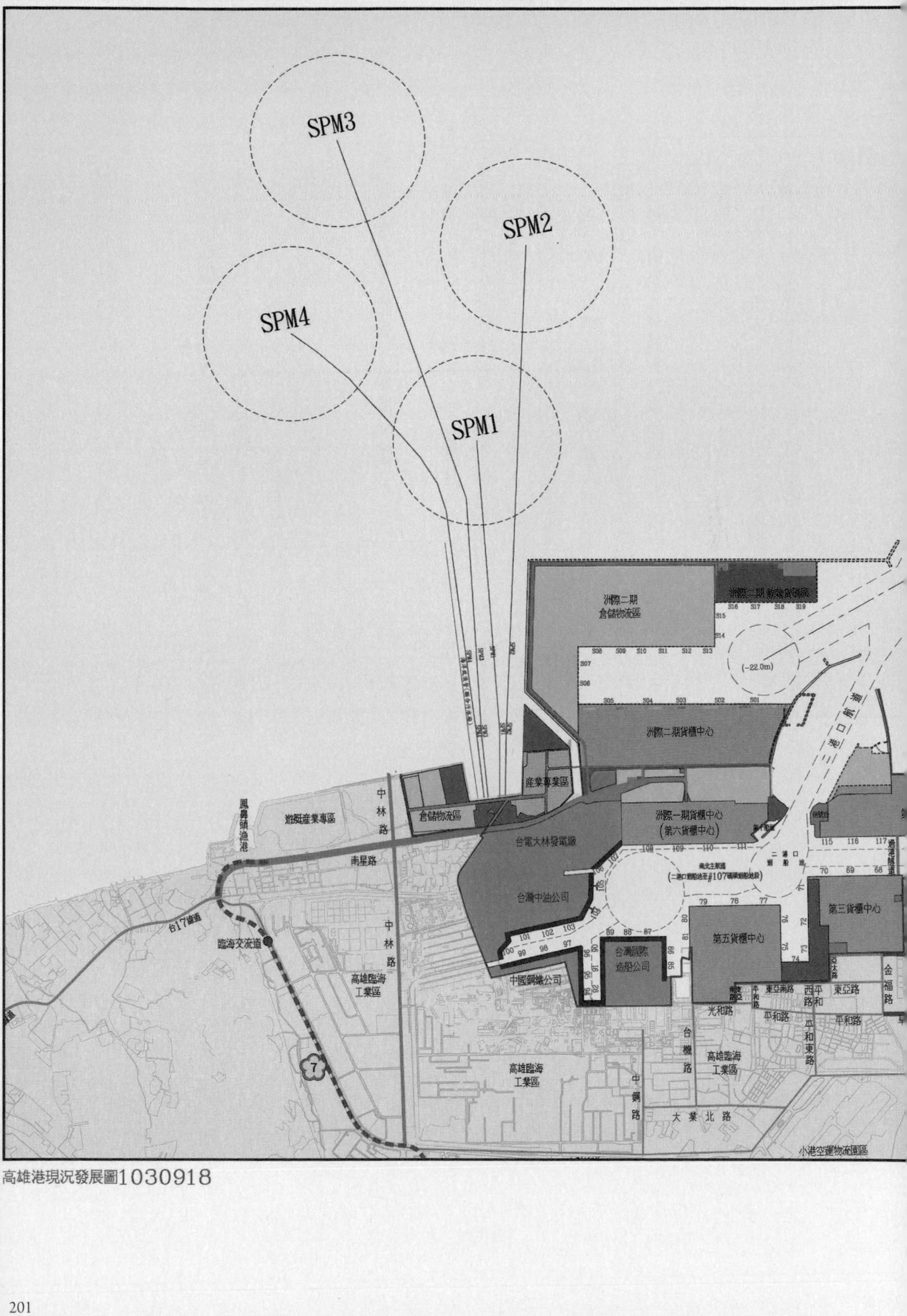

高雄港現況發展圖1030918

及第一貨櫃中心，後來也成為高雄的發展重心。

除此之外，政府也利用高雄港向南的擴建，配合周邊土地，規劃臨海工業區，成為戲獅甲工業區的延伸，重心為「十大建設」中的中船、中鋼，以及原有的台機，希望能將戲獅甲工業區原有的機械工業升級，成為製造車、船、鋼鐵的重型工業。本章則以台機的發展為例，來觀察此一構想為何失敗。

一、高雄港擴建與臨海工業區的建立

戰後高雄港因戰時轟炸關係，受損嚴重，從一九四五年到一九五五年的十年期間，都在復舊整建，重新修復原有碼頭，讓高雄港重上軌道。到了一九五五年，高雄港開始進行下一階段的建設，這些建設包含六項工程：一、十二年擴建計畫。二、新商港區開發計畫。三、二港口開闢計畫。四、興建貨櫃碼頭計畫。五、穀倉中心計畫。六、過港隧道開闢計畫。[1]這些計畫完成後，不僅讓高雄港回到往日的榮景，甚至更上層樓，成為全球最大的貨櫃港之一。

十二年擴建計畫是從一九五八年九月開始，到一九七〇年九月如期完工，其工程重點為重新規劃高雄港區，及浚深航道、填築土地、建造碼頭與淺水岸壁，並解決原來存在於港區的土地問題。全部工程分為三期實施，第一期五年、第二期三年、第三期四年，共疏浚航道十公里、填築新生地五百三十四公頃，為高雄港帶來大量工業用地，方有新商港的開發、臨海工業區的闢建及加工出口區之創設。[2]

第一期的擴建工程，今日主要可見的成果是中島商港區，中島商港區原是高雄港內的沙洲，因經濟發展太快，碼頭不夠，遂於擴建計畫時將其興建為商港區，共有二十七座碼頭。日治時期總共才設立十七座碼頭，而光是中島商港區就有二十七座碼頭，不僅日後臺灣第一個加工出口區一九六六年設立於此，臺灣第一座貨櫃碼頭也是一九六九年誕生在此，可見其重要性。

其後的第二期及第三期擴建，則陸續填築了前鎮、小港地區的碼頭，這些日後成為貨櫃中心、前鎮漁港及小港地區的中船、中鋼、臨海工業區的用地，也造就今日高雄港的風貌。[3]

二、臨海工業區及十大建設

高雄港在一九六九年設立的第一貨櫃中心，對政府而言是屬於實驗性質，並沒有想到後來高雄港會以貨櫃轉運為主軸。當時政府真正想藉由高雄港擴建帶來的變革，是以重工業為主的臨海工業區及中島區內的加工出口區。

圖 4-2 中島商港區施工情形

資料來源：高雄市立歷史博物館，登錄號：KH2002.008.078。

臨海工業區原稱為南部工業區，其土地為高雄港二期擴建之五百八十二公頃新生地，政府計畫在此土地上設置六十萬瓦火力發電廠、一貫作業大鋼場、現代化造船廠，也就是後來的中船與中鋼。

臨海工業區開發甚早，第一期一百四十九公頃（高雄市前鎮區建基街、建南街、國華街一帶）早在一九六三年就由高雄港務局開發。第二期二百零八公頃（高雄市前鎮區新生路、實業路、金福路一帶）則是在一九六八年，由臺灣省政府建設廳及臺灣銀行共同開發。第三期一百一十六公頃（高雄市小港區東亞路、同利路、平和路一帶），則是一九七二年由中華工程公司開發。第四期包含中船、中鋼的主要工業區（高雄市小港區沿海四路以東、小港路以南、世全路北林路以西、沿海三路以北），則是一九七一年同樣由中華工程公司開發。[4]

從地圖上來看，就可發現沿海工業區是在高雄港擴建後，沿著戲獅甲工業區繼續發展的新工業區，這也是一九七〇年代後十大建設的主軸之一。

十大建設原為「九大建設」，是當時行政院長蔣經國於

一九七三年十一月，在國民黨第十屆四中全會中所宣布，為政府在未來五年將推動的主要建設，分別是：大煉鋼廠、大造船廠、石油化學工業、南北高速公路、台中港、蘇澳港、鐵路電氣化、北迴鐵路及桃園國際機場，後來再加上「核能電廠」，變成十大建設。其中大煉鋼廠、大造船廠的計畫甚至從一九六〇年代就開始規劃，[5]這也是臨海工業區的主軸，還將原來在戲獅甲的台機總公司搬遷至臨海工業區，並以軍需工業的模式發展造船、鋼鐵、重型機械，也等於是一九三〇年代日本政府打造戲獅甲工業區的翻版，只可惜最後功敗垂成。

三、台機的南遷及蛻變（台機、中船、中鋼）

政府在臨海工業區的三主力：台機、中船、中鋼，延續戲獅甲工業區而來的是台機，其發展也最能看出政府規劃臨海工業區的思維：以軍事工業帶動重工業發展。

一九七〇年代，美國對臺政策逐步改變，從一九六五年美援的終止、一九七一年退出聯合國、一九七九年與美國斷交，美軍也就撤離臺灣。在此過程中，不論是基於國家安全或是產業升級，逐漸接班的蔣經國都有感於國防工業的重要性，開始發展軍重工業，身為臺灣最主要的機械大廠，台機在此過程中也扮演重要角色。由其人事就可清楚看到，在一九七一年以前，台機的董事長及總經理都是機械本科工程師出

右圖 4-3 臨海工業區範圍示意圖

資料來源：〈高雄市都市計畫參考圖（1994年）〉，中央研究院地理資訊科學研究中心 GIS 百年歷史地圖，網址：http://gissrv4.sinica.edu.tw/gis/kaohsiung.aspx，檢索日期：2017 年 8 月 3 日。

身，從一九七一年後的將近二十年，幾乎都是由軍方將官轉任。[6]

台機在一九七〇年代的改變，主要是配合國家政策，轉進臨海工業區，分成兩大發展項目：一是新成立中興合金鋼廠，發展重型車輛。二是配合十大建設中的重點項目：中國造船公司（以下簡稱中船）與中國鋼鐵公司（以下簡稱中鋼），將總公司遷至上述兩公司附近，希望藉由台機的引擎、中鋼的鋼板，合力打造中船的大型船舶。可惜的是，這兩大目標均未達陣，也種下台機關廠的因子。

（一）台機與國防工業：中興合金鋼廠及重車廠

中興合金鋼廠最早與已遷至臨海工業區的唐榮公司有關，原稱為「唐榮公司中興合金鋼廠」，當時國防部長蔣經國想要發展槍管、砲彈頭用鋼及砲管管件，不希望讓美國等其他國家知悉，因此不由聯勤系統的兵工廠製作，改由唐榮以公司型態成立「中興合金鋼廠」，廠址位於臨海工業區的鎮港路七號，於一九七二年完工啟用。

合金鋼廠初期設立煉鋼、鍛造、熱處理、機械加工四工廠及實驗室等五部分，並與日本三菱株式會社簽訂十年技術協助合約。其中鍛造工廠及熱處理工廠均為全臺最大，到了一九七五年再投資十三億元，興建軋鋼工廠、冷精加工及表面處理廠，其中軋鋼工廠與西德克魯伯

（Krupp）公司技術合作，到了一九七八年，政府希望能將此合金鋼廠併入台機、台船、中鋼的發展系統中，於是由台機加以接手，並於一九八〇年與美國康薩克（Consarc）公司及法國赫堤（Heurtey）公司訂購電渣重熔設備及真空精煉爐。

合金鋼廠是為國防而設立，但國防部訂單並不多，使得其併入台機後就虧損不斷，中途也曾請中鋼評估是否接手，但中鋼認為成本過高不願冒險，後來在改造上也無法成功，一九八九年行政院一度試圖關閉，但因員工反彈而作罷。[7]

除了合金鋼廠，台機此時涉入另一個與國防工業相關的工廠是「重車廠」。源起於蔣經國在一九六六年擔任國防部長時與美方簽訂的「中美軍車更新合作協議」，當年聯勤就成立「軍車廠」。一九七六年，蔣經國已升任行政院長，更指示國防部發展重型車輛及柴油引擎，國防部遂與經濟部合組「促進柴油引擎應用專案小組」，為了讓此計畫能夠方便與國外民間公司合作，國防部致函經濟部，希望能夠由民營公司執行，遂決定以聯勤二〇一軍車製造廠為基礎，由台機來負責，該廠區位於今日信義計畫區松仁路中油大樓附近，由政府收回軍事製造廠，以對台機公司增資方式移轉，並於一九七八年七月一日交接，改名為「台機公司重型車輛製造廠」。

一九七八年台機重車廠自行設計並製造成功，同年開始與美國三大車廠之一的克萊斯勒公司（Chrysler）洽商合作，但因合約細節雙方存在歧異，於一九七九年八月終止合作。台機改與通用汽車公司（General Motors）洽談，一九八〇年三月達成協議，並於一九八一年五月合組「華同汽車股份有限公司」（Huatung Automotive Corporation），中壢廠也於一九八一年底動土興建，後來主要的製造都在中壢廠，但一九八二年，華同公司所生產的重車嚴重滯銷，通用汽車公司也隨之撤資。

在此情形下，民營的「和泰汽車」結合日野自動車，提出投資計畫，並於一九八四年成立「國瑞汽車」接手華同汽車，但已不再生產重車，改生產小汽車，臺灣自製重車及車用柴油引擎的夢想，也在此破碎。[8]

（二）臨海工業區的主力：台機、中船與中鋼

一九七〇年代的十大建設，其中工業的升級主力放在臨海工業區的中船、中鋼與台機，希望此三者形成帶動臺灣重工業發展的產業聚落，中鋼的鋼板可供中船及台機打造船體及車體等，也希望台機能發展大型船用柴油主機，供中船使用，攜手讓臺灣的工業技術升級。

這三者以中船為主力，一九七四年一月，中船公司開始建廠，廠區

共約八十三公頃，其中包括百萬噸級船塢、船體工廠、艤裝工廠、管子工廠、電子及鍍鋅工廠、油漆工廠、機裝組合工廠、鋼料貯存廠、碼頭、公用設施、行政大樓、訓練中心、宿舍。其中最重要的是一百萬噸級船塢的興建，是當時全世界第二大的造船塢，原本不打算開放日本廠商參與，但後來因歐美廠商圍標，最後經行政院長蔣經國特許，由出價最低的日商鹿島建設得標。[9]建廠工程原預定一九七七年竣工，[10]結果在一九七六年六月一日，提前半年完工，[11]成為「十大建設」中最早完工的工程，也獲得當時輿論的讚揚。

中船（中鋼路三號）隔壁的中國鋼鐵公司（中鋼路一號），在一九六八年就成立籌備處，一九七七年才完工。

為了配合中船與中鋼陸續完工，台機也將其總公司由公園路遷移至台機路三號，與中鋼及中船比鄰而居。新廠房由中興工程顧問公司設計與承包施工，自一九七七年二月一日開始興建，包括新設立的「重型機械製造廠」、為供應中船大型船用柴油主機的「原動機廠」，以及原來位於公園路的「鑄造廠」，加上總公司的辦公大樓、綜合大樓及倉庫，在一九七八年九月正式啟用。[12]

一九八〇年，台機及其相關公司在此時共有七個工廠，分別是位於臨海工業區總公司的重型機械製造廠（重機廠）、原動機廠、鑄造廠，

右圖 4-4 台機、中船、中鋼分布

資料來源：
底圖：〈Google Maps 衛星圖（2017 年）〉，Google Maps，網址：https://www.google.com.tw/maps，檢索日期：2017 年 8 月 3 日。
繪圖：徐乙仁重新套繪

以及合金鋼廠，還有位於戲獅甲的鋼品廠（原為第二機器廠）、船舶廠（一九七八年合併船舶廠及第一機器廠），以及位於臺北、中壢的重型車輛製造廠（重車廠）。換言之，在高雄共有四個廠區，分別位於戲獅甲及臨海工業區，原來在公園路的廠區，在總公司及鑄造廠搬遷後即廢棄不用，可見台機逐步遷移至臨海工業區，並以國防工業為主。

（三）台機的虧損及衰微

台機在一九七〇年代配合國防工業的擴張，卻是相當失敗，從左頁圖看來，大規模的擴張，讓台機從一九七八年開始虧損，必須要有所因應。

台機的虧損主要是在新擴增的幾個工廠，如合金鋼廠、重機廠、重車廠等。重車製造後來轉由民間車廠接手，使得虧損未進一步擴大，但像合金鋼廠就無法止血。在一九八一年，該廠每月虧損超過八百萬元，台機提出三個方案：一是將合金鋼廠的軋鋼、冷精加工及表面處理暫交中鋼，二是將三間工廠暫時關閉封存，三是將整個合金鋼廠交給中鋼經營。但中鋼評估後予以拒絕，最後行政院指示經濟部關閉合金鋼廠中的軋鋼工廠。[13]

圖 4-5 臺灣機械公司工廠分佈圖，括弧內為現在所有者。

資料來源：
底圖：〈Google Maps 衛星圖（2017年）〉，Google Maps，網址：https://www.google.com.tw/maps，檢索日期：2017 年 8 月 3 日。
繪圖：徐乙仁重新套繪

一九八四年十月十五日，監察院公告通過台機糾正案，表示台機從一九八一年起大幅虧損，轉盈為虧，其中以合金鋼廠虧損最鉅，該廠原為配合國防工業所設，但近年來軍方承訂額極低，已失去原來設立宗旨，如因政策必須維持，應由有關方面編列專款支應，不宜由該公司單獨負擔此一虧損。除此之外，監察院也指出台機其他問題，包括：生產量未達原設廠計畫預定目標、銷售量未達預定計畫、呆廢料之清理及存料之管理欠當、遭受逾期交貨罰款、外包工程浮濫等。[14]

針對監察院的糾正，國營事業委員會特別聘請國內專家及日本石川島播磨重工業株式會社（IHI）來診斷台機。一九八七年則委託中鋼考察台機的問題，隔年二月國營會又組成專案小組進行實地查核，並要求台機提出具體改善方案。在一連串考察後，行政院於一九八九年二月十七日裁示結束合金鋼廠的營運，但引起員工的反彈，最後仍無法關廠，僅於三月二十一日改制為「事業部」方式經營。在這段期間內，台機僅有在一九八六—一九八八三年內有盈餘，而一九八七、一九八八兩年是因為出售位於臺北信義計畫區黃金地段的重機廠土地，方有盈餘。在此情形下，政府認定「民營化」才是拯救台機唯一解方，積極朝向此邁進。[15]

台機在一九七〇年初，是臺灣工業升級，發展國防工業及重工業的不二人選，但在短短二十年，卻成為積弊難返，政府必須出售的燙手

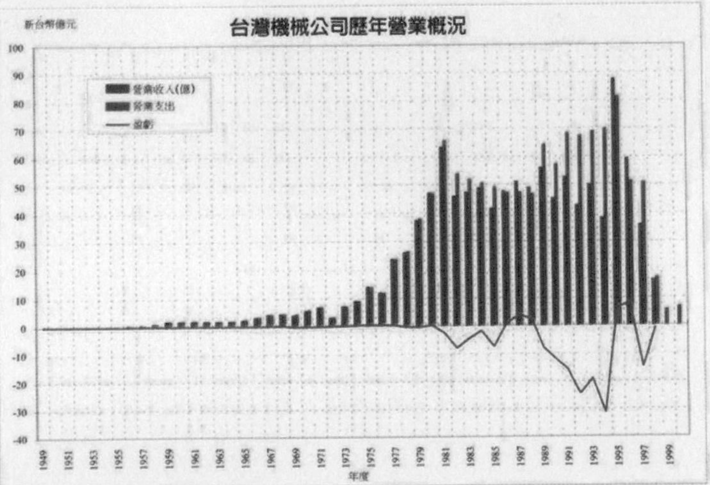

圖 4-6 台機公司歷年營業概況

資料來源：翻攝自陳政宏，《鏗鏘已遠－台機公司獨特的一百年》（臺北：行政院文化建設委員會，2007），頁 166。

山芋。台機的失敗，不僅是單一國營工廠的挫敗，更是政府在一九七〇年代，希望以臨海工業區鐵三角「台機、中鋼、中船」，讓臺灣從輕工業轉型至重工業的夢想破碎。

台機的失敗原因甚多，陳政宏分析有以下幾點：人事成本過高、投資時銀行借貸利息過高、國營事業上制度所受的限制、業務特殊，幾乎都是為業主量身打造，除了馬口鐵，很少有穩定獲利來源、重大投資計畫決策不當等因素。[16]如果與同樣在臨海工業區失敗的中船一同觀察，則可看到軍系在此轉型失敗上所扮演的關鍵角色。

台機從一九七一年開始，董事長都是由軍方將官轉任，以聯勤、兵工系統為主。中船則從建廠開始，就主要以海軍將領出任。軍方將領通常以達成任務為目標，對成本及商業市場較不重視，而台機虧損最大的幾個案子，如合金鋼廠、重車廠都是配合國防政策執行，重機廠則是配合中船，生產船用主機。對軍方而言，只要能將廠房蓋起來、技術沒問題就算完成任務，至於後續的市場運作，他們不瞭解也不在行，因此會看到合金鋼廠沒有客源、船用主機也不受顧客青睞。同樣的情形發生在中船，中船初建時期，貨源穩定，且成功興建臺灣有史以來最大型船隻，但接下來虧損連連，監察院調查後發現中船所興建的船隻，都是在國際市場低價搶標而來，幾乎是「建一艘、賠一艘」，虧損再加上沉重的利息，使得中船與台機，同樣步上衰敗之路，也讓臺灣的工業轉型，就此打住。

四、臨海工業區的夥伴：唐榮、復興木業

除了台機外，轉入臨海工業區的工廠，還有唐榮、復興木業、台鋁，以及位置原本就靠近臨海工業區的台碱前鎮廠，但因台鋁主要廠區在戲獅甲，台碱也在戲獅甲有台碱高雄廠，因此台碱及台鋁在本期的演變，將在本章第三節討論。也由於本書是以戲獅甲區域為主，因此對於唐榮及復興木業在臨海工業區的發展，僅是略為敘述，並不深入探究。

（一）唐榮

唐榮在臨海工業區有兩大主軸，一是從戲獅甲遷入的「中興鋼鐵廠」，其內部還有與軍方合作的「中興合金鋼廠」，前述及該廠後來由台機接收，與唐榮已無關聯，至於「中興鋼鐵廠」則是唐榮本業。

另一則是唐榮全新開發的「不鏽鋼廠」，因當時國內主要使用之不鏽鋼，多來自日本，所以在唐榮成為公營企業後，主要任務就在建設不鏽鋼廠，經過多方考察後，不鏽鋼廠分兩期興建，第一期冷軋計畫，一九七八年開始建廠，一九八三年開始生產。第二期煉鋼計畫，一九八〇年底開始建廠，一九八四年開始生產。隨後又於一九八八年

提出第三期第一階段退火熱處理及酸洗表面處理擴建計畫，一九九二年完工，一九九〇年提出第三期第二階段軋鋼及煉鋼設備擴建計畫。

唐榮公司還沒開始生產不鏽鋼前，臺灣是不鏽鋼的輸入國，因此唐榮不鏽鋼廠初期獲利頗豐，也引起許多鋼鐵廠跟進，尤其是一九九五年燁隆鋼鐵公司加入生產後，國內不鏽鋼產量增加四倍，從供不應求變成供過於求，需要外銷才能免於虧損，但又碰到一九九七年的亞洲金融風暴，海外不鏽鋼需求也跌入谷底，全球不鏽鋼廠均面臨衝擊，唐榮也不例外，從一九九五年度的盈餘三十億，到一九九七年度虧損六億，衝擊相當驚人。[17]也使得唐榮再度成為公營事業中虧損較多的企業。

（二）復興木業

進軍臨海工業區的廠商，雖然以機械、化學工業為多，但在一九六〇年代風光一時的木業，也有復興木業希望能藉由轉戰臨海工業區讓其更上一層樓。

一九七〇年後，受到國外原木價格高漲，且受產地國家保護等因素，使得合板業開始出現虧損，復興木業於是採取兩個策略因應：一是將工廠往臨海工業區遷徙，並研擬新的技術。二是出售原來在戲獅甲地

圖 4-7 位在臨海工業區沿海二路的唐榮公司

資料來源：何彥廷攝

區的土地。

新的工廠從一九七八年就開始進行，[18]是以廢木、雜木為原料的中密度木纖維板工廠（MDF），可不再受到原料國的價格干擾，[19]共投資三億五千萬元興建，[20]但工程一直延誤，直到一九八一年才完工啟用。[21]但這項投資並未如復興木業所預期能夠帶來轉運的效果，而戲獅甲的土地因涉及變更都市計畫，需要將工業區轉變為住宅區，因此從一九七九年申請後，雖然當年年底就由高雄市政府變更為住宅區，但由於尚涉及附近地區的細部計畫及規劃問題，所以延至一九八一年才正式定案，[22]但此時房地產景況不佳，因此乏人問津，遂使得復興木業問題越滾越大。

先是在一九八四年初因財務問題，向交通銀行貸款短期周轉金一千五百萬元，[23]其他債權銀行也願意順延到期貸款一年，[24]但情形無法好轉，甚至經常發生停工狀態。唯一解決方式是賣出戲獅甲土地，並提出自辦重劃，[25]首次在一九八七年四月三十日、十二月三十日兩度公開標售，[26]但因開價過高，無人投標，導致流標，[27]直到一九八八年二月二十七日，以二十億元賣給太平洋建設，[28]並於一九八八年三月五日舉辦自辦土地重劃破土典禮，復興木業的土地重劃為高雄市第四期自辦土地重劃，對於戲獅甲地貌最大的改變是中華五路原本僅抵達復興路，接下來為日治時期所開設的十字運河，而在此次重劃中將運河填平，中華五路得以延伸。[29]新的地主太平洋建設也預計推出三棟超過三十層樓的「獅甲案」，[30]讓大家對此地未來新貌極感興趣。

但沒想到，在前景一片美好下，復興木業與太平洋建設卻因財務糾紛鬧上法院。在完成土地重劃後，兩者均主張「抵費地」為其所有，因此復興木業認為合約無效，於一九九〇年一月提出解約，[31]經過三年的纏訟，最後在一九九二年十一月二十四日達成和解，復興木業公司可取得十五億元的價款，使得財務改善，而太平洋建設可取得一萬一千五百多坪的土地供開發，長期獲利可觀。[32]

在官司結束後，太平洋建設卻遲遲未推出新案，後來則租借給美商好市多（COSTCO）經營量販店，此為好市多在臺灣的第一間分店，也吸引大批人潮，而該地則在二〇〇六年由南山人壽以十・二億向太平洋建設購得。[33]

至於復興木業在臨海工業區的發展也不盡理想，MPF技術並無法挽救走下坡的合板業，其在臨海工業區興建的廠房也在二〇〇七年由中鋼以十七億元買下，作為建置第三條冷軋線用地。[34]

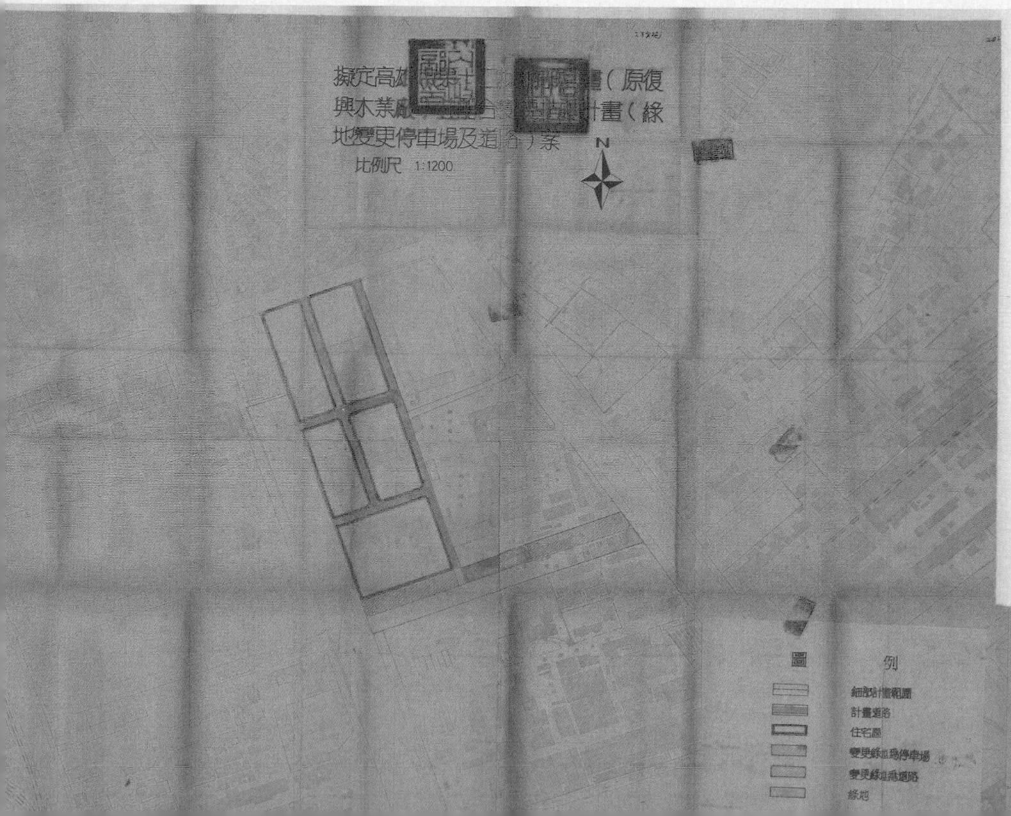

從這些土地的一一販售，也說明了當年風光一時的合板業，已成為臺灣產業的記憶。

石化產業聚落的北遷：戲獅甲石化產業變遷及台塑

一九七〇年代另一個從戲獅甲遷移的產業是石化產業。雖然戲獅甲因台塑的成功，成為臺灣塑膠原料發源地。在一九六〇年代後期，隨著出口導向政策及加工出口區成立，出口工業快速成長，衍生出對石化品的需求，並帶動石化中下游的急速成長，[35]也使得政府注意到此產業發展，希望能夠在一九七〇年代建立起石化產業的聚落，最後建立起以中油、台塑為主軸，在楠梓、仁武、大社及林園兩個石油化學工業聚落。

這兩個聚落的成立，與石化產業上游有關，由於石化產業最上游的輕油裂解廠，政府並不願放手給民間企業，一輕至四輕分別座落於後勁的中油高雄廠及林園的中油林園廠中，中下游廠商為原料取得的便利，遂群聚於政府設置的仁武、大社、林園等工業區。這也是臺灣石化產業相當特殊的一點，與其他國家由上游到下游不同，而是由下游的工廠開始，陸續再向中游、上游發展。

右圖 4-8 原復興木業廠區辦理市地重劃

資料來源：高雄市政府，〈1984 年 6 月 23 日高市府工都字第 15490 號函公告擬定本市第十二批（原復興木業廠）並配合變更主要計畫（綠地變更為停車場及道路）案計畫圖〉。

而戲獅甲工業區，也試圖成為另一個石化產業聚落，由原先幾個相關大廠投資，成立中台化工、臺灣氯乙烯等中游原料廠，但都在經營上失利，加上原來的母廠，如台鹼、硫酸錏也逐步虧損，以及此地沒有石化上游原料，使得石化產業廠商漸漸遠離戲獅甲，改以北高雄為基地。本章將以台塑及戲獅甲各廠的變化為例，說明石化產業的變遷。

一、北高雄石化聚落的建立

雖然從戲獅甲起家的臺灣塑膠公司是石化產業中的民間代表，但臺灣塑膠公司所帶動的是石化產業的中下游，其原料是採用電石法，而非輕油裂解為原料，由於政府希望由中油壟斷上游的原料供應，因此臺灣第一座輕油裂解工廠（一輕）即座落於中油高雄廠中，[36]此後很長的一段時間，政府皆積極介入石化產業的發展。一九七〇年代起，一直維持上游公營的政策，到了一九八〇年代後期開放後，台塑才得以興建六輕。[37]

一輕位於北高雄的中油高雄廠，中油高雄廠為中國石油公司接收「日本海軍第六燃料廠」，接收後開始積極興工修復，前後來臺之器材數量達五千噸，新添器材價值約合三百餘萬美金，在一九四六年底雖大致修復完畢，但還不能運轉，主要是因高雄港疏浚工程遲遲無法完成，萬噸油輪無法靠港以及電力線路無法完成供電所致。[38]因此到

右圖 4-9 原為中油苓雅寮儲運所，現已拆除。

資料來源：林立偉提供

一九四七年七月才開始煉油，[39]逐步修復後，不但產量日增，更成為發展臺灣石油化學工業的龍頭，但在一輕興建後，才正式跨入石化產業。

一輕計畫是由美國國民製酒公司 NDCC（National Distillers and Chemical Corporation）在一九六三年與中油洽談後設立，計畫設立一輕生產乙烯，在臺生產低密度聚乙烯（LDPE），該廠就設在後勁中油高雄廠。[40]石化業的投資金額很高，建廠設備與購買國外技術都花費甚鉅，而且風險也高，比如説一座石化廠的規劃設計需要二年、建造需要三年，[41]然而五年後若是景氣不好，投資的數百億、甚至數千億就可能無法回收。因此早期輕油裂解廠建造之前，會先找好中游廠商承攬原料。[42]一輕時，一九六五年 NDCC 在台獨資成立臺灣聚合化學品公司（簡稱台聚，中游廠商）預計生產 LDPE，一九六六年由美國進出口銀行同意貸款五百萬美金為興建一輕之用。一九六八年五月，一輕完工，兩廠開始一起生產。

一輕的年產量預訂為五．四萬噸乙烯，但實際上，這個廠的生產並不符合經濟規模（現在最小經濟規模是年產量三十萬噸乙烯）。當時台聚是一輕唯一的客戶，而且只用掉五分之三的產量。[43]為了用掉另外五分之二的產量，後來又成立臺灣氯乙烯公司（台氯），生產氯乙烯，用來製作聚氯乙烯 PVC。[44]由於當時塑膠等中下游產業在台塑發展下，已有不錯成績，但其原料並非乙烯，因此民間產業為何不願轉用乙烯，各家有不同說法。[45]

一九七〇年代後，美、日等國的石化廠陸續因公害問題停止擴建，一九七三年下半年，又因石油危機，導致臺灣上游輕油裂解廠因油料緊縮而減產，且下游製程所需的中間原料也進口短缺。[46]一九七一年，由於國內的塑膠和合成纖維等工業迅速發展，亟需烯烴原料，[47]經濟部與中油開始籌劃二輕，一樣建在後勁的高雄煉油廠內，年產乙烯二十三萬噸，約為一輕的四倍。一九七三年，在當時行政院長蔣經國的主導下，二輕納入十大建設，並為中游廠商設立仁大、林園石化工業區，國內石化產業進入快速擴張的時期，逐漸形成完整體系，北高雄遂取代戲獅甲，成為臺灣最主要的石化產業聚落區。

因一輕、二輕的產量無法滿足中下游業者的需求，一九七三年一月，台塑聯合二十幾家石化業者申請民營三輕，當時的經濟部長孫運璿認為輕油裂解與煉油相關，煉油則是國家的重要財源、國防物資，公營是既定政策。再者，基本原料不能被壟斷，政府有責任防止不公平競爭，以免下游中小企業的生存受影響。故而拒絕其申請，仍由政府興建。[48]原本申請三輕下游產品的民營企業約有四十家，一九七八年二月，二次石油危機席捲世界，因經濟不景氣，多家退出，原本的三輕計畫只好改為前後兩期，前期為三輕（林園）、後期為四輕（林

圖 4-10 一輕拆除後，迄今仍在進行汙染整治工作。

資料來源：高雄市政府都市發展局提供

園）。[49]雖然孫運璿聲明完成二輕、三輕後，不再擴張石化業的規模，但四輕仍因市場壓力而興建。[50]這也使得從後勁到林園，形成上、中、下游石化工業聚落。

除了中油開始介入石化產業外，身為臺灣塑膠產業龍頭的台塑在此石化聚落也不會缺席，隨著一輕及仁武工業區的建立，以及台塑興建三輕的願望落空，台塑也北進，於一九七二年興建台塑仁武廠，最先完工是塑膠廠，在一九七三年陸續完成碱廠及 VCM 廠，機械廠也從戲獅甲遷移至仁武，一九七九年前鎮台麗朗廠停工，將設備轉移至仁武台麗朗廠。可見其重心的轉移，該區域遂取代戲獅甲，成為臺灣石化產業重鎮。[51]

二、技術與台塑重心的北遷

北高雄石化產業聚落的形成，與上游原料的取得密不可分，以台塑為例，台塑是以聚氯乙烯（PVC）為主要核心，其上游是 VCM（氯乙烯單體）之製造。VCM 生產方式歷經電石法和乙烯法兩階段，一九七七年台塑淘汰電石法全面改用乙烯法是為分水嶺，也是台塑開始重心由戲獅甲遷移至仁武的主因。

在一九七七年以前（一九五七—一九七六），台塑 PVC 製成主要仰賴電石法。電石法是利用電石（碳化鈣 CaC_2）遇水生成乙炔（C_2H_2），再將乙炔與氯化氫（HCl）合成製出氯乙烯（VCM）。台塑創建初期，氯氣與電石分別是由台碱公司和台肥公司所供應，其中氯氣幾乎完全被台碱公司所控制，雖然一九五五年在政府協助下與該公司簽訂優惠售價，有效期三年，[52]此後平均售價卻上漲百分之二十二．二，台肥公司的電石也是如此。[53]可見台塑創建初期，電石與氯氣皆受制於人，這對於生產成本具關鍵性的影響。為了解決 PVC 上游原料問題，台塑一九六〇年十二月正式向行政院申請投資位於宜蘭的冬山電石廠，日產電石三十五噸，一九六一年正式生產，[54]一九六八年進一步擴建電石廠規模，日產電石為一百六十噸。[55]氯氣方面，一九六五年一月台塑公司也申請創建前鎮碱氯廠，隔年完工。至此，台塑以電石法得以自行生產相當數量的 VCM，維持 PVC 上游產業的經營。

一九六〇年代末，乙烯法生產 VCM 的製程被發明出來，其生產的 PVC 雜質少、品質好。但是，乙烯法主要原料來自石油裂解後的乙烯，臺灣僅中國石油公司（以下簡稱：中油）獨家生產。一九六八年中油第一套裂解日產乙烯一百五十噸，其中五十噸用來製造 VCM，為此，經濟部統合關係業者台碱、台塑、華夏、國泰、義芳等投資成立臺灣氯乙烯公司，一九七一年七月開工，然而未能達到預期產能，且生產成本高，台塑不久即退出。王永慶深感石油產業對 VCM 的重要性，一九七三年向政府提出創辦輕油裂解的計畫，卻無法獲得政府首肯。[56]

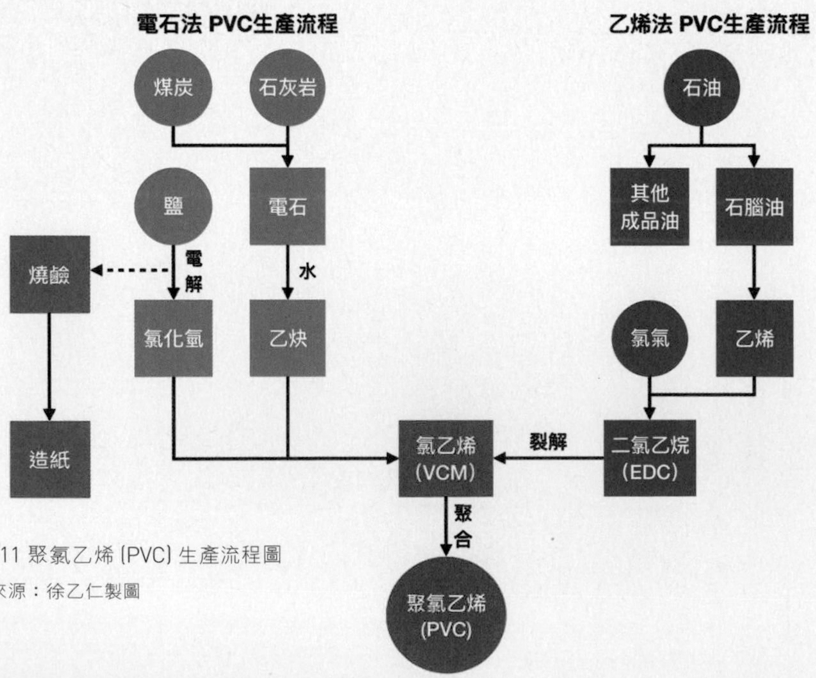

圖 4-11 聚氯乙烯（PVC）生產流程圖

資料來源：徐乙仁製圖

後續，中油相繼完成二輕（一九七五）、三輕（一九七九）、四輕（一九八四）、五輕（一九八七），分別供應仁大和林園等工業區之塑化工業原料，此階段，台塑於一九七五年創建仁武 VCM 廠、一九八一年建林園 PE 廠、一九八五年林園 VCM 三期，VCM 總產能為每年七十二萬噸。除此之外，一九七五年於高雄港二十九號租建特約碼頭，一九八六年租建高雄港二十八號碼頭，[57] 皆是從國外進口 VCM 的專用碼頭。

台塑此時尚未能充分掌握 VCM 上游原料乙烯，得仰賴中油與進口，也因此將重心由戲獅甲轉移至北高雄的石化走廊，方便上游原料的取得。直到一九九三年七月五日，台塑六輕正式宣布動工，台塑才掌握上游的原料，建立起上游至下游的生產王國。

三、戲獅甲的石化生力軍：臺灣氯乙烯、中台化工

雖然從一九七〇年代開始，石化產業大本營由戲獅甲逐步轉移至北高雄，但戲獅甲的化學工業仍與石化產業密不可分，因此仍有石化生力軍進駐，都與原來位於戲獅甲的工廠有關，也是以石化中游產業為主，如位於台碱的臺灣氯乙烯公司，以及位於高雄硫酸錏廠內的中台化工。

圖 4-12 位於後勁高雄中油廠內的五輕，已於 2015 年 12 月 31 日停止生產。

資料來源：何彥廷攝

（一）臺灣氯乙烯公司

一九六八年一輕興建完畢後，因政府原未打算利用一輕生產的乙烯製造塑膠產業的原料氯乙烯單體（VCM），使得民間企業對一輕興趣不大，一輕所製造之乙烯僅台聚公司使用，不符投資成本。為增加乙烯的用途，故由經濟部發起聯合中油、台碱、台塑、華夏、國泰、義芳等六家公民營企業，集資創設臺灣氯乙烯工業股份有限公司，利用一輕的乙烯及台碱的氯氣，製造氯乙烯單體（VCM），並分別在高雄及頭份設廠，以供應國內產製聚氯乙烯（PVC）所需原料，並由PVC霸主王永慶擔任董事長，也可看到政府掌控石化產業中上游的意圖。

一九七一年七月高雄廠成立，廠址位於台碱高雄廠內，年產能四萬噸，一九七三年頭份廠成立，年產能六萬噸，後來兩廠逐漸擴充到總產能十八萬噸。但實際上該公司生產初期並不順利，原本其原料由中油供應，所生產的VCM應該比進口為低，但因經營不善，成品售價（一百四十四．四三美元）竟比進口（一百二十三美元）還貴，造成鉅額虧損，董事長王永慶於一九七二年向工業局提出改革方案，表示願由其公司以一百一十七．五五美元負責生產，但工業局不願意，王永慶遂離開。[58]

臺灣氯乙烯公司最後由華夏海灣及大洋塑膠主導。為符合經濟效益及市場需求，一九八九年七月，於林園工業區內新建氯乙烯廠，於一九九二年完工。原高雄廠及頭份廠則因成本高及效率差因素，陸續結束營運。[59]換言之，臺灣氯乙烯公司也一如台塑公司，原先建廠在戲獅甲，後隨著上游原料廠而遷移至林園。

（二）中台化工

另一個同樣座落於戲獅甲，由其他公司投資的石化中游原料廠為中台化工。成立於一九七〇年八月二十七日，由高雄硫酸錏、台肥、中油聯合投資，工廠位於高硫廠內，生產新型「己內醯胺」。

己內醯胺為尼龍基本原料，因其具有堅韌等多種特性，除供人造纖維工業加工製作衣著之外，尚可加工製造魚網、輪胎、地毯、船舶、降落傘、零件等工業製品。設廠主要動機是因尼龍人造纖維加工業原料均依賴進口，希望透過自己設廠，降低成本，增強其外銷能力。而其生產的副產品是液態硫酸錏，也符合投資的台肥及硫酸錏所需。[60]其設備經過比利時等七國工程公司報價，最後由西德帝帝開洛公司得標。[61]

但中台化工從設廠就不太順利，高雄廠原預定於一九七四年落成，並在頭份增建第二廠。[62]高雄廠拖至一九七五年三月底才完工，[63]但在試車階段頻頻出現問題，一再延遲，甚至在一九七七年一月二十五日試車時，因氫氣外洩爆炸起火，再度延期。[64]

一九七八年一月，行政院對於中台化工施工問題說了重話，表示中台公司高雄廠原訂於一九七四年十二月完成，經六次修訂計畫，於一九七七年三月始告完成。延長工期二年三個月，到一九七八年一月都未完成試車工作，頭份廠也同樣尚未完成。兩廠投資計畫之進度落後甚大，既影響營收，且增加建廠費用及利息負擔，而將提高產品之成本。因此行政院要求經濟部督導中台化工公司，儘速完成高雄廠之試車工作，及加強控制頭份廠之工程進度，以提高投資效益。[65]

實際上，中台化工的問題，也是行政院所造成。當初中台化工選購機器時，並不打算向西德等歐洲國家購買，但當時正值退出聯合國的緊要關頭，為外交關係，要敦睦歐洲國家，行政院乃飭令中台公司向歐洲三個國家購買，中台公司的技術人員曾表示反對，但仍無效。[66]

在行政院下通牒後，中台化工兩廠終於在一九七八年完工生產，但營運問題隨之而來。當初中台化工之建廠，是希望透過國內生產價格較進口便宜的己內醯胺原料，協助下游廠商的外銷競爭力。然而中台化工開始生產時，國際己內醯胺價格長期低迷，國際各廠均削價傾銷，中台化工的售價較進口為高，下游廠商遂拒絕購買，最後則由經濟部工業局與業者協商，要求業者每月購買國產四千噸，方可進口四千噸。[67]但業者不願支付較高價格，於是政府要求中台公司仍以國際價格供應國內廠商，造成售價不敷成本，加上財務負擔沉重，形成虧損。[68]

中台化工在一九七七年度虧損三億二千萬，一九七八年度也虧損達三億八千萬，這使得經濟部長說出重話，要求中台公司提出改善方案。[69]但在遲遲無法改善情形下，經濟部於一九八二年初開會決定，要將中台化工併入中國石油化學公司，[70]後於一九八二年五月一日合併，新的中石化公司隨即又於七月合併經營狀況同樣不佳的台碱公司。[71]次（一九八三）年一月一日再合併位於臨海工業區的中國磷業。[72]從中石化的「四合一」也可看到公營事業的衰微與整頓，這在戲獅甲本身的企業看得特別清楚。

衰微的戲獅甲

一九七〇至一九九〇年代是臺灣公營事業由盛轉衰的時期，從戲獅甲各企業的狀況也可以很清楚看到。除了被中石化合併的中台化工、台碱外，台機、硫酸錏、台鋁的狀況也不佳，同樣列入整頓的目標。除了機械金屬、化學工業外，肥料食品工業雖也慢慢步入黃昏，但台糖與美商合作成立「中美嘉吉」飼料廠，成為此時期唯一欣欣向榮的新廠。

圖 4-13 位在一心路旁的中台化工，已於 2017 年 11 月拆除。

資料來源：何彥廷攝

一、台碱

台碱在一九七〇年時，已是由中油百分之百掌控的公司，其於一九七一年訂立了十年發展計畫，分兩階段進行，第一階段（一九七一至一九七五年）將以高雄廠更新擴建為核心，發展二氧化鈦（TiO2）磷酸鹽等化學品。主要工程為擴建原有的氯氣設備、增加煉製二氧化鈦設備、更新氯液化設備、與台肥台糖合組磷酸工業公司（亦即後來的中國磷業）、設置氯酸鈉工廠。第二階段（一九七五至一九八〇年），計畫興建氯化鉀、氯化鈉複合電解廠，發展氯與氟化學品及海洋化學。希望經過這十年後，台碱成為一個碱氯化學及海洋化學的複合體。不過第一階段未完成，台碱就變成虧損越來越嚴重的公司。

第一階段中擴建氯氣設備，主要是要供應上述臺灣氯乙烯廠，與台肥台糖合組的磷酸工業，也就是後來的中國磷業，兩者經營均不順利，尤其是中國磷業，虧損連連。寄予厚望的二氧化鈦工廠也一直到一九七五年才完工生產。但此產品僅能提供「原料級」，無法外銷，因此銷售成績不佳，長年困擾的碱氯銷售不平衡問題也無答案，這也使得台碱的經營問題仍舊無解。

面對台碱問題長年無解，經濟部最後痛下決心，一如前述，於一九八二年七月一日併入中石化，成為中石化、台碱、中台化工、中國磷業「四合一」的新中石化公司。

由於臺灣在一九六〇年代的耗鋁量增加，為配合市場日增，台鋁於一九七〇年開始籌劃擴充，以每年煉鋁能量增至七萬噸為中程目標，十萬噸為長程目標，經濟部予以同意，於是從一九七〇年開始，台鋁進行一連串的建廠工程。

二、台鋁

首先是鑑於歐美及日本各國鋁罐的普遍運用，台鋁於一九五二年起著手試製鋁罐，並於一九五六年與高雄水產試驗所合作試做水產罐頭，終於在一九六四年正式推出，反應不錯，因此決定於一九七二年七月投資一億七千萬元，興建鋁罐工廠。[73]除了鋁罐工廠外，同一時間（一九七二年七月）同時動工的是貨櫃工廠，兩者均位於原台鋁公司右前方，[74]兩間工廠一直到一九七四年才完工啟用。[75]

台鋁此期最主要是第三期的擴張，其工廠與台機相同，興建於臨海工業區原台糖五十公頃土地。分為煉鋁與加工兩部分，煉鋁部分包括擴充鋁氧廠設備，使其年產量增至十四萬噸，及興建新電解廠。本計畫實施期間，因逢一九七三年十月發生能源危機，引起物價暴漲及交貨遲延，新電解廠一直到一九七七年才完工，鋁氧部分則於一九七九年一月完工，共投資三十二億五千五百萬元，鋁錠年產量也由三萬八千噸增至七萬噸。[76]

台鋁的大幅擴張，並未帶來預期的效益，反而加劇虧損，又碰上一九七七年七月二十五日的賽洛瑪颱風，台鋁各廠受損嚴重，許多電解廠受到破壞，於是也決定更新受損的舊電解廠，啟動第四期擴充計畫，[77]一九七七年十一月再實施擴充新電解廠設備計畫，此項工程於一九八〇年完工。此時台鋁的連連虧損，已經引起各方討論，台鋁則信心滿滿表示第四期擴充計畫完成後，就再也不會賠錢。[78]

實際上，台鋁的問題依舊存在，一九八一年七月至十二月，台鋁共虧損十億零七百萬元，為公營事業之冠，[79]也讓政府下定決心改革，先於一九八二年六月決定停止其煉鋁事業，全面關閉電解廠及發電廠，僅專營鋁加工業，電解二廠也在一九八二年底關門。[80]但同時在國防要求下，繼續投資新台幣六十餘億興建強力鋁合金板片廠，相信可藉此讓台鋁重生。[81]

當一九八三年經濟部解決了中石化、台碱、中台化工、中國磷業的問題後，就將目標指向虧損最劇烈的台鋁與臺灣金屬，一九八三年先進行組織裁併，[82]後於七月一日裁員台鋁、台金兩公司員工約一千六百人。[83]同時也找了美國鋁業公司，洽談合作事宜，[84]但雙方談

左圖 4-14 台鋁各工廠分佈位置

說明：未括弧文字為原台鋁工廠，括弧內文字為工廠出售對象。
資料來源：
底圖：〈Google Maps 地圖（2017 年）〉，Google Maps，網址：https://www.google.com.tw/maps，檢索日期：2017.9.10。
繪圖：徐乙仁重新套繪

判多時，美鋁所提的重要條件包括適當關稅、軍事技術移轉困難、國防基金二十七億免息借貸等，雖尚屬合理，但經濟部因事涉財政、國防兩部及可能有「圖利」外商之嫌而無法同意，致雙方於一九八四年月一日終止長達十八個月的談判。[85]經濟部最後決定交予中鋼經營。[86]

一九八四年十一月十四日，行政院經建會做出決議，在「挽救新廠、整頓舊廠」的原則下，由中鋼接收強力鋁合金軋片廠、舊軋片廠、熔鑄二廠及成品倉庫四座新廠，[87]中鋼也於一九八五年二月十六日召開股東臨時會通過本案，於一九八五年二月十七日正式接管這四座工廠。[88]

在此同時，檢方也對台鋁內部進行調查，一九八二年七月三十一日方接任的董事長李惟梁，在一九八五年一月二十三日高雄地檢署傳訊台鋁員工後遭停職，[89]李惟梁後來更與前副總經理莊宏斌、前業務處長莊恭禮、主任工程師莊孝仁等因強力鋁合金建廠案遭貪汙治罪條例圖利罪起訴，[90]最後宣判時，僅莊恭禮因收賄判

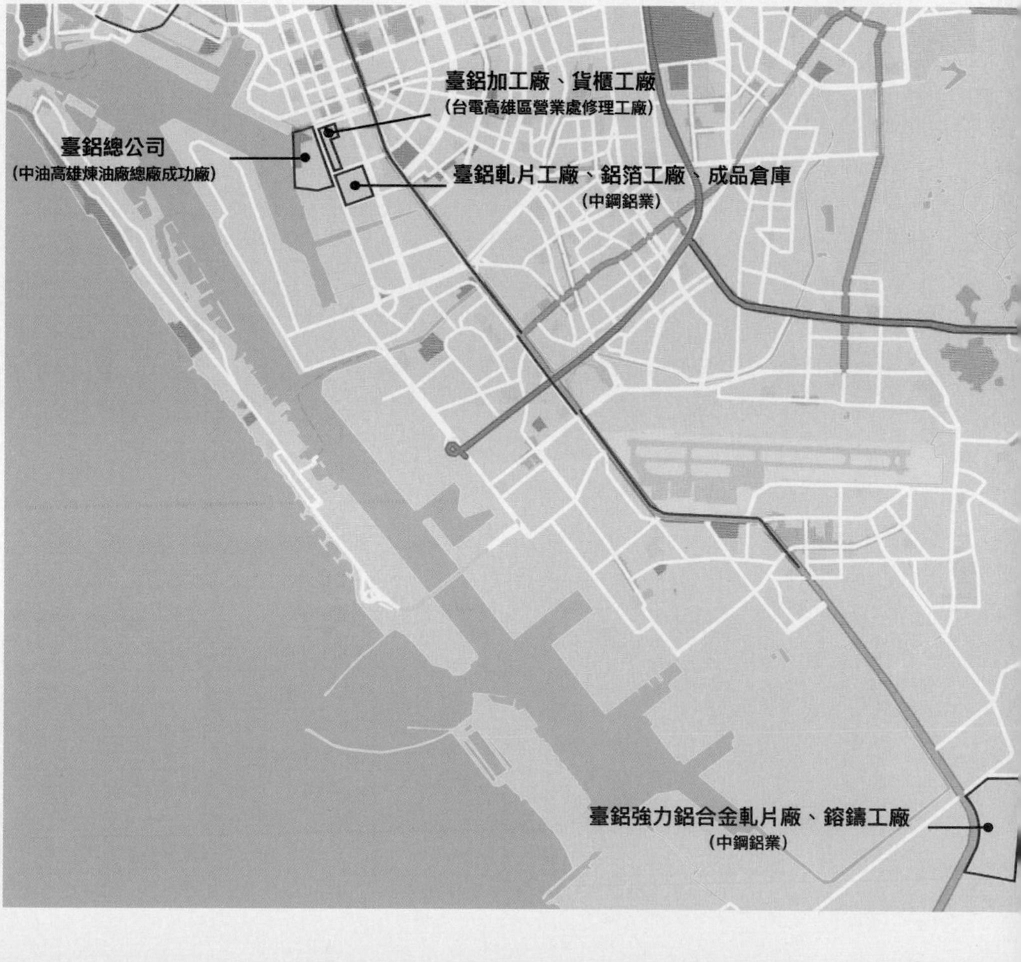

刑，其餘均無罪，[91]但起訴案使得台鋁形象跌入谷底，經濟部雖然表示台鋁與台金將以「活廠經營、待機出售」方式讓員工嘗試能否繼續生存，[92]但在編列預算時，卻編列「結束預算」，並如期於一九八六年十二月三十一日資遣兩公司員工，宣告兩公司結束營運。[93]

台鋁結束營運後，資遣員工仍繼續抗爭，先是於一九八七年一月靜坐高雄廠門口，但無法發生任何作用，[94]到了八月，甚至有二百名員工到經濟部門口搭帳棚，準備埋鍋造飯、長期抗戰，[95]這在以往很少看見的抗爭方式，引起經濟部及輿論高度關注，最後快速達成幾點協議收場，[96]但也開啟了日後許多抗爭事件的範本。

至於台鋁結束營運後，其廠區則分開出售，一九八八年六月二十一日將位於成功路東側的軋片工廠、鋁箔工廠及成品倉庫與位於臨海工業區的強力合金軋片工廠及鎔鑄工廠賣給了中鋼。[97][98]位於戲獅甲之工廠皆已停工並大半拆除，僅剩台鋁 MLD 為當時留下之廠房，並搖身一變為高雄著名的商場，其餘土地則陸續興建了中鋼大樓、中鋼會館、IKEA 及家樂福。位於臨海工業區的工廠迄今仍在使用，現為中鋼鋁業。

一九八八年六月二十一日台鋁將位於成功路西側總公司賣予中油成為高雄煉油總廠成功廠，工廠皆已拆除。[99]一九八九年四月一日再將

圖 4-15 位於臨海工業區東林路的台鋁，現已成為中鋼鋁業。

資料來源：何彥廷攝

成功路東側的加工廠、貨櫃工廠賣給台電，成為台電高雄區營業處修理工廠，迄今仍在使用中。[100]

二〇〇〇年五月，經濟部加工出口區管理處購置復興路右側七．九公頃土地設置高雄軟體園區，[101]其餘土地則成為高雄展覽館[102]、新光公園[103]及臺灣中油公司高雄營業處。[104]

三、肥料飼料工業（中美嘉吉、台肥、硫酸錏）

在臺灣由農業社會漸漸轉向工業社會後，戲獅甲此地與農業相關的工業逐漸式微，在此時期，硫酸錏及台肥的獲利率均大不如前，僅有台糖與美商嘉吉合作的中美嘉吉，成為臺灣最重要的飼料廠。

（一）中美嘉吉

戲獅甲地區尚未成為工業區以前，多為供應台糖小港糖廠的蔗田，因此台糖在此仍有土地，但除了奉命接收農化廠以外，並未做太多利用。為配合其養豬事業，與生產飼料的美商嘉吉公司合作，在戲獅甲設立中美嘉吉飼料公司，此合作案，在一九六九年一月三十日經濟部華僑及外國人投資審議委員會第二二二次會議中通過。[105]行政院也在一九六九年九月四日通過台糖這個投資案，資本額為四千萬，美國嘉

圖 4-16 原為台鋁工廠，現已成為高雄展覽館及新光公園。

資料來源：林立偉提供

吉公司投資佔百分之六十，台糖投資佔百分之四十，台糖養豬所需飼料至少百分之六十要向該公司購買。[106]

台糖要設立中美嘉吉的消息一傳出，立刻引來飼料業反對，飼料業認為當時臺灣的飼料廠已經很多，不僅足夠臺灣畜牧業使用，且先後也有統一等大廠與國外知名廠商合作，沒有引進外資設廠必要。[107]儘管有反對聲浪，但台糖的建廠計畫不受影響，於一九七一年十月十七日落成，位於戲獅甲的台肥高雄廠旁，[108]其產量非常穩定，在一九七三年時，甚至是全國第十七大民營公司。[109]中美嘉吉後來於台中市大肚區另設一廠。而高雄廠隨著多功能經貿園區的啟動，如今已撤離，僅留下一座有趣的門面。

（二）台肥

台肥高雄廠此時最重要是充分利用靠港的優勢，興建深水專用碼頭，便於輸送每年自國外進口之製肥原料、液氨，並收購朱拜爾肥料公司（Al-Jubail Petrochemical Company）回銷國內之尿素以及用以出口外銷複合肥料。同時也興建一座儲槽，以及附屬的裝卸裝備，用以儲備進口的液氨，以解決液氨供需失調的問題。該碼頭於一九八六年六月落成，儲槽等設備則於次（七）月完成。

圖 4-17 中美嘉吉位在高雄的工廠，現今只剩動物圖樣的牆面。

資料來源：何彥廷攝

除此之外，也在一九八三年更新因超過使用年限且效率低落的第一、二硝磷複肥工廠，由法國 PEC 公司設計並興建新廠，同樣於一九八六年十一月完成。110

（三）高雄硫酸錏

高雄硫酸錏公司在本期所遭遇的挑戰最大，一是農業逐漸走下坡，使得肥料銷售不如以往。二是中油在苗栗發現天然氣，利用此製氨，使得製氨成本降低，也讓硫酸錏的製造重心轉移至台肥。而且農民在此階段開始採用複合肥料，不再以硫酸錏為主，使得硫酸錏在化學肥料的市場佔有率逐步下滑，至一九八八年，僅佔百分之六．五八，且與台肥相比，硫酸錏在開發上較不積極，遂使得肥料市場逐漸不敵台肥。

一九七六年可說是高硫的分界線，在此之前尚有獲利的高硫，開始出現長期虧損，加上高雄製造硫酸錏的原料是硫磺，硫磺在一九七〇年代能源危機後大漲，使得高硫廠的製造成本增加，但售價在受到政府控管下，漲幅有限，也壓縮了高硫的獲利，加上前述中台化工的投資失敗，這都讓高硫面臨極大危機，在一九八〇年時，省府開始與經濟部洽談台肥與高硫的合併事宜，但台肥提出只要廠房，不願接收公司編制人員的條件，這使得省府無法同意，只能由高硫繼續營運，但開始精簡人事，希望能度過難關。一九八七年二月，行政院決定取消糧食局原來的肥料統一配銷制度，由生產單位自行銷售，這對經營困難的硫酸錏有如雪上加霜。

另一個高硫面臨的重大議題是居民抗爭，由於硫酸錏廠位置原本就是在戲獅甲工業區最外圍，加上二六兵工廠遷廠後變成住宅區（詳後），使得一九七〇年後屢屢發生附近住民的抗爭，高雄市政府與市議會也多次表達希望高硫遷廠，這使得高硫於一九八〇年開始著手規劃遷廠事宜，初期規劃到臨海工業區，後因原料因素決定遷至大發工業區，但此消息一經披露，大發工業區各廠商就發函表示反對，中央裁示此遷廠案暫緩。[111]

戲獅甲周邊聚落發展與環境議題

戰後高雄的工業發展，使得人口快速成長，原來屬於市郊的戲獅甲，也慢慢湧入許多居民，尤其是唐榮公司及二六兵工廠在遷往他地時，都經由都市計畫變更轉變為商業區及住宅區，使得此地面貌有所不同。而在大批民眾入住後，則對於戲獅甲工業區產生的汙染開始抗爭，也是後來許多工廠開始思考遷廠的主因。

左圖 4-18 聯勤第二十六兵工廠遷廠後原廠址由工業區變更為住宅區

資料來源：高雄市政府，〈1975 年 3 月 12 日高市府工都字第 21730 號函公告本市聯勤第廿六兵工廠遷建後原廠址工業區變更為住宅區案〉。

一、唐榮及二六兵工廠變更案

唐榮公司於一九六七年遷至臨海工業區後，舊廠區工廠陸續拆遷，由於該區域是在一九六三年才被劃為工業區，高雄市政府認為該區域已無成立工業區之必要，且緊鄰住宅區，因此申請將工業區劃為商業區，也在臺灣省都市計畫委員會第八次會議及內政部都市計畫委員會第一百次會議通過，其範圍為三多路以北、成功一路以東、中華四路以西。[112]這是高雄市首件由工業區變成商業區。[113]

唐榮公司遷離後，也使得原來在其廠區內幾條重要幹道重新復活，包括自強路、中華路、新光路。不過自強路已接近路底、新光路的長度也不長，最重要是從左營至戲獅甲的中華路。

在唐榮之後，一九七六年二六兵工廠遷往大樹，高雄市政府再度提出申請，要將原二六兵工廠從工業區改為住宅區。二六兵工廠範圍為今日民權路以南、民裕街以北、一心路以西、中山路以東。由於該住宅區緊鄰硫酸錏廠及中台化工，因此內政部在

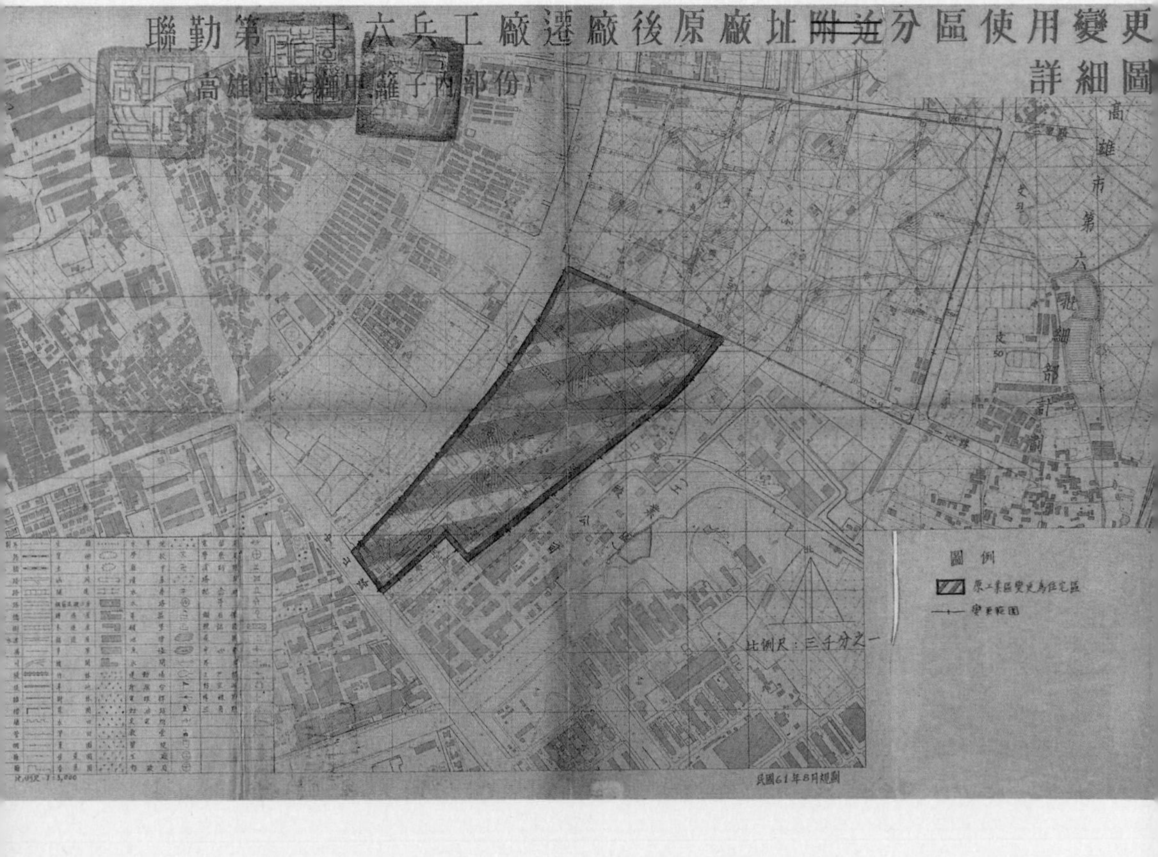

審查時，要求兩者間要有三十公尺以上之綠帶隔離，也要將高壓電塔移至該綠帶，並增加一間學校，最後才予以通過。[114]

而高雄市政府也將該地與附近一併列為第十四期重劃區，開發範圍東至和平二路、南至中山三路、西至民權二路、北至英德街（詳見下圖）。此次重劃開闢了民權路、一心路、二聖路三條重要幹道，也增加了民權國小，整體開發從一九七九年開工、一九八〇年完工。[115]

這兩大開發案，讓戲獅甲附近成為住宅區，加上原復興木業地點，也在一九八一年經核准改為住宅區，使得人口越來越多，許多生活機能就出現，如原來在中華路運河底的前鎮第一公有市場（西甲市場），就越來越蓬勃發展，而當後來復興木業也辦理重劃，將中華五路填平後，就成為地理上奇特的位置。[116]

圖 4-19 聯勤二十六兵工廠原廠址附近辦理變更使用分區

資料來源：高雄市政府，〈1974 年 8 月 19 日高市府工都字第 072210 號公告本市第七批（聯勤二十六兵工廠原廠址附近）細部計畫及細部計畫地區內主要計畫變更案計畫圖〉。

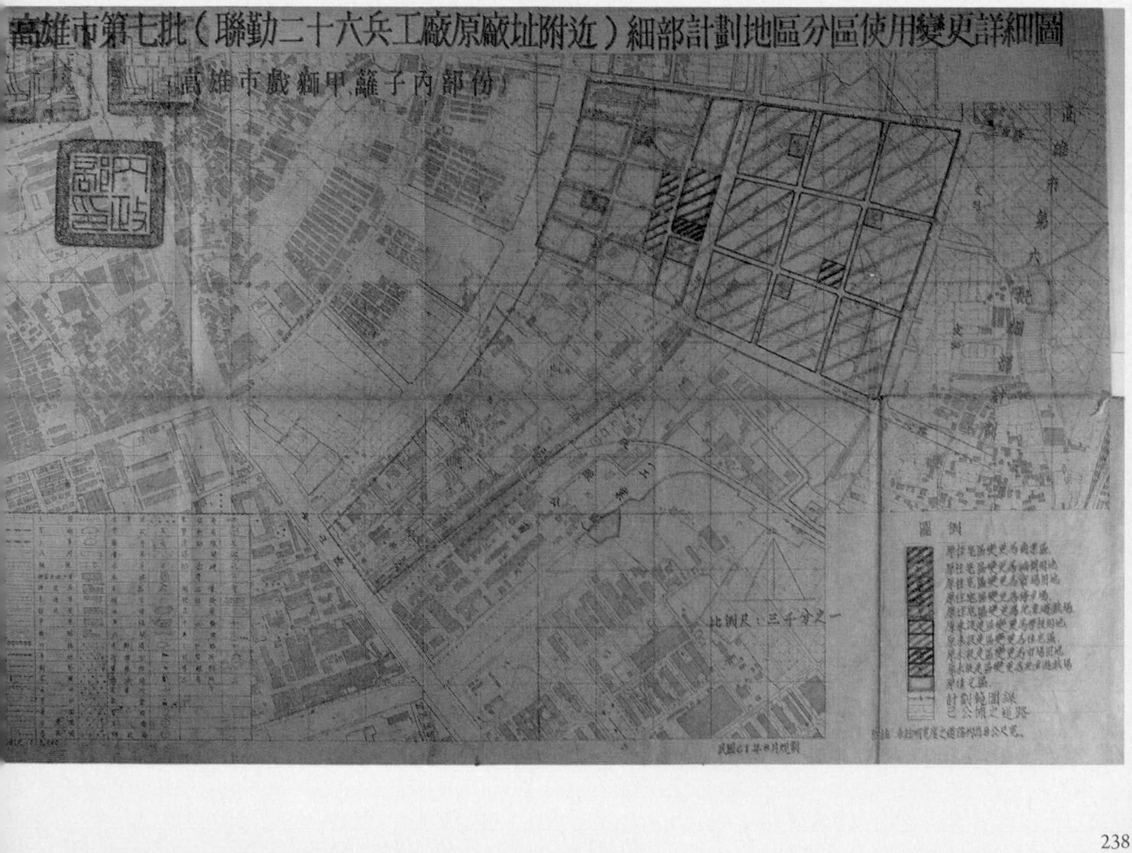

而當居民眾多時，也就對工廠的汙染無法接受，首當其衝的就是靠近住宅區最近的高硫、中台化工、復興木業等。實際上，在一九八〇年代前，也有許多汙染事件，但通常都是透過議員陳情後，工廠以補償結案。[117]

二、環境汙染與抗爭

一九八三年十月七日，市議員賢繼禹在質詢時，指稱復興木業公司製造空氣汙染，毗鄰的獅甲國中陸續有十一位教職員因呼吸道疾病死亡，學生眼睛發炎者比比皆是。[118]雖然並沒有直接證據，但復興木業也立即換裝「旋風集塵器」因應，更加速其搬遷至臨海工業區的決心。[119]

在這種情形下，如果有毒氣體直接外洩，更會引發當地居民的強烈反彈。一九八六年中台化工化學儲槽氯氣外洩，就首度引發鄰近住戶群聚抗爭。[120]一九九一年六月九日，高雄硫酸錏廠在深夜發生二氧化硫外洩，由於前一天，附近的臺灣氯乙烯廠才發生氯氣外洩事件，第二天又發生意外，使得居民非常憤怒，最後經追查是由高硫排放，後經過協調，發給受害民眾慰問金。到了八月十日，民眾再度懷疑高硫有氣體外洩，導致居民不滿並圍廠，後由高硫總經理出面並允諾硫酸工廠停工三天，才平息民眾怒火，結束圍廠，進行協調。[121]

圖 4-20 橫亘於中華五路的西甲市場，也象徵著戲獅甲的發展。

資料來源：翻攝自巫慶珠，《寧靜的革命》（高市：高雄市政府新聞處，1998），頁 69。

一九九三年四月晚上，硫酸錏氨氣再度外洩，且造成民眾受傷，這使得市府以行政命令勒令停工，並要求硫酸錏公司遷廠，經過多方協商，市府也透過都市計畫將其變更為商業區，硫酸錏公司也於一九九七年正式停產。[122]

從硫酸錏的案例可見，在戲獅甲附近的住宅區越來越多的情形下，戲獅甲的老舊工廠也不適合繼續再生產，接下來的戲獅甲，也只能朝轉型路上走。

小結：戲獅甲的變遷：雙箭頭擴展的成與敗

一九七〇至一九九〇年代的戲獅甲，可說是戲獅甲變化最劇烈的時期。在一九六〇年代的急速發展後，不論是公營或民營企業，都對於未來有美好願景，並提出長遠規劃。配合著高雄港的向南擴建，政府也在前鎮、小港的臨海地區興建了臨海工業區，讓已呈飽和的戲獅甲工業區，能夠向這個新工業區擴展，加上市區人口的擴張，戲獅甲區域的工業也常因汙染被居民抗爭，使得無論台機、台鋁、復興木業、唐榮也都向此區域遷徙，而政府對於臨海工業區的政策，更是結合國防工業及重工業，以中船、中鋼、台機為主要箭頭，讓臺灣及高雄原有的機械工業升級，這也是戲獅甲工業區從日治以來，再度與軍需工業結合。

但可惜的是，臨海工業區的重工業美夢，在台機、中船、台鋁、唐榮的失敗後宣告破碎，僅有中鋼屹立於小港，並扮演重要的救援角色，併購台機、台鋁的工廠，成為戲獅甲至臨海工業區的工業要角，也讓鋼鐵業成為一九九〇年代高雄工業中最重要的產業。

台機、中船、台鋁、唐榮的失敗，原因固然很多，但軍事工業的強力介入卻與三者都脫不了關係，不論是以軍事將領轉任領導的台機、中船，與商業文化格格不入，[123] 或是像唐榮、台機的合金鋼廠，台鋁的強力鋁合金廠，這些為了軍事用途而投入大筆資金，往往成為壓垮各廠的最後一根稻草。

四大公司的失敗，使得戲獅甲向南延伸的臨海工業區並沒有發揮原來預期的功能，也讓高雄港的擴建，轉向以貨櫃為主。中島商港區的加工出口區及第一貨櫃中心，成為日後高雄港最主要的

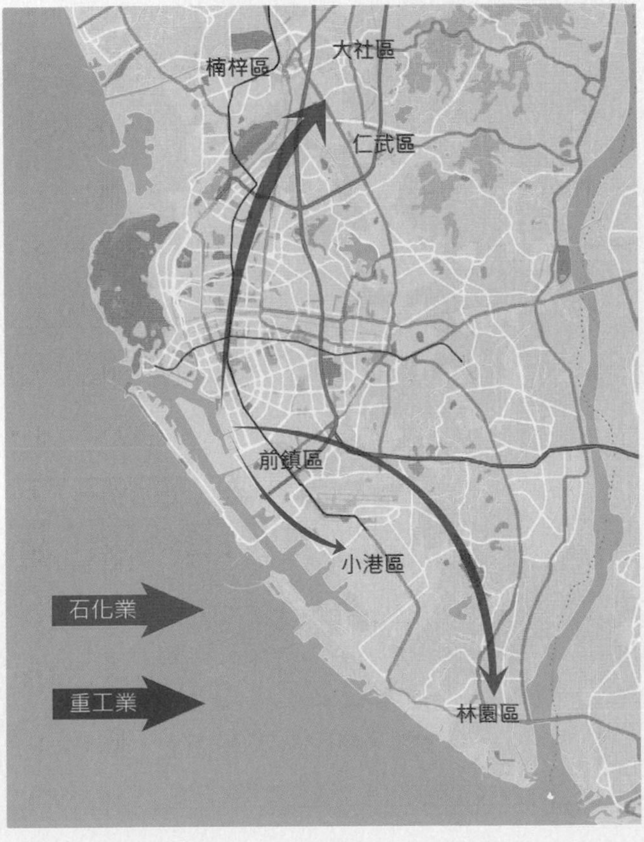

圖 4-21 戲獅甲工業區的重工業往前鎮、小港移動，石化業則是往楠梓、仁武、大社及林園移動。

資料來源：
底圖：〈Google Maps 衛星圖（2017 年）〉，網址：https://www.google.com.tw/maps，檢索日期：2017 年 8 月 3 日。
繪圖：徐乙仁重新套繪

功能，也讓戲獅甲以南的高雄港，除了前鎮漁港外，幾乎都是貨櫃港。

除了臨海工業區，戲獅甲另外一條外擴路線則是遠至北高雄的後勁、仁武、大社，此以石化產業為主。之所以繞了一圈，主要是臺灣石化產業發展的特殊性，當初塑膠原料產業（台塑）能夠在戲獅甲萌芽，主要靠的是非石油的台碱、台肥，當這些中下游產業崛起後，由石油提煉上游原料的技術也漸趨成熟，政府希望能夠由中油掌握上游原料，於是在後勁的中油高雄廠興建一輕、二輕，也使得民間中下游廠商群聚於一旁的仁武、大社工業區，形成高雄石化重鎮。

當此區域飽和後，政府發展的下一個石化群聚區，則是臨海工業區更南方的林園，也使得戲獅甲以南，仍是工業聚集地，只是從戲獅甲的機械、肥料工業，轉到臨海工業區的鋼鐵工業，最後到達林園的石化產業。

但戲獅甲的石化產業並未全部棄守，除了台塑新增的台麗朗廠，還有設於台碱內的臺灣氯乙烯、硫酸錏公司投資的中台化工，只是中台化工、台碱、硫酸錏，也因為種種問題，形成虧損，與投資臨海工業區的台機、唐榮、台鋁、復興木業，演成臺灣企業的風暴。

換言之，在本期，以戲獅甲為基地的許多公司，包括台機、台鋁、

圖 4-22 位於後勁的高雄煉油總廠於 2015 年 12 月起停止生產。

資料來源：徐乙仁攝

唐榮、台碱、硫酸錏、中台化工、復興木業，都產生巨大虧損，除了復興木業外，都是公營事業，這也使得公營事業的改革，成了一九八〇年代後，臺灣重要的經濟課題。在一九八〇年代，政府所採用的方式主要是併購及關閉，分別由中石化併購中台化工及台碱，中鋼併購台機及台鋁的部分廠區，台鋁也於一九八六年正式走入歷史。

但此問題並未完全解決，也將延伸至下一階段的公營事業民營化爭議，這也將讓戲獅甲的地貌，有更進一步的改變。

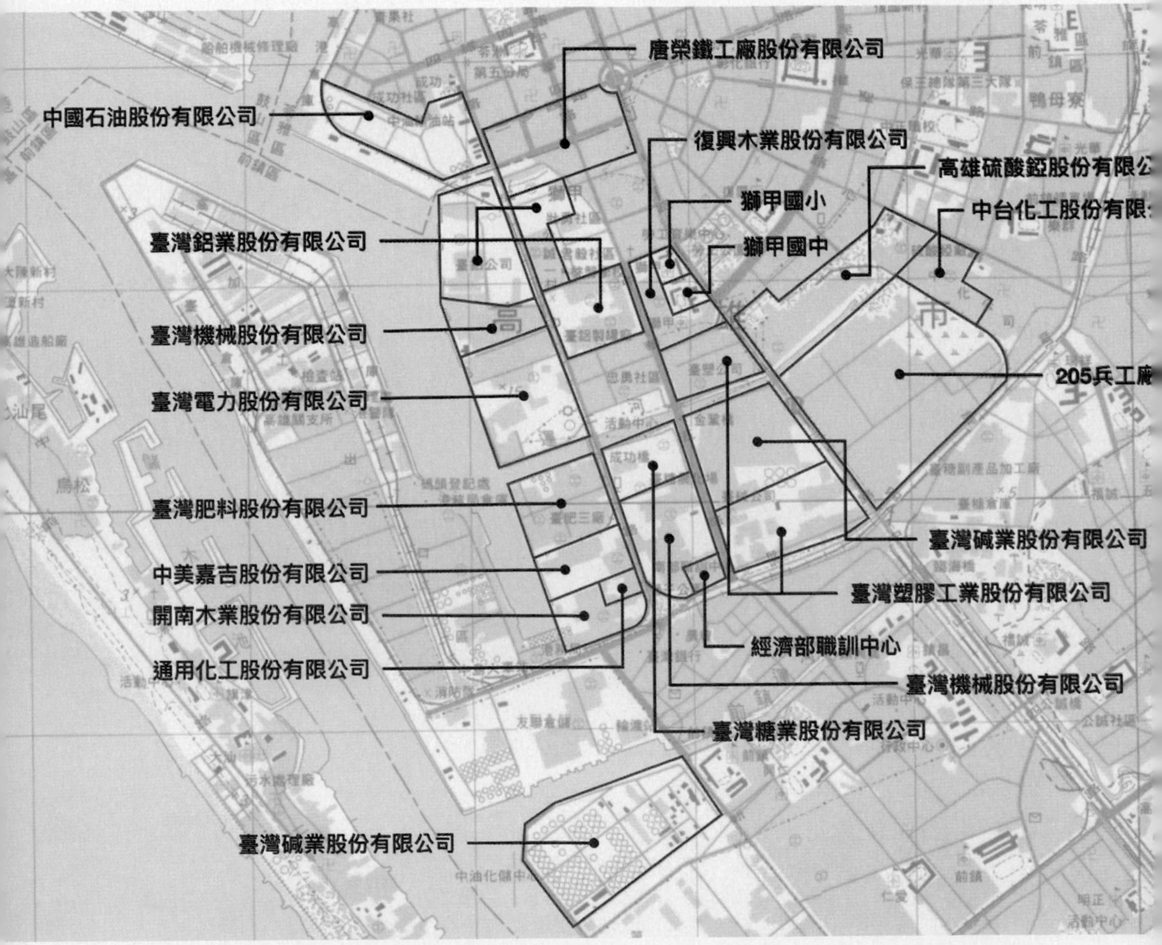

圖 4-23 1990 年工業轉型與戲獅甲衰微下的工廠變遷

資料來源：
底圖：〈二萬五千分之一經建版地形圖〔第二版〕（1992 年）〉，中央研究院地理資訊科學研究中心 GIS 百年歷史地圖，網址：http://gissrv4.sinica.edu.tw/gis/kaohsiung.aspx，檢索日期：2017 年 6 月 27 日。
繪圖：徐乙仁重新套繪

表 4-1 戲獅甲工業區各工廠變遷表（1970-1990）

	原單位名稱	經營項目	經營者	備註
中鋼鋁業	臺灣鋁業股份有限公司	鋁業相關	公營	1985.2.17 取得
中油公司	臺灣鋁業股份有限公司		公營	成功路以東、復興路以北
臺灣電力公司	臺灣鋁業股份有限公司		公營	成功路以西
中國石油化學公司	臺灣鹼業有限公司		公營	成功路以東、復興路以北
	臺灣鹼業有限公司		公營	1982.7 取得
中國石油化學公司	中台化工公司		公營	第一廠
臺灣機械公司船舶廠	臺灣機械公司船舶廠	船舶修造	公營	1982.7 取得
臺灣機械公司鋼品廠	臺灣機械公司鋼品廠	鋼鐵、馬口鐵	公營	第四廠
台糖高雄農化廠	臺灣農業化工廠	DDT、沙拉油	公營	1982.5.1 取得
臺灣肥料公司高雄工廠	臺灣肥料公司高雄工廠	化學肥料	公營	
中美嘉吉	新設	飼料		
高雄食品廠	臺灣省畜產公司	畜牧業、肉罐頭	省營	
唐榮鐵工廠	唐榮鐵工廠	鋼鐵	省營	第三廠
	硫酸錏廠	化學肥料	省營	
	26 兵工廠	化學相關	軍方	
	60 兵工廠	槍枝彈藥	軍方	
大華耐火磚	臺灣窯業有限公司	耐火磚	民營	
開南木業		木材業 新設	民營	
復興木業		木材業	民營	
臺灣塑膠公司		塑膠業 新設	民營	
南亞塑膠公司		塑膠業 新設	民營	
中聯化工廠		化學業 新設	民營	
中大化工廠		化學業 新設	民營	

製表：王御風

第五章

戲獅甲的蛻變：民營化、多功能經貿園區到亞洲新灣區

5

1990-

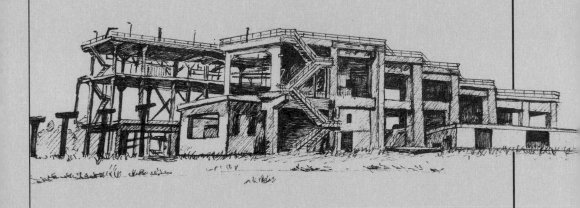

中台化工廠
1970 年代開始，許多公營事業虧損連連，戲獅甲工業區內的中台化工與台碱併入中石化，而中石化是經濟部所屬第一間民營化公營企業。（繪圖：林立偉）

一九八〇年開始，戲獅甲工業區面臨極大變動。由於工業區內工廠持續虧損，如何讓戲獅甲起死回生，政府下了許多藥方。首先是依循一九九〇年代席捲全世界的民營化思潮，將公營企業改由民間接手，但因接手的民營業主引發許多爭議，使得交由民營企業主導的「民營化」計畫中止，改由政府將持股降至百分之五十以下，但繼續主控公司的「民營化」，戲獅甲區內業者雖是陸續「民營化」，但實質上仍多半由公營事業主導。

真正改變戲獅甲工業區面貌是一九九〇年代的「多功能經貿園區」政策，在全世界掀起的舊港區改造風潮下，戲獅甲工業區加上中島商港區及蓬萊、鹽埕、苓雅舊港區轉型為倉儲、貿易及文化休閒區，並被期許為高雄未來的都會中心，但在初期發展，各地主多未真正落實其規劃案，使得政府再度啟動「亞洲新灣區」計畫，由政府帶頭投資，希望能確實達成戲獅甲的蛻變。

戲獅甲的大轉手：民營化風潮

一九八九年開始，臺灣的公營事業掀起一陣民營化風潮，各界均認為積弱不振的公營事業必能藉由民營化脫胎換骨。在此趨勢下，也引發以公營事業為主軸戲獅甲工業區的改變，幾個主要公營事業大廠，如台機、台鋁、中石化均在此浪潮下易主，直接影響戲獅甲整體面貌。

一、公營事業民營化

臺灣的公營企業在一九五三年時，曾為土地改革訂定「公營事業移轉民營化條例」，但在四大公司（農林、工礦、造紙、水泥）移轉民營後，公營事業民營化腳步就此停歇，公營事業仍為臺灣經濟主力。

但從一九七〇年代開始，公營事業經營績效大不如前，許多公營事業更是虧損連連，如前一章所言，戲獅甲工業區內的中台化工、台鹹併入中石化，台鋁併入中鋼、中油、台電，台機連年虧損，迫使政府要對公營事業提出對策。

政府對於改進公營事業的策略，受到當時國際趨勢影響。一九七九年英國柴契爾夫人（Margaret Thatcher）上台，在其任內，許多公營事業民營化，包括電話、電信、電力、煤礦、瓦斯、自來水、鋼鐵、鐵路等。從一九八〇年到一九九一年間，英國政府因出售公營企業獲利達四百五十億英鎊，成為臺灣學習的對象。除此之外，當時蘇聯及東歐國家在共產政權垮台後，大規模將國有企業私有化。國際貨幣基金、世界銀行等國際金融組織，在援助經濟出現問題國家時，通常也以進口開放、公營事業私有化做為其條件。[1] 這都使得公營事業民營化成為當時經濟潮流之一，更符合政府正在尋找解決公營事業積弱不振的藥方。

一九八九年，行政院長李煥將公營事業民營化列為施政重點，展開至今仍持續進行的公營事業民營化運動。一九八九年七月二十五日，行政院成立「公營事業民營化推動小組」。八月十六日，推動小組宣布將開放第一波十九家公營事業民營名單，[2]一九九一年六月立法院通過「公營事業移轉民營化條例」修正草案，公營事業民營化正式啟動。

第一波民營化名單共有十九間公司，分別是中鋼、中石化、台機、中船、中華工程（以下簡稱中工）、三商銀、臺灣中小企銀、中國產物保險公司、臺灣人壽保險公司、中興紙業、臺灣農工企業公司、高雄硫酸錏公司、唐榮公司、臺灣汽車客運公司、臺灣航業公司、臺灣土地開發信託投資公司。[3]

在這其中，與戲獅甲有脈絡關係為中石化、中鋼、台機、硫酸錏、唐榮。中石化與中鋼是在上一階段將虧損的中台化工、台鋁併入，才與戲獅甲有所連結，但在這一階段民營化，卻扮演要角。與戲獅甲相關公營事業更佔了此名單將近四分之一（中鋼、中石化、台機、高硫、唐榮），也可看到戲獅甲在臺灣公營事業的重要性。

政府在執行這一波民營化，主要是以釋出股票為方式，讓股票上市，並將官股稀釋至百分之五十以下，完成「民營化」，由持股較多的民間公司經營。如果釋出股票乏人問津，則可以尋找特定人承購，如果再有困難，則可將公司拆開，分類出售。

在此過程中，股票上市與分廠出售案例均可在戲獅甲發現，而且都頗受矚目。股票上市以中石化、中工及中鋼做為先鋒，均與威京總部集團有所關聯，後更引發議論，中工雖主要基地不在戲獅甲，但在此次事件中扮演要角，為能敘述完整，也納入本章討論。而在分廠出售上，台機首開先例。可見戲獅甲在公營事業民營化所扮演的關鍵角色。

二、股票上市的玄機：中石化、中工、中鋼

中石化是經濟部所屬第一間民營化公營企業，也可說是民營化指標。行政院會選擇中石化作為民營化打頭陣的公司，主要原因有二：一是中石化績效良好，能夠吸引民間願意承購，帶動日後的民營化。二是中石化當初設立目的是輔導開發石油化學工業，此任務也已經達成，可以功成身退。[4]

一九九一年六月四日，立法院二、三讀通過「公營事業移轉民營條例」，為配合以出售股票做為民營化的策略，一九九〇年二月五日，

中石化正式送件至證交所提出上市送件。一九九一年七月十一日，中石化股票以十五元正式掛牌上市，但受到股市從一九九〇年上萬點後的暴跌，以及東歐共產國家解體後，低價拋售石化原料，使得國際石化原料價格低迷雙重影響，中石化股價欲振乏力，一九九二年九月八日，中石化股票更跌破十五元承銷價，很難吸引民間投資者出手。因此到了一九九三年股票市場轉好，才開始進行中石化的股票釋出，立法院預算及經濟聯席會於十二月十五日審查通過中石化、中工、台機的民營化計畫書，釋出中石化百分之三十五的股權。此波釋股於一九九四年五月三日公告，由承銷的「京華證券」收購多數股份，於六月二十日正式完成民營化。[5]

與中石化同時進行民營化的還有中工，中工前身是一九五〇年成立的「經濟部資源委員會機械修運處」，一九五一年改為「資源委員會機械工程處」，一九五二年因資源委員會裁撤，改為「經濟部機械工程處」，一九五九年改為「中華機械工程有限公司」，最後於一九六七年改名為「中華工程股份有限公司」，為當時臺灣第二大營造商，僅次於退輔會榮工處，國內許多重大工程，如西螺大橋、白河水庫、十大建設等，均由其負責。

中工原預定在一九九三年一月釋出百分之六十的股份，但其承銷價為三十．六一元，正逢股市低迷時期，因此僅釋出百分之八．五一，第一次民營化失敗。

第二次則於一九九三年進行，釋出百分之七十，此次承銷價為三十五・四七元，並以「洽商銷售」為主，最後由承銷的「京華證券」，掌握中工百分之四十六・一的股權，於一九九四年六月完成民營化。[6]

這兩個體質較佳的公營企業，最後都由承銷的京華證券收購多半股份，也就是說中石化與中工在民營化後，都由威京集團拿下兩公司經營權。[7]

繼中石化、中工後，中鋼是威京集團下一個收購目標。中鋼與中石化、中工相同，也是體質較佳，以釋股來達成民營化的公司，其採用分批釋股方式，於第六次才成功將官股降到百分之五十以下，但在一九九五年的關鍵第六次釋股，又由京華證券以低價搶得中鋼股票承銷權，而此次預計釋出的十億股中，政府同意由京華證券洽商銷售百分之七十，如此一來，極可能再度上演中工、中石化的狀況。

在中工、中石化均由威京集團併購後，政府民營化方式引起關注，中鋼創辦人趙耀東去函立法委員丁守中在立院提出緊急質詢，希望能終止中鋼被威京併購，[8]終使證管會於一九九五年一月七日暫停中鋼公開招募，[9]並要求經濟部說明「特定人認購比例」是否適當，[10]在輿論一面倒支持「不要財團化」壓力下，[11]最後京華證券同意將百分之七十的「洽商銷售」先開放社會大眾認購，[12]因民眾認購相當踴躍，遂使中鋼最後是以降低官股持股比率於百分之五十以下，仍由原經營團隊經營的方式民營化。這也成為日後公營企業「民營化」的模式，也就是雖然政府持股已降至百分之五十以下，但官股仍是最大股，董事長、總經理仍由政府主導，如台船、陽明、台肥等均為如此。

「中鋼模式」會受到肯定，與同（一九九五）年的「中工事件」有關。民營化初期，中石化、中工原任董事長關永實、陳朝威均留任，但在一九九五年七月，中工董事會提出「長期投資可達股東淨值百分之八十」，要將中工資產投入股市，陳朝威當場反對，但因無法改變董事會決定，於是宣布辭去董事長，[13]並於一九九五年八月三日發表公開信。[14]此事成為媒體焦點，深怕「民營化」會成為「財團化」，[15]更使得日後公營事業民營化多半採「中鋼模式」。

三、釋股民營化：台肥

在經歷中石化、中工、中鋼的釋股案後，政府逐漸釐出「釋股」的方式，就是將官股釋出過半，但仍保留最大股，主導公司運作。這種「中鋼模式」取代了公營企業真正被民間公司掌控的「中石化、中工」模式。

圖 5-1 2016 年台肥高雄廠拆除過程

資料來源：台灣肥料股份有限公司

繼中鋼之後，交通部的陽明及經濟部的台肥都以此模式「民營化」，台肥公司於一九九九年民營化成功，仍由政府主導。台肥高雄廠在一九九〇年代初期也曾更換設備，希望能改善公司老舊問題，於一九九〇年開始籌建新的硝酸工廠及國內唯一能生產高磷成分之鈣磷基複肥工廠，取代舊的工廠，硝酸工廠於一九九三年，鈣磷基複肥工廠則於一九九四年完工。然而在民營化後，台肥的策略是將鄰近市區的工廠逐步開發成商業區，[16]加上「多功能經貿園區」的加持，台肥高雄廠也已於二〇一六年拆除完畢。

四、分廠出售的先例：台機

台機在一九八九年也被列為第一波民營化對象，但與中石化、中工、中鋼、台肥不同，台機的經營績效不佳，也是民營化真正要處理的對象。但也因為台機虧損太嚴重，無法適用「中鋼、台肥」模式，遂有了不同處理方式。

經濟部國營會對於台機，最初也以一次釋股做為民營化的手段，預計一次釋股百分之五十—六十的股權。國營會於一九九三年五月選定怡富公司為台機公司移轉民營專案顧問，正式進行民營化釋股工作，一九九四年三月十日，辦理公開標售，但因無人投標而宣告中止。

台機之所以乏人問津，主要是台機虧損連連且經營範圍過廣，投資人僅對個別工廠有興趣，因此投標意願低落，且一旦得標，投資人需籌措龐大資金，清償台機既有債務，閒置土地所佔比例甚大，短期之內不易出售，原有人力也同樣難以處理。[17]這些都是造成無人投標的原因。

股權標售失敗後，台機仍討論幾種想法，但不論是關廠、分廠出售、分廠標售、或是由員工自組新公司經營等方案，公司與員工方面均無法達成共識，一九九三年，台機開始進行裁員，加上台機虧損不斷，輿論均以民營化為解決良方，員工也只能接受。[18]

在此時期，台機虧損越來越嚴重，為了彌補虧損及籌措資遣費，台機於一九九四年及一九九五年分別將已停工的臺北市信義區重車廠及高雄鹽埕公園路原來的總公司土地販售。[19]

一九九五年，台機展開分廠出售的談判，這也是公營事業首次以此方式進行民營化，一開始先鎖定合金鋼廠、船舶廠與鋼品廠，因為重機廠仍有盈餘，如果先行出售，恐怕大家目標會僅鎖定重機廠。後來又發現合金鋼廠的土地及建物產權仍分屬高雄市政府、臺灣省政府及聯勤，需先處理，因此先以鋼品廠及船舶廠進行談判。[20]

一九九五年元月至六月，台機與同為公營事業的中鋼討論出售鋼品廠，但中鋼所開條件不符台機公司及工會的標準，最後宣告失敗，此時台機虧損持續擴大，鋼品廠讓售案若再失敗，可能會導致台機破產或關廠，員工乃同意與鋼品廠相關業者洽談。於是台機先後與華榮電纜、東和鋼鐵、高興昌鋼鐵及統一實業接觸，最後僅統一實業表達意願，雙方達成共識後，一九九五年十月十二日行政院核定，一九九六年五月二十日，正式將鋼品廠移轉給統一實業公司。[21]

統一實業於一九九六年接手鋼品廠後，大部分員工隨廠轉移至統一集團，但兩年後，隨著多功能經貿園區逐步落實，統一規劃將廠區變成購物中心，在一九九八年一月一日結束營業，員工也領到統一集團的第二次資遣費，鋼品廠則搖身一變成為統一夢時代購物中心。[22]

一九九五年，台機也同時與中油討論船舶廠的轉移。中油原本同意接收船舶廠，但要求成立責任中心，由船舶廠自負盈虧，員工薪資打七五折，僅接修船業務，不接造船業務，員工僅選用三十—五十人，這與台機希望維持現狀，員工移轉一百五十人差距過大，因此談判破裂。

一九九六年，台機開始與東南水泥洽談船舶廠的出售，東南水泥真正屬意是碼頭，但東南水泥申請開發碼頭部分未獲高雄港務局同

圖 5-2 2017 年位在時代大道旁的統一時代百貨

資料來源：何彥廷攝

意，因此雙方談判停滯，經過國營會與省交通處及高雄港務局多方協商後，東南水泥如願取得船舶廠的碼頭所有權，一九九六年十一月二十九日完成簽約儀式，於一九九七年一月十日移轉民營，更名為「臺灣機械船舶廠股份有限公司」，為東南水泥關係企業。兩座位於戲獅甲的台機工廠，至此完全由民營公司接手。

繼戲獅甲地區後，台機另兩座位於臨海工業區的工廠也加速出售腳步。由於合金鋼廠有土地使用權問題，因此至一九九六年九月隆成發公司才同意以「現況使用權」方式轉移合金鋼廠，一九九七年六月二十日雙方達成議價手續，六月三十日完成移轉作業，易名為「亞太隆剛鋼鐵股份有限公司」，正式民營化。

台機原來四廠，至此僅剩下總公司及重機廠，員工也僅剩下六百零七人。台機原屬意中鋼接手，但中鋼只願意以分廠讓售方式承接，而且人員只願意接收三百八十人，雙方條件談不攏，台機只好與民營的大穎公司洽談，在即將簽約之際，因大穎財務危機而失敗，於是再回頭找中鋼，中鋼雖提出更嚴苛條件，僅願接受一百七十人，虧損嚴重的台機僅能答應，二〇〇一年十一月十九日，台機公司完成移轉給中鋼公司，並成立新的「中鋼機械公司」，台機公司至此走入歷史。[23]

圖 5-3 位在成功路上的臺灣機械公司船舶廠，2017 年拆除前樣貌。

資料來源：何彥廷攝

五、分廠出售再釋股：唐榮

唐榮公司在民營化階段，已經大半搬離戲獅甲。當時唐榮共有六個部門，分別是：不銹鋼廠、鋼鐵廠、軌道車輛事業部、公路車輛事業部、運輸處、營建部。

由於唐榮也是虧損嚴重，因此從一九九七年起展開「再生計畫」，鋼鐵廠正位於高雄港第二貨櫃中心附近，故提出鋼鐵廠轉型為國際倉儲物流中心「新唐儲運園區」的構想。為落實此計畫，唐榮鋼鐵廠自二〇〇〇年起停止生產，人力則調至新竹的機械廠及不銹鋼鐵廠，[24]並自二〇〇二年開始民營化。

二〇〇二年，唐榮公司採取分廠拆售方式，軌道車輛事業部由中國鋼鐵及日本的日本車輛、住友商事等四間公司合組台灣車輛股份有限公司，繼續生產鐵路車輛。同年，公路車輛事業部也獨立為唐榮鐵工廠車輛科技股份有限公司，負責公路車輛，[25]另外，運輸處於同年八月一日正式成立唐榮運輸有限公司，完成民營化。

至此，唐榮的六個部分，鋼鐵廠、軌道車輛事業部、公路車輛事業部、運輸處已完成民營化，而營建部經評估不具市場價值，遂裁撤縮編，但不銹鋼鐵廠為國內第一座一貫作業之不銹鋼鐵廠，評估仍有競

圖 5-4 2017 年位於小港臨海工業區台機路上的中鋼機械，原為台機總公司。
資料來源：何彥廷攝

爭力，但原先與中鋼洽談，中鋼不願接手，二〇〇二年公開標售時，也乏人問津，[26]於是啟動「再生計畫」調整體質，並自二〇〇二年開始也轉虧為盈，[27]最後決定以釋股方式完成民營化，最終也在二〇〇六年成功，唐榮公司至此完全民營化。

六、民營化失敗案例：硫酸錏

在公營事業紛紛民營化後，仍有公司遲遲無法達陣，硫酸錏即為其中之一。

硫酸錏在一九八〇年代後陷入嚴重虧損，公司開始朝多元化經營，但仍無法轉虧為盈，一九九七年八月停止製造硫酸，硫酸銨改以加工製造，同年十二月停止製造硝酸，同時規劃以「股票上櫃」方式進行民營化，但因缺乏誘因，乏人問津而失敗。

一九九八年底精省後，原屬省營的硫酸錏公司，於一九九九年七月一日改隸經濟部國營事業委員會監管，其最大股東為臺灣銀行，佔百分之九十一・八五，省府持股百分之八・一四。後一度試圖將廠區遷移至彰濱工業區興建有機質複合肥料廠，但該計畫因種種失誤宣告失敗，在投資者無人願意接手情形下，高硫董事會最後決議於二〇〇三年一月二十九日將公司正式解散，彰濱廠出售，並於二〇〇四年遷回

圖 5-5 2017 年位於臨海工業區沿海二路的唐榮鐵工廠總公司大門

資料來源：何彥廷攝

高雄繼續清算作業，硫酸錏廠正式進入歷史。[28]

七、民營化的影響

政府推動民營化至今，已有許多成果，下表為經濟部國營會已完成民營化之單位，除此之外，尚有省政府（如三商銀）、交通部（如陽明海運）、退輔會等許多單位已完成民營化。但戲獅甲推動民營化的公營企業，除了硫酸錏為省府所有外，其他均為經濟部國營會所屬，而且中石化、中鋼、台機、台肥、唐榮，均是最早民營化的公司，僅中工大本營不在戲獅甲，可見戲獅甲在民營化過程中，佔有舉足輕重的角色。

表 5-1 經濟部國營會完成民營化之單位

公司名稱	移轉民營時間
中石化公司	1994.6.20
中華工程	1994.6.22
中國鋼鐵公司	1995.4.12
台灣機械公司鋼品廠	1996.5.20
台灣機械公司船舶廠	1997.1.10
台灣機械公司合金鋼廠	1997.6.30
台灣肥料公司	1999.9.1
中興紙業公司	2001.10.16
台灣機械公司製造廠及公司本部	2001.11.19
唐榮公司運輸處	2002.8.1
唐榮公司鋼鐵廠、公路車輛事業部	2002.9.1
農工公司嘉義機械廠	2002.12.31
台鹽公司	2003.11.14
唐榮公司本部及不鏽鋼廠	2006.7.5
台船公司	2008.12.28
漢翔公司	2014.8.21

資料來源：經濟部國營事業委員會，網址：http://www.moea.gov.tw/Mns/cnc/content/Content.aspx?menu_id=10279，檢索日期：2017 年 8 月 2 日。

圖 5-6 人去樓空的高雄硫酸錏廠，至 2017 年只剩下中山路大門尚未拆除。

資料來源：何彥廷攝

嚴格來講，「民營化」後真正由民間業者接手經營，除了一開始的中石化、中工外，就是因虧損而分廠拆售的台機。所以許多公營事業雖然民營化，但實際仍由政府掌握，這也使得戲獅甲地區，公有土地仍佔多數。

儘管如此，戲獅甲區域內在民營化過程中仍多了威京所屬的中石化、統一集團的台機鋼品廠及東南水泥的台機船舶廠，而市府於一九九九年正式啟動的「多功能經貿園區」，讓區域內土地從工業區直接變成商業區，土地增值不少，也使得各公司改推出各項商業投資計畫，對於戲獅甲地貌有極大影響，而造成如此的關鍵，就是我們接下來要討論的「多功能經貿園區」。

多功能經貿園區及舊港區的突破

一九九〇年代後，戲獅甲地貌改變最重要因素，應是多功能經貿園區，其推動有歷史背景，一是當地住宅區大量增加，居民不希望再承受工廠汙染。二是原有工廠大幅衰微，亟需轉型。三是進入貨櫃時代後，貨櫃輪船日趨大型化，高雄舊港區水深不足，以致噸位越來越大的貨櫃輪需改走二港口，高雄港舊港區如何另謀出路。四是高雄港長年歸港務局管轄，並以圍牆阻絕居民入內，「市港合一」、「開放港區」

表 5-2 民營化前後戲獅甲土地的變化

民營機構	原公營單位	移轉民營日	土地變更日	面積	備註
中石化	中石化（中台化工）	1994.6.20	1998.8	20000 坪變更為住宅用地	
中石化	中石化（台碱）	1994.6.20	1998.8	60000 坪變更為商業用地	
統一企業	台機鋼品廠	1996.5.20	隨同移轉	超過 43000 坪	已興建統一夢時代
東南水泥	台機船舶廠	1996.5.20	隨同轉移	25000 坪	

資料來源：台灣勞工陣線，《新國有政策：台灣民營化政策總批判》，頁 38。

的聲音越來越大。上述種種，帶來了「多功能經貿園區」及舊港區的逐步開放。

一、多功能經貿園區

多功能經貿園區推動需從亞太營運中心談起。亞太營運中心的構想源起於日本學者大前研一，一九九二年由當時的經濟部長蕭萬長提出，當時正逢中國剛崛起，兩岸經貿面臨調整，以及WTO（世界貿易組織，World Trade Organization）即將成立，世界經濟進入區域組織合作時代，因此政府希望以「經濟圈」概念，來發展臺灣未來貿易，[29]並吸引大型跨國企業，在臺灣設立區域性總部或營運中心，負責亞太地區，主要針對中國、臺灣及東南亞各國的生產製造、儲運發貨、國際採購、產品研發、市場測試、產品維修、技術支援、資訊蒐集、員工訓練等事項。[30]後「營運中心」定位為六項專業中心，包括製造中心、海運轉運中心、航空轉運中心、金融中心、電信中心和媒體中心。[31]其中海運轉運中心，自然與當時仍高居世界前十大貨櫃港之一的高雄港有密切關係。

一九九三年，雖然經濟部長更換為江丙坤，依舊將「亞太營運中心」列為施政主軸。一九九七年，蕭萬長出任行政院長，亞太營運中心更是如火如荼推動。在此規劃下，加上民眾對「市港合一」的引頸企盼，高雄市政府結合市、港及經濟部加工出口區，一起規劃高雄港市的未來藍圖，也就是「多功能經貿園區」。[32]

多功能經貿園區的範圍是鼓山一路、濱海一路以東，五福路、公園路以南，沿高雄港第二、第三、第四船渠至前鎮河、凱旋路以北，一心路以西之區域，計畫面積約五百九十公頃。由圖五—七可知，其範圍就是日治時期所築的舊港區以及戰後的中島商港區，包含哈瑪星、鹽埕、戲獅甲及中島商港區的碼頭，戲獅甲工業區的原公營事業土地，以及前鎮加工出口區。

多功能經貿園區是以亞太營運中心的「製造中心、海運中心」為主，因此是以舊港區（鹽埕、苓雅）及戲獅甲工業區配合經濟部加工出口區做整體轉型。分為特定倉儲轉運專用區、特定文化休閒專用區及特定貿易核心專用區。[33]由圖可知，特定文化休閒專用區（特文區）主要位於哈瑪星、鹽埕、苓雅

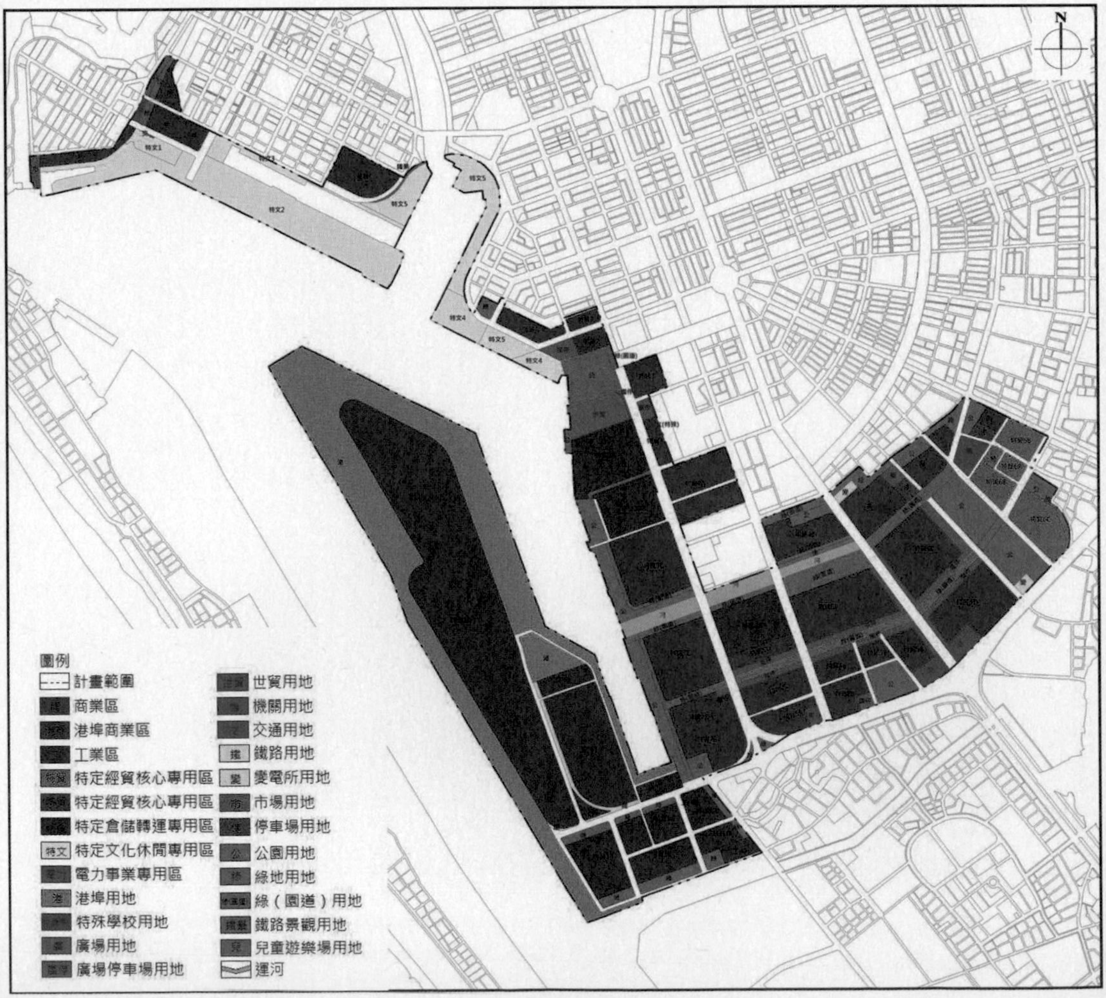

的舊港區，包括高雄港車站暨調車場（原機二十八用地）、第二及第三船渠、蓬萊商港區、鹽埕商港區、苓雅商港區、港埠商業區。以水岸遊憩、地區商業與文化設施為發展目標。

特定倉儲專用區（特倉區）主要分布於成功路以西及新光路以南。包括港埠用地、中島加工出口區以及戲獅甲地區最早開發的工廠區（原台糖、台機船舶廠等）。以物流倉儲、加工轉運等為主。

特定貿易專用區（特貿區）主要範圍為三多與中山路口至新光路口之苓雅商港區，並沿成功路右側到一心路、凱旋路北側之區域。包括原來台機鋼品廠、台鹼、台塑台麗朗廠等，以發展經貿輔助機能為主，計畫以引入大型購物中心、複合辦公大樓、住宅、文教服務等服務性及商業活動，希帶動園區及周邊的發展。[34]

整體計畫，始於一九九五年六月二十二日行政院第二四三六次院會所核定的「加工出口區轉型計畫為製造中心之第一期發展計畫」。但由於多功能經貿園區跨了許多單位，因此行政院也成立專案推動小組，由副院長擔任召集人，協助整合包括國防部、經濟部所屬國營事業及交通部港務局等單位，[35]終於在一九九九年六月八日於內政部都市計畫委員會通過，[36]一九九九年十二月二十一日零時起正式生效。[37]多功能經貿園區的通過，與行政院直接成立專案小組有密切關係，行

右圖 5-7 多功能經貿園區都市計畫及使用分區

資料來源：高雄市政府都市發展局

圖 5-8 2017 年位在中華路旁的家樂福及 IKEA

資料來源：何彥廷攝

政院推動小組在階段任務完成後，於二〇〇二年解除編組。[38]

多功能經貿園區開發案正式通過時，已是一九九九年年底，二〇〇〇年初的總統大選，民主進步黨獲勝，臺灣首次政黨輪替，民進黨執政後，亞太營運中心並未受到青睞，但從亞太營運中心出發的多功能經貿園區，卻未受影響，園區內地主也熱烈響應。

一九九九年開發案正式通過前後，許多園區內業主展開動作。收購台鋁的中鋼公司在一九九八年成立了中欣開發股份有限公司，專門執行「多功能經貿園區」內開發案，中鋼於一九九九年二月一日轉手將土地售予中欣開發公司。

此位於特貿區的土地，第一期由家樂福及IKEA（宜家家居）向中欣開發承租，二〇〇六年九月及十一月開幕。並於成功路及復興路口興建中鋼集團總部，於二〇一三年十月二十二日正式啟用。[39]

另一個動作也很快的是統一集團，其大型購物中心開發案，於一九九九年十月十二日獲得經濟部工商綜合區審議小組審議通過，也就是後來知名的「夢時代」，於二〇〇七年五月十二日正式營運。

多功能經貿園區剛啟動時，幾乎在特貿與特倉區的業主都提出開發

構想，計有硫酸錏公司、中石化公司及台電（特貿三）、東和鋼鐵（特倉IC）等。但最後除了中鋼、統一外，僅有經濟部加工出口區的高雄軟體園區（特倉三B），以及加工出口區與台糖合作的成功物流園區，還有HOTEL DUA集團旗下之都會生活開發股份有限公司向市府承租的台鋁舊廠房改建的台鋁MLD成功啟用。而整體多功能經貿園區，最成功反而是以舊港口為主的特定文化休閒專用區。[10]

二、舊港區的復興

多功能經貿園區能夠成為高雄發展重心區域之一，與舊港區復興有關。早在多功能經貿園區規劃時期，當時的國民黨籍市長吳敦義就提出「市港合一」，希望能爭取港區開放。一九九八年繼任的民進黨籍謝長廷更以「海洋首都」為競選主軸，舊港區的開放，最後透過多功能經貿園區的「特文區」實踐。

以往高雄港屬於管制區，築起高牆，不准一般民眾進入。在多功能經貿園區規劃將舊港區列入，希望發展文化休閒，港務局也希望對舊港區有所改變情形下，於一九九九年同意高雄市府的計畫，在一九九九年七月十八日，由高雄市長謝長廷在位於戲獅甲的新光路，象徵性「打破圍牆」，讓新光路可以一直通到高雄港畔，也開放新光碼頭，可以讓市民自由進入。

圖5-10 位在高雄展覽館旁的新光公園，也就是最早開放市民親近港區的地點。

資料來源：何彥廷攝

右圖5-9 2017年位於成功路的中鋼集團總部

資料來源：何彥廷攝

另一個打破港區界線是二〇〇〇年國慶煙火，當年將原在臺北的國慶煙火首度南下，高雄市政府為了尋找施放的位置，找遍高雄港，最後決定在位於戲獅甲的中油成功廠區內，二十二號碼頭後方施放。由於中油成功廠區相當方正，被命名為「海洋之星」，日後市府許多展覽，以及跨年晚會均在此進行，直到同樣位於戲獅甲的夢時代前時代大道完工才轉移。[40]

換言之，舊港區的開放，最早是來自於戲獅甲區域的港邊，除此之外，高雄市政府也在蓬萊商港區的二號碼頭開闢遊憩為主的漁人碼頭，以及將原本的香蕉棚改變為餐廳，但真正獲得成功，是同樣位於鹽埕舊港區第三船渠的駁二特區。

駁二特區的出現，與前述尋找國慶煙火地點有關。當時市府發現位於鹽埕蓬萊商港區內的「高雄第三船渠內二號接駁倉庫」，「駁二」這批倉庫是戰後才興建，位於高雄港第三船渠的淺水碼頭，碼頭興建於一九七三年，主要是用來紓解一九六〇年代高

圖 5-11 位在高雄的駁二藝術特區

資料來源：高雄市政府都市發展局 ASIA'S NEW BAY AREA 2017

雄港碼頭不足的窘境。當時蓬萊港區天天爆滿、供不應求，主航道碼頭不敷使用，因此將原來停靠在第一、二號碼頭的臺港、臺澎線小型輪船轉移至此，也配合駁船及倉庫的聯運，將停在港外船上的貨物接駁至此。

但隨著船型的大型化，這些淺水碼頭失去其作用性，駁二這批倉庫更失去其主要功能，駁二特區還沒成立前，這裡是少數民眾可以進入的高雄港區，因為這裡有遊港的觀光船，但當時運用此遊港的市民及觀光客並不多。至於駁二倉庫本身，則是存放魚粉的倉庫。

當時已有許多地方開始啟動舊倉庫的再造計畫，[41]市府也看上駁二，決定改造，當時臺灣最著名案例就是臺北的華山藝文特區，以及臺中二十號鐵道倉庫。

一九九七年，藝文團體「金枝演社」進入興建於一九一四年，但已沒有在使用的臺北酒廠（也就是今日的華山園區）表演，被土地所有者公賣局指侵

佔國產，藝文界人士群起聲援，爭取已經閒置十多年的臺北酒廠再利用。經過協商後，一九九九年公賣局將舊酒廠委託給省文化處代管，省文化處再委託「中華民國藝文改造協會」經營，臺北酒廠正式更名為「華山藝文特區」，開啟臺灣閒置空間再利用的風潮。

位於臺中火車站旁的「二十號倉庫」則是興建於一九一七年，一九九五年成為二級古蹟，於二〇〇〇年六月成為首座將閒置倉庫整建為藝術家工作及藝文展演的新地標。這兩個空間的使用，標誌著臺灣也嗅到世界潮流，對於這些具有意義的歷史建築，從以前只能當作紀念館的思考中解放出來，而文建會也隨即在二〇〇一年試辦閒置空間再利用，補助相關經費，這也是駁二誕生時極重要的背景。

駁二的發展，可分為三階段：第一階段是二〇〇二年至二〇〇三年的駁二藝術發展協會、第二階段是二〇〇四年至二〇〇五年由樹德科技大學接手、第三階段則是二〇〇六年後由高雄市政府文化局接手經營至今。

駁二的初始，是由市府與港務局協調承租駁二倉庫區，然後由民間成立藝文團體，透過文建會剛通過的「閒置空間再利用」爭取經費，讓駁二藝術特區成形。二〇〇一年五月，由高雄藝文人士組成的「駁二藝術發展協會」正式成立，由劉富美女士擔任理事長，港務局也同意釋出目前大勇倉庫區內第三船渠前的P二倉庫（也就是駁二倉庫）、前方的倉庫戶外廣場，以及台糖C五、C六倉庫（現今的C五倉庫及月光劇場）及旁邊的藝術廣場，約佔二千二百坪，成功爭取到文化部首批「閒置空間再利用」計畫。

駁二最早的展覽是搭配二〇〇一年首屆的國際貨櫃藝術節，做為其中一個展區，一開始駁二經營方式是以藝術家展覽為主，難以聚集人氣，因此在二〇〇三年底約滿時，駁二藝術協會氣力放盡，表達不續約。改由樹德科技大學接手，樹德科大雖改朝向常民藝術，如藝術市集、街頭表演、年節活動等，但仍難以擺脫虧損命運，二〇〇五年底後也不願續約。

民間的嘗試均失敗後，只好由高雄市政府文化局在二〇〇六年接手，經過一陣摸索，決定以「品牌」來定位駁二，推出一系列大型展覽，如「高雄設計節」、「好玩漢字節」，也結合原有的「國際貨櫃藝術節」、「鋼雕藝術節」，甚至結合音樂的「大港開唱」，更有電影院、誠品書店等進駐，使得二〇〇九年後進入駁二藝術特區的人數大幅成長，甚至在近幾年《天下雜誌》、《La Vie》雜誌舉辦的相關評比中，奪下藝文特區或文創園區的首獎，也成為高雄最著名的景點。二〇一〇年高雄縣市合併後，高雄市文化局重新調整組織，駁二更成為文化局所直屬的「駁二營運中心」，可見其在高雄市文化的重要性。[42]

而駁二的成功，讓蓬萊、鹽埕舊港區成功復興，甚至帶動鹽埕、哈瑪星區域的觀光人潮，但苓雅與戲獅甲的舊港區尚待轉型，於是有了「亞洲新灣區」。

亞洲新灣區與持續變化的戲獅甲

「高雄多功能經貿園區」計畫執行後，位於戲獅甲區內許多土地因汙染被公告為汙染場址，無法開發，加上近七成土地為公有及各大企業所擁有，因產業類別不同，影響其開發意願。[43]高雄市政府為改善此狀況，曾推出新的構想，以容積率為策略。如果在開發時限內找世界一線建築師所開支的費用、使用智慧建築（光纖、電腦）所需設備，及綠建築均有容積獎勵。但如果超過期限，就開始調降容積率。這個構想也獲得二〇〇八年內政部「第一屆全國都市設計大獎」優等獎，但此方式在高雄市都委會未獲得通過，遂使得市府必須尋找新的方式。[44]

二〇一一年，高雄市政府推出「亞洲新灣區」，以政府主導的四大建設及輕軌捷運為主，[45]分別為：一．海洋文化與流行音樂中心、二．高雄港埠旅運中心、三．高雄市立圖書總館、四．高雄世界貿易展覽會議中心、五．高雄環狀（水岸）輕軌。均由高雄市政府主導，包含人文、環保、經貿、旅運及交通等層面，希望藉此滾動民間投資。[46]

圖 5-12 位在高雄展覽館旁的新光停車場，於 2017 年 7 月 10 日起進行土壤汙染改善工程。

資料來源：何彥廷攝

亞洲新灣區可說是全臺灣最大的「都市再生基地」計畫。政府之所以投入大量公共建設，主因是前述園區內業主尚處觀望階段，最好方式是由政府以公共建設擔任「領頭羊」。這五大建設還肩負區域轉型任務，如高雄展覽館與發展會展產業結合，高雄港埠旅運中心則是以郵輪帶動觀光產業，海洋文化及流行音樂中心與駁二相鄰，成為文化創意基地，市立圖書館總館位於以往工廠與勞工密集的戲獅甲工業區，希望日後能由知識經濟取代勞力密集工業，具有轉型的意義。

這些公共建設也希望能透過「永續財務」的方式持續經營，如圖書總館第一期透過許多市民的捐贈購書，第二期則透過 BOT 方式，補足第一期的不足，並將多餘容積給予民間經營。市府也可利用權利金及租金重新挹注，永續財務治理。

因此亞洲新灣區第一期主要可分為三大目標：一是要定錨，確立亞洲新灣區的內容，二是讓民眾及業者看到政府決心，三是透過政府公共建設帶動後續民間投資。第二期則希望後續民間

圖 5-13 2018 年的海洋文化與流行音樂中心第一期

資料來源：何彥廷攝

圖 5-14 2018 年仍在興建的海洋文化及流行音樂中心第二期

資料來源：何彥廷攝

投資投入，變成正向循環，完成真正的都市更新。[47]

以下則針對亞洲新灣區第一期五大建設做一簡述：

一、海洋文化與流行音樂中心

海洋文化與流行音樂中心座落於愛河口的十一—十五號碼頭，未來將作為國際級之音樂表演場域，共規劃兩座劇場，提供一萬二千席戶外劇場及三千五百 席展演廳，以及文創專區、小型表演廳、海洋文化展示中心。除提供流行音樂演出外，海洋文化與流行音樂中心將打造成在地音樂相關從業人才與流行音樂產業發展的交流平台，希望與亞洲流行音樂網絡接軌，成為南臺灣流行音樂的重鎮，以期帶動高雄成為亞太流行音樂創作及表演中心，並發展為國際海洋文化交流平台。[48]

二、高雄港埠旅運中心

高雄港埠旅運中心位於高雄港十九—二十號碼頭，由高雄港務分公司斥資興建，未來將作為迎接世界級大型觀光遊輪停泊、國際旅客之旅運中心。高雄港為世界級港口，但長年以來多給人重視港口「貨運」機能，而忽視「客運」功能的印象，加上高雄港客運設施簡陋，以及現有辦公廳舍建築老舊、空間不足，且各業務相關單位散佈於港區內

圖 5-15 2018 年仍在興建的高雄港埠旅運中心

資料來源：何彥廷攝

左圖 5-16 高雄市立圖書館總館

資料來源：何彥廷攝

各處，對於服務至港旅客、航商與洽公民眾相當不便，因此規劃符合港務辦公、旅運服務之複合式旅運中心。未來，高雄港埠旅運中心預估可同時泊靠兩艘二十二·五萬噸大型郵輪（可載五千四百名旅客及二千四百船員），最大旅客服務水準每小時二千人，設立單一服務窗口，提供完整港務客運服務，並以強化港埠旅運中心與既有都市結合的理念，發展出港岸空間的商業與休閒功能。[49]

三、高雄市立圖書館總館

高雄市立圖書館總館於二〇一四年十一月完工啓用。舊高雄市立圖書總館原規劃用途為民眾活動中心，因此空間不足，僅能提供自修室、閱報服務及辦理部份藝文展演活動，無法提供完整圖書借閱、參考諮詢服務。縣市合併後為滿足大高雄民眾閱覽、資訊需求，新建高雄市立圖書總館，以提供完整圖書借閱、諮詢服務，及整合圖書及數位資源，在建築設計上採用全球首創唯一鋼索懸吊建築、挑高七·五米一、二樓無柱遮蔽式廣場，融合樹木與吊橋的概念，引進大量自然光，除賦予閱讀更明亮的空間和享受，更是一座節能綠色公共建築。[50]

四、高雄展覽館

高雄展覽館於二〇一三年十月十八日完工。高雄展覽館之設置，目的為打造高雄成為會議展覽產業重鎮，藉由會議展覽產業之發展，帶動相關產業發展。高雄世界貿易展覽會議中心以多功能複合使用的方式規劃，結合會議、展覽兩大主要機能以及其他如餐飲、商業、行政管理等附屬功能之綜合空間。致力於打造一個國際的商業與貿易平台，推動產業聚落的永續發展。[51]

五、高雄輕軌

高雄輕軌利用原臨港線路網加以調整，建造較低成本且低汙染的輕軌，以串聯大眾運輸系統整體路網及接駁運輸服務。高雄環狀輕軌路線全長二十二・八公里（三十五站），其中水岸路段八・七公里（十四站）為以往運貨之臨港線，由籬仔內至西子灣，貫穿高雄多功能經貿園區，[52]已於二〇一七年九月二十六日通車。

在第一期工程陸續施工後，目前亞洲新灣區已進入第二期計畫，將以舊港區國有土地再開發、油槽搬遷及軍方二〇五兵工廠遷建土地再開發為主。在港區國有土地再開發部分，二〇一六年政黨輪替後，中央與高雄市均由民進黨執政，面對戲獅甲內部眾多的公營事業地主，

臺灣港務公司與市府於二〇一七年三月二十九日共同出資成立高雄港區土地開發股份有限公司，臺灣港務公司出資百分之五十一、市府出資百分之四十九，董事長一職由原高雄市文化局副局長，時任臺灣港務公司總經理郭添貴擔任。[53]高雄市政府並同時與港務公司、台肥、臺銀、台電、台糖、臺酒、中油等七間公司成立「亞洲新灣區聯盟」，共同開發亞洲新灣區。

二〇五兵工廠也在二〇一六年八月五日，在行政院長林全見證下，高雄市政府與國防部簽署合作開發意向書，預定在二〇二三年完成遷建。[54]

在市府領軍下，亞洲新灣區的民間投資也逐步開展，除了五大建設外，多功能經貿園區時期先行進駐的商家，如一九九七年好市多（COSTCO）高雄店首先落腳於戲獅甲後、二〇〇六年宜家家居（IKEA）及高雄軟體園區、二〇〇七年的統一夢時代陸續開幕及啟用，讓戲獅甲的工業風貌漸漸轉變。

二〇一一年推動「亞洲新灣區」後，由中鋼購置的原台鋁廠房附近變動最大。二〇一三年中鋼大樓總部落成啟用，並在旁興建配售員工為主的住宅，配合附近的高雄軟體園區，開始帶有商務性格，原復興木業部分也開始興建大樓，加上原有的君毅正勤及舊社區，甚至鄰近

右圖 5-17 高雄展覽館
資料來源：何彥廷攝

圖 5-18 高雄輕軌
資料來源：何彥廷攝

民權路旁，原二六兵工廠土地所興建的大樓，當地形成不同風貌的新社區。

二〇一三年，民間的都會生活開發有限公司（MLD）承租位於中鋼大樓旁的台鋁舊廠房，該廠房當初原本要被拆除，但市府與中鋼協調，將此廠房留下，做為中鋼開發許可之回饋負擔。[55]

後承租的都會生活開發有限公司認為舊建築不該被拆光，而應該留下歷史底蘊，因此完整保留台鋁舊廠房「Y」字型鋁構樑柱，並以社區為主軸，設計結合書店、電影院、餐廳及「菜市場」概念的超市，將原有的工業意象與新社區融合。[56]

從多功能經貿園區到亞洲新灣區，已快接近二十年。工業區逐步轉型成新社區，亞洲新灣區各項建設在政府介入後，速度正急速加快，未來此地將會是高雄市新的中心，成為舊港區開發範例，但也很難想像，當年工廠林立，煙囪白煙直冒的景象。戲獅甲也將是最能看出臺灣工業轉型變遷的地區。

圖 5-19 好市多（COSTCO）在臺灣第一間分店

資料來源：何彥廷攝

圖 5-20 台鋁 MLD 是高雄市民假日休閒的好去處

資料來源：何彥廷攝

圖 5-21 原來的台鋁舊廠房

資料來源：MLD 台鋁

小結：中央與地方的拉鋸

今日走進戲獅甲，除了還有一些以往工廠的圍牆、南部火力發電廠以及台鋁 MLD 的廠房形式外，已經很難想像這裡是以往機器聲隆隆、煙囪不停冒著白煙的工業區。由運貨火車改裝而成的輕軌捷運，路過一間間剛拆完的廠房，可以預見著，幾年後將會是可以望著高雄港的飯店，或是商場。

這樣的變化，在一九九〇年仍感受不到。遍地的工廠換了主人，原先在這裡的工人頭綁著白布條，為他失去的工作權抗議，也讓臺灣感受到公營企業的神話不再。剛接手的主人，除了面對勞工的抗議，也得細細思量，這個工廠，與原來的產業，還能經營下去嗎？

一九九〇年捲起的兩股全球性浪潮，改變了原來黃沙滾滾工業區。一是區域經濟組織及中國崛起，讓此地被劃入以物流為主的「多功能經貿園區」，土地使用分區的改換，開啟了此地變動的契機。二是全球舊港區的再利用，搭配上政府以公共建設加速推動的「亞洲新灣區」，讓這個區域從工業、物流，轉變為時尚、休閒，也成為高雄最具潛力的明日之星。

但回歸到臺灣本身，則可看到在戲獅甲的改變中，更重要是中央與地方對於都市發展主導權的變化。從一九八七年解嚴到一九九一年啟動修憲，其中一個主要議題就是重新界定中央與地方的關係，隨著一九九四年北、高兩市市長的重新選舉，以及一九九九年地方制度法的實施，以往戒嚴時代，被劃歸為中央主管，地方無法進入的區域開始動搖，擁有大量公營事業的戲獅甲，以及高雄港，更是高雄市首當其衝的地區。

這個變化，在一九九八年民進黨（當時的在野黨）入主市府後更加明顯，以「海洋首都」為政見的謝長廷，在「市港合一」號召下，希望隸屬中央的港務局將高雄港大門敞開，這也與港務局開發舊港區的規劃相同，因此從一九九九年的新光碼頭開始，高雄港的圍牆逐漸倒下，而二〇〇〇年的政黨輪替，更加速市府進入舊港區的速度，隨著二〇〇〇年的國慶煙火，市府開始運用八五大樓旁的「海洋之星」舉辦跨年晚會，更加速開發「駁二特區」。這也可以解釋「多功能經貿園區」為何在主計畫「亞太營運中心」失去功能後，高雄卻仍然

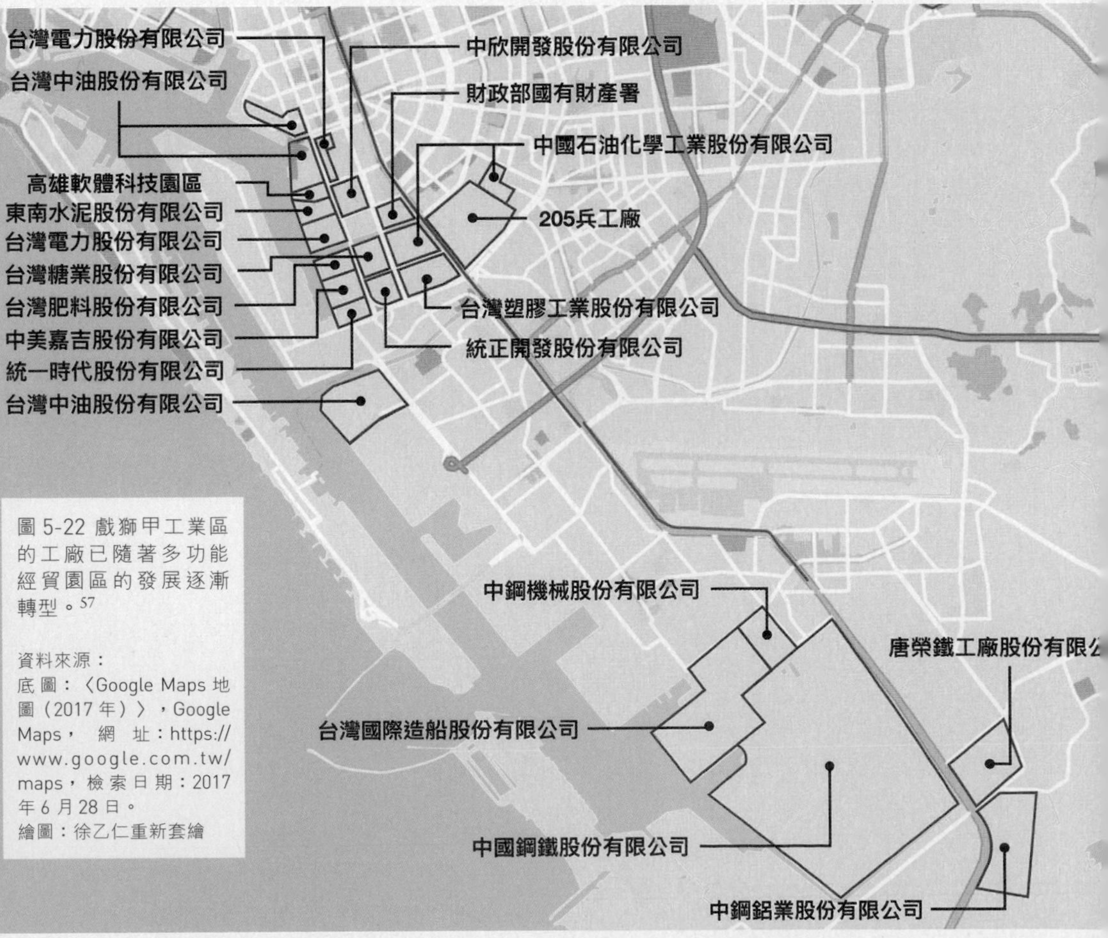

圖 5-22 戲獅甲工業區的工廠已隨著多功能經貿園區的發展逐漸轉型。[57]

資料來源：
底圖：〈Google Maps 地圖（2017 年）〉，Google Maps，網址：https://www.google.com.tw/maps，檢索日期：2017 年 6 月 28 日。
繪圖：徐乙仁重新套繪

如火如荼進行。

只是「多功能經貿園區」內擁有土地者仍以公營事業為主體，雖然「多功能經貿園區」是將工業區直接升級到商業區的大補丸，但地主真正開發者並不多，唯一轉型成功的反而是市府主導的駁二藝術特區，後續的亞洲新灣區，也先由市府領軍。

市府對此採取兩種方式：一是直接爭取公共建設在此區域，引導其他地主進行開發，也就是亞洲新灣區第一期計畫，另一則是在二〇一六年再度政黨輪替後，由臺灣港務公司及市府合作成立「高雄港區土地開發公司」，直接由高雄市政府來主導戲獅甲區域內廣大公營事業土地的發展，這都使得戲獅甲的未來如何發展，將回歸到地方政府手中。

地方與中央的拉鋸，是近幾年來備受討論的議題，而從戲獅甲的案例中，可具體呈現此一趨勢。以往是中央禁區的戲獅甲工業區，從二〇〇〇年左右，地方政府所扮演角色越來越重要，原本是中央為主角、地方為配角的「多功能經貿園區」，如今已成為地方主導的「亞洲新灣區」，未來地方與中央的角色如何演變，也將攸關戲獅甲未來的變化。

結論：國家政策下的戲獅甲歷史變遷

conclusion

台塑高雄廠
1957 年 3 月完工的台塑高雄廠，為台塑企業的起源地，
今日部分廠區作為紀念公園，成為留下戲獅甲歷史記憶的工業遺址。（繪圖：林立偉）

戲獅甲地區，在短短八十年間，經歷了極大變化。原來僅是高雄港畔的空地，在築港後，臺灣總督府將此地規劃成以軍需為主的工業區，一根根煙囪開始在港邊冒起白煙，也帶來當時臺灣少見的鋁業、化學、機械工業，成為臺灣最重要的工業聚落。

這些工廠，雖然在二戰期間受到盟軍轟炸，但戰後中華民國政府接收並修復，加上從中國大陸遷來及後續開闢的新工廠，使得戲獅甲成為臺灣最重要的重工業及化學工業群聚區域，戰後臺灣重要的石化產業，也是由此地萌芽。戲獅甲另一個特色，就是以公營事業為主，也看到當時國家主導經濟發展的情形。

在產業及環境快速變遷下，許多工廠遷移至其他區域，也有許多經營不善者被合併、閒置。一九九〇年起啟動的新園區規劃，以往的工業區變成了商業區，往日的工廠痕跡幾乎消失殆盡。從歷史的脈絡來看，產業、土地（工廠）的變遷，以及國家扮演的角色，可見證整個戲獅甲的變化，更可說是臺灣工業體制及地景變化的縮影。

歷史變遷

戲獅甲原是高雄港灣旁傳統農漁小聚落，許多魚塭散落於四周，高雄築港計畫第二期將此劃入築港範圍，開始產生變化。一九三五年日本鋁在此設廠，一九三六年高雄市都市計畫變更，將此地劃為工業地域，為全臺最早的工業港區，其主要發展的化學、鋼鐵金屬機械工業，則是臺灣罕見。值得注意的是，日治所劃設的工業區範圍，日後並無太大變動。

設立於戲獅甲工業區的工廠，與往昔臺灣以當地原料，且偏向食品加工的工業型態不同。主要是以軍事為主，如日本鋁公司多半運用在軍機、南日本化學及旭電化的鹼氯工業、塩野義為了熱帶瘧疾的製藥、畜產興業的軍用罐頭製造，可見此地工廠設立目標非常明確，一般也忽略整個區域中，幾乎有一半是軍事倉庫，還有防禦敵軍轟炸的高射砲部隊。

也因為這是以軍需為主的工業、軍事倉庫區，在運輸上特別重要，不僅挖掘了十字型運河，也興建以貨運為主的臨港線，這條臨港線，戰後依舊擔負重任，如今更搖身一變，成為全臺首條輕軌捷運。

戰後中華民國政府接收臺灣，主管全國經濟事務的經濟部資源委員會對於戲獅甲頗有興趣，所有工廠幾乎都被接收，成為公營事業集中區域。一九四九年政府撤退來臺後，隨之撤退的兩大兵工廠（二六及六〇兵工廠）也進駐於此，同時還有大批眷屬，讓此地的市場（前鎮第一公有市場）、小學（獅甲、復興、愛群）、中學（市立三中）一一成立，成為戰後公營事業發展的典型區域。

臺灣產業原本就以農業為主，加上一九四九年來臺的大批人員，使得肥料工業成為此時期最重要產業，二六兵工廠也搖身一變成為「高雄硫酸錏廠」，加上台肥第四廠，戲獅甲也成為臺灣肥料主要供給區。

一九五〇年起，在美援支持下，臺灣經濟重心漸漸由農業轉向工業，身為工業重鎮的戲獅甲自然扮演吃重角色，除原有公營事業外，民營事業也發展出塑膠原料（PVC）及木材工業（合板業）兩大主軸，不僅都與臺灣塑膠公司的王氏昆仲有密切關係，也是高雄及臺灣在一九六〇年代極為重要的產業，戲獅甲進入黃金時期，同時也面臨飽和。一九六〇年代後期，政府配合高雄港擴建，發展中島商港區及臨海工業區，許多公司開始向臨海工業區擴廠。

一九七〇年代後期，政府開始將高雄產業重心分為四部分：一是在高雄港發展貨櫃轉運業務，二是從中島商港區開始設置加工出口區，三是利用中油高雄廠建立一輕的機會，壟斷石化產業上游，並在旁設置石化專區，形成石化產業聚落。四是以中船、中鋼、台機為主，臨海工業區為腹地，發展重工業。後兩者均是以戲獅甲原有產業為基礎，最後石化專區一如政府所願成功，台塑也在仁武建立台塑仁武廠，但臨海工業區的重工業區則因幾項投資，以及重用軍系領導而失敗。

石化產業遷離、重工業失敗，以及原有產業的衰敗，使得戲獅甲公司多半虧損，加上高雄人口快速成長，戲獅甲外圍已成為住宅區，許多工廠的汙染導致民眾抗議並要求遷廠，於是這些公營企業該如何處理，成為政府頭痛之處。

在一九九〇年代以前，政府因應公營企業的虧損，以併入其他賺錢的公營企業為主，如臺灣鋼廠併入台機、農化廠併入台糖，台碱、中台化工、中國磷業併入中石化，台鋁併入中鋼。在一九九〇民營化旋風崛起後，政府希望以釋出股票方式，轉手給民間經營，但打先鋒的中石化、中華工程因接手企業引起民間財團化疑慮，遂使得政府做法改變，就是依舊釋股，讓官股雖不過半，但仍是可主導的最大股，如中鋼、台肥均是。但面對虧損連連的企業，卻無法如此，最後僅能分廠出售，如台機在戲獅甲區域內兩廠區，分別售予統一及東南水泥。

無論如何，此時的戲獅甲已不適合繼續維持工業區型態。一九九九年配合全球經貿型態轉變，以及舊港區重新開發的風潮，政府推出「多功能經貿園區」，將工業區土地升級為商業區，但區內業主的開發並不積極，僅有統一夢時代等少數案例，使得政府決定以公共建設來帶動區內發展，於是推出「亞洲新灣區」，以輕軌捷運、高雄展覽館等五大建設，刺激業主跟進，也收到不錯的成效。

戲獅甲的產業發展，可說是臺灣工業區的縮影，從農田轉為工廠，帶動附近發展，但在居民增多、產業變遷後，又需要再度轉型，從汙染性工業變成休閒觀光產業。但不論如何轉型，「國家」的角色都是最重要，且隱身於後的操盤手。

國家與產業：計畫經濟下的戲獅甲

戲獅甲工業區的成立到如今的轉換，背後的主因都與國家政策息息相關，日治時期的軍需工業、戰後資源委員會與行政長官公署的接收，到日後美援時期扶持台塑在戲獅甲落地生根，以及一九八〇年代軍事工業再度介入、一九九〇年代的民營化政策，乃至於最近的多功能經貿園區、亞洲新灣區，都與政策脫離不了關係，這也是臺灣經濟的一大特點。

換言之，戲獅甲可以說是一個臺灣經濟的縮影，也說明了臺灣經濟在發展上的「國家」角色重要性。但成功故事容易被歌頌，失敗故事卻容易被忘記，不管是一九六〇年代，以公營事業為主帶動的工業起飛，或是蔣經國時代的十大建設，時常被歌頌。但從戲獅甲發展案例來看，卻可發現公營事業常被政治左右，且其銷售對象，也往往是公營機關，無法像民營公司建立長久來往的客戶鏈，使其喪失市場競爭力。如中台化工因建廠時需要購買的機器，被當作外交籌碼，以致日後生產成本偏高。甚至一九八〇年代軍事工業再起，大量軍事將領擔任公營事業董事長，也是一九八〇年代公營事業由盛轉衰的主要原因之一，這都與國家政策有關。

同樣的，一九九〇年代的民營化被抨擊為「財團化」，也因國家面對衰敗的公營企業，將「民營化」當作是唯一良方有關，此時輿論力量逐漸茁壯，因此民營化完全不可擋，卻讓戲獅甲許多土地售予私人企業。但在另一個同樣未能完全落實的「亞太營運中心」政策下，卻誤打誤撞成為戲獅甲翻轉的多功能經貿園區及亞洲新灣區。

同樣是不成功的國家政策，但結果卻不相同，其中關鍵在於「國家」力量逐漸衰微，隨著民選市長、總統的一一落實，地方首長力量增強，多功能經貿園區及亞洲新灣區的政策已不再由國家完全主導，反而地方開始出現主導性。

在「亞太營運中心」下所誕生的「多功能經貿園區」是極為有趣案例，「多功能經貿園區」不僅沒有如上位計畫「亞太營運中心」消失，反而在地方政府規劃下，藉由「亞洲新灣區」補足「多功能經貿園區」

的不足，成為戲獅甲翻轉的關鍵，可見地方政府的能力及主導性，與以往已大不相同。

戲獅甲從一開始，就是「計畫經濟」下的產物，迄今仍無改變，但最大的變化是誰在主導「計畫經濟」？從以往的國家，到現在聲勢越來越大的地方，中央與地方的拉鋸，以及地方間的政商關係，又將是另一個影響發展的關鍵。

註釋

前言

1．高雄輕軌第一階段（西子灣至籬仔內）已於二〇一七年九月二十六日通車。

2．楊玉姿，《前鎮開發史》（高雄：高雄市前鎮區公所，二〇〇七年）。

3．王御風、陳慧鑽，〈日治時期戲獅甲工業區的設立〉，《高雄文獻》五：二（高雄：高雄市立歷史博物館，二〇一五年），頁一〇五—一三〇。

4．張宗漢，《光復前臺灣之工業化》（臺北：聯經，一九八〇年）。

5．林繼文，《日本據台末期（一九三〇—一九四五）戰爭動員體系之研究》（臺北：稻鄉出版社，一九九六年）。

6．小林英夫著，何義麟譯，〈一九三〇年代後半期以後的臺灣「工業化」政策〉，《臺灣史料研究》一（臺北：財團法人吳三連臺灣史料基金會，一九九三年），頁一三一—一七二。

7．高淑媛，〈臺灣戰時生產擴充政策之實施成效：以工業為中心之分析〉《成大歷史學報》二十九（台南：成大歷史學報，二〇〇五年），頁一六五—二一四。

8．蕭采芳，〈一九三〇年代後期的高雄港與軍需工業〉（嘉義縣：國立中正大學歷史研究所碩士論文，二〇〇八年，未出版）。

9．李淑芬，〈日本南進政策下的高雄建設〉（臺南市：成功大學歷史研究所碩士論文，一九九五年，未出版）。

10．陳慈玉，《連續與斷裂—近代臺灣產業與貿易研究》（上海：上海人民出版社，二〇一四年）。

11．高淑媛，《臺灣近代化學工業史（一八六〇—一九五九）》（臺北：臺灣化學工程學會，二〇一二年）。

12．高淑媛，《臺灣工業史》（臺北：五南，二〇一六年）。

13．吳若予，《戰後臺灣公營事業之政經分析》（臺北：業強，一九九二年）。

14．陳思宇，《臺灣區生產事業管理委員會與經濟發展策略（一九四九—一九五三）：以公營事業為中心的探討》（臺北：國立政治大學歷史學系，二〇〇二年）。

15．陳思宇，〈冷戰、國家建設與治理技術的轉變：戰後臺灣宏觀經濟治理體制的形成（一九四九—一九七三）〉（臺北：臺灣大學歷史學系博士論文，二〇一一年）。

16．劉士永，《光復初期臺灣經濟政策的檢討》（臺北：稻鄉，一九九六年）。

17．劉進慶著，王宏仁、林繼文、李明峻譯，《臺灣戰後經濟分析》（臺北：人間，一九九五年）。

18．林鐘雄，《臺灣經濟發展四十年》（臺北：自立晚報，一九八七年）。

19．吳聰敏，〈美援與臺灣的經濟發展〉，《臺灣社會研究季刊》一：一（臺北：臺灣社會研究，一九八八年），頁一四五—一五八。

20．趙既昌，《美援的運用》（臺北：聯經，一九八五年）。

21．文馨瑩，《經濟奇蹟的背後：臺灣美援經驗的政經分析》（臺北：自立，一九九〇年）。

22．瞿宛文，《臺灣戰後經濟發展的起源：後進發展的為何》（臺北：中研院、聯經，二〇一七年）。

23．郭岱君，《臺灣經濟轉型的故事：從計畫經濟到市場經濟》（臺北：聯經，二〇一五年）。

24．薛化元等，《臺灣石化業發展史》（臺北：現代財經基金會，二〇一七年）。

25. 翁鴻山總編輯，《臺灣化工史》（臺北：臺灣化學工程學會，二〇一四年）。
26. 蔡偉銑，〈臺灣石化工業發展過程的政治經濟分析〉，《東吳政治學報》八（臺北：東吳大學，一九九七年），頁一五七—二二四。
27. 張晉芬，《臺灣公營事業民營化：經濟迷思的批判》（臺北：中研院社研所，二〇〇一年）。
28. 陳師孟等，《解構黨國資本主義：論臺灣官營事業之民營化》（臺北：翰蘆，一九九七年）。
29. 臺灣勞工陣線，《新國有政策：臺灣民營化政策總批判》（臺北：勞動者，一九九九年）。
30. 吳欽賢，〈日據時期高雄市都市發展與計畫歷程之分析〉（臺北：臺灣大學土木工程研究所碩論，一九八八年，未出版）。
31. 吳文彥，〈都市規劃調節範型變遷之研究：高雄市都市計畫個案變更分析（一九五五—二〇〇〇）〉（臺南：成功大學都市計畫學系博士論文，二〇〇一年，未出版）。
32. 陳政宏，《鏗鏘已遠：台機公司獨特的一百年》（臺北：行政院文建會，二〇〇七年）。
33. 黃俊夫，《硫金歲月——臺灣產業經濟檔案數位典藏專題選輯：高雄硫酸錏股份有限公司》（臺北：檔案管理局，二〇〇九年）。
34. 鄧文龍、張守真，《百煉千淬：唐榮鐵工廠股份有限公司》（臺北：檔案管理局，二〇一一年）。
35. 許雪姬，《民營唐榮公司相關人物訪問紀錄（一九四〇—一九六二）》（臺北：中央研究院近代史研究所，一九九三年）。
36. 許雪姬，〈唐榮鐵工廠之研究（一九四〇—一九五五）〉收於黃俊傑編，《高雄歷史與文化論集》二輯（高雄：陳中和翁慈善基金會，一九九五年），頁一五五—二〇〇。
37. 洪紹洋，〈戰後臺灣機械公司的接收與早期發展（一九四五—一九五三）〉，《臺灣史研究》十七：三（臺北：中研院臺史所，二〇一〇年），頁一五一—一八二。
38. 翁俊發，〈從賠償到治理：高雄硫酸錏廠污染爭議史（一九五〇—一九九〇S）〉，《高市文獻》二十三：二（高雄：高雄市立歷史博物館，二〇一〇年），頁一四一—一六二。
39. 徐明福等，〈台塑企業高雄廠區工業遺址保存之初步研究〉（臺北：臺灣塑膠工業股份有限公司，二〇一四年，未出版）。
40. 王振寰，〈國家機器與臺灣石化業的發展〉，《臺灣社會研究季刊》十八（臺北：臺灣社會研究，一九九五年），頁一—三七。
41. 楊玉姿，《前鎮開發史》，頁七二。

第一章

1. 本章初稿曾與陳慧鐶老師共同撰寫，刊登於高雄文獻，本文則依據此初稿再補充資料，撰寫而成。見王御風、陳慧鐶，〈日治時期戲獅甲工業區的設立〉，《高雄文獻》五：二，頁一〇五—一三〇。
2. 曾玉昆，《高雄市地名探源》（高雄：高雄市文獻委員會，一九九七），頁一二三。
3. 楊玉姿，《前鎮開發史》，頁七二。
4. 〈地名資訊服務網〉，網址：http://gn.moi.gov.tw/GeoNames/GNMap/map_Admin/map/MapMain.aspx#，檢索日期：二〇一七年六月二十七日。
5. 「漁業免許」（一九一七年十一月七日），〈府報第一四二〇號〉，《臺灣總督府府（官）報》，國史館臺灣文獻館，典藏號0071021420a007。

6.「漁業免許」（一九二三年六月二十四日），〈府報第二九七五號〉，《臺灣總督府府（官）報》，國史館臺灣文獻館，典藏號0071022975a008。

7.「墳墓改葬（臺中、高雄州）」（一九三三年五月六日），〈府報第一八〇二號〉，《臺灣總督府府（官）報》，國史館臺灣文獻館，典藏號0071031802a011。「墳墓改葬（高雄州）」（一九三八年九月十六日），〈府報第三三八八號〉，《臺灣總督府府（官）報》，國史館臺灣文獻館，典藏號0071033388a015。「墳墓改葬（高雄州）」（一九四〇年一月十七日），〈府報第三七八四號〉，《臺灣總督府府（官）報》，國史館臺灣文獻館，典藏號0071033784a010。「墳墓改葬（高雄州）」（一九四一年三月二十八日），〈府報第四一四九號〉，《臺灣總督府府（官）報》，國史館臺灣文獻館，典藏號0071034149a012。

8.打狗即今高雄，一九二〇年（大正九年）才更名為高雄，本書於一九二〇年前，仍以打狗撰寫。

9.停車場即為日文之火車站。

10.李文環、蔡侑樺、黃于津、蔡佩蓉、佘健源，《高雄港都首部曲—哈瑪星》（高雄：高雄市政府文化、好讀出版社，二〇一五），頁三九、四一、四五、四八。

11.楊玉姿、張守真，《高雄港開發史》，頁七二—七三。

12.高淑媛，〈臺灣戰時生產擴充政策之實施成效：以工業為中心之分析〉，《成大歷史學報》二十九，頁一六六—一七四。

13.蕭采芳，〈一九三〇年代後期的高雄港與軍需工業〉，頁三〇—四三。

14.小林英夫著，何義麟譯，〈一九三〇年代後半期以後的臺灣「工業化」政策〉，《臺灣史料研究》一，頁一三五—一四六。

15.高淑媛，〈臺灣戰時生產擴充政策之實施成效—以工業為中心之分析〉，《成大歷史學報》二十九，頁一八〇—一八二。

16.杜劍鋒，《高雄火車站今昔》（高雄：高雄市文獻委員會，二〇〇一年），頁五五。

17.《臺灣總督府府報》，第三千四號，昭和十二年六月十三日。

18.《臺灣總督府府報》，第三千六十六號，昭和十二年八月二十七日。

19.高雄市役所編，《高雄市要覽》昭和十二年版（臺北：成文出版社，一九八五年），頁八七—八八。吳欽賢，《日據時期高雄市都市發展與計畫歷程之分析》（臺北：臺灣大學土木工程研究所碩論，一九八八年），頁一一三、一一五。

20.吳欽賢，《日據時期高雄市都市發展與計畫歷程之分析》，頁一一八。

21.蕭采芳，〈一九三〇年代後期的高雄港與軍需工業〉，頁四〇。

22.本會調查部，〈臺灣產業風土記（高雄州の卷）〉《臺灣經濟叢書》第十冊（昭和十年）（臺北：成文出版），頁一七七—一七九。

23.李淑芬，《日本南進政策下的高雄建設》，頁一二九。

24.荷置場（におきば）：放置貨物的地方。

25.物揚場（ものあげば）：停泊船隻的卸貨處（四．五公尺以下的高度）。

26.田中偷，〈高雄產業の概觀〉《高雄經濟情報》四卷三期，頁一一。

27.謝明勳、童振疆、古庭維，《哈瑪星臺灣鐵道館：臺灣百年鐵道縮影》（高雄：高雄市立歷史博物館、晨星出版社，二〇一六），頁二七。

28.簡錦松，《高雄市地名與路街沿革史》（高雄：高雄市文獻委員會，二〇〇七年），頁一七八。

29.〈高雄戲獅甲運河橋落成す寫眞下は渡初式である〉，《臺灣日日新報》，一九三九年五月三十日，第九版。
30.吳欽賢，〈日據時期高雄市都市發展與計畫歷程之分析〉，頁一〇七。
31.林炳炎，《臺灣電力株式會社發展史》（臺北：臺灣電力株式會社資料中心出版，一九九七年），頁七七—八一。
32.蕭采芳，〈一九三〇年代後期的高雄港與軍需工業〉，頁八六—九一。
33.林繼文，《日本據台末期（一九三〇—一九四五）戰爭動員體系之研究》，頁一二八。
34.「工場」為日文，本書提及其原始名稱均以「工場」稱之，但在敘述時，則以「工廠」書寫。
35.〈面目一新の重工業地帶 運河を一粁延長〉，《臺灣日日新報》，一九四一年三月十八日，第四版。
36.戲獅甲區尚有一間紅屋板製造所，但缺乏其他相關資料。而從土地台帳資料顯示，臺灣國產自動車株式會社、臺灣電力株式會社、臺灣製糖株式會社、日本鑛業株式會社在戲獅甲地區亦有土地，但均由軍方使用。故以上述十一間工廠為討論範疇。
37.高淑媛，《臺灣近代化學工業史（一八六〇—一九五九）》，頁二一二—二一三。
38.陳慈玉，《連續與斷裂—近代臺灣產業與貿易研究》，頁三五—三九。
39.陳慈玉，《連續與斷裂—近代臺灣產業與貿易研究》，頁四〇。
40.高雄州臨時情報部，〈南日本化學工業株式會社創立〉，《部報》七八（一九三九年十一月），頁一六。〈南日本化學工業 二十一日高雄で創立さる〉，《臺灣日日新報》，一九三九年十月二十二日，第二版。
41.〈南日本化學地鎮祭〉，《臺灣日日新報》，一九三九年一月二十三日，第三版。
42.〈南日本化學工業十一月末に高雄安平兩工場竣工〉，《臺灣日日新報》，一九四〇年十月三日，第三版。
43.關口剛司，〈三井財閥與日據時期臺灣之關係〉（臺南：成功大學歷史研究所碩士論文，二〇〇三年），頁一一八—一一九。
44.〈南日本化學工業 高雄工場復活へ〉，《臺灣日日新報》，一九四〇年十月三日，第三版。
45.高淑媛，《臺灣近代化學工業史（一八六〇—一九五九）》，頁二一七—二一八。
46.旭電化工業株式會社社史編集委員會，《旭電化工業七〇年史》（東京：旭電化，一九八九年），頁二九九。
47.〈旭電化專務高雄で語る〉，《臺灣日日新報》，一九三九年三月三日，第二版。
48.〈旭電化の高雄工場〉，《臺灣日日新報》，一九三九年三月十四日，第二版。
49.旭電化工業株式會社社史編集委員會，《旭電化工業七〇年史》，頁二九九—三〇〇。
50.〈旭電化工業の マグネシウム工場 高雄建設に許可〉，《臺灣日日新報》，一九三九年十一月三十日，第二版。
51.旭電化工業株式會社社史編集委員會，《旭電化工業七〇年史》，頁二九九—三〇〇。
52.〈旭電化高雄工場 大林組の請負で 本月十八日地鎮祭〉，《臺灣日日新報》，一九四〇年二月六日，第三版。
53.〈旭電化地鎮祭〉，《臺灣日日新報》，一九四〇年二月十九日，第四版。

54．旭電化工業株式會社社史編集委員會，《旭電化工業七〇年史》，頁三〇〇。

55．旭電化工業株式會社社史編集委員會，《旭電化工業七〇年史》，頁三〇〇。

56．〈旭電化の竣工　五月下旬の見込〉，《臺灣日日新報》，一九四〇年二月十九日，第四版。

57．〈旭電化の操業 愈愈本格化〉，《臺灣日日新報》，一九四一年九月四日，第二版。

58．〈旭電化が鹽酸製造〉，《臺灣日日新報》，一九四二年十一月二十二日，第二版。

59．中日戰爭時為了要統一運用國家資源而組成的特殊法人單位，也就是「經營財團」的簡稱。除了東京的營團地下鐵還有食糧營團、住宅營團等等的特殊單位。

60．旭電化工業株式會社社史編集委員會，《旭電化工業七〇年史》，頁三〇〇—三〇四。

61．芝忠一，《新興の高雄》（高雄：台南新報，一九二九年），頁一一八、一一九。

62．〈臺灣肥料の高雄工場延期〉，《臺灣日日新報》，一九三八年十月六日，第二版。

63．〈臺肥高雄工場 重工業地に移轉〉，《臺灣日日新報》，一九三九年二月二十一日，第二版。

64．〈臺灣肥料の增資は九月 十四日高雄工場地鎮祭執行〉，《臺灣日日新報》，一九四〇年八月十六日，第四版。

65．〈臺灣肥料の高雄工場工程〉，《臺灣日日新報》，一九四一年七月十八日，第二版。

66．〈過燐酸石灰自給化に 臺灣肥料高雄工場が近く操業〉，《臺灣日日新報》，一九四二年五月二十日，第二版。高淑媛，《臺灣近代化學工業史（一八六〇—一九五〇）》，頁一九二—一九五。

67．〈臺灣肥料が硫酸製造開始〉，《臺灣日日新報》，一九四三年五月四日，第二版。

68．高淑媛，《臺灣近代化學工業史（一八六〇—一九五〇）》，頁一九五。

69．高淑媛，《臺灣近代化學工業史（一八六〇—一九五〇）》，頁七一。

70．臺灣塩野義製藥，〈關於塩野義 歷史沿革〉。檢索日期：二〇一七年十月二十五日。網址：http://www.shionogi.com.tw/web/about/about.jsp?no=1。

71．塩野義製藥，《シオノギ百年》（大阪：塩野義製藥株式會社，一九七八年），頁二〇二—二〇三。

72．〈塩野義キニーネ製造に乘出す〉，《臺灣日日新報》，一九四三年十二月十一日，第二版。塩野義製藥，《シオノギ百年》，頁五一四。

73．塩野義製藥，《シオノギ百年》，頁二〇三。

74．塩野義製藥，《シオノギ百年》，頁二〇三—二〇四。

75．蕭采芳，〈一九三〇年代後期的高雄港與軍需工業〉，頁九一—九二。

76．高淑媛，〈臺灣戰時生產擴充政策之實施成效—以工業為中心之分析〉《成大歷史學報》二九，頁一九四。

77．關口剛司，《三井財閥與日據時期臺灣之關係》，頁一一三。

78．小林英夫著，何義麟譯，〈一九三〇年代後半期以後的臺灣「工業化」政策〉《臺灣史料研究》第一期，頁一六二。

79. 陳慈玉，《連續與斷裂—近代臺灣產業與貿易研究》，頁〇—九三。
80. 中山馨、片山清夫，《躍進高雄の全貌》（東京：力行堂，一九四〇年），頁一八三—一八五。
81. 陳慈玉，《連續與斷裂—近代臺灣產業與貿易研究》，頁九二。
82. 高雄州產業調查會，《高雄州產業調查會資料工業部》（昭和十一年），頁二五。
83. 〈碱氯工業〉，收入《臺灣工業復興史》（臺北：中國工程師學會，一九五八年），頁二九一—二七三。
84. 林鐘雄，〈臺灣之鋁工業〉，《臺灣之工業論集》卷四（臺北：臺灣銀行經濟研究室，一九四九年），頁七三—七四。
85. 吳連賞，《高雄都會區工業發展的時空過程與環境變遷》（高雄：復文圖書，一九九五年），頁六四。
86. 蕭采芳，〈一九三〇年代後期的高雄港與軍需工業〉，頁九四。
87. 林鐘雄，〈臺灣之鋁工業〉《臺灣之工業論集》卷四（臺北：臺灣銀行經濟研究室，一九四七年），頁七四。
88. 黃瑛明，《興仁國中鄉土教材—草地前鎮》（高雄：興仁國中，二〇〇二年）。
89. 田中一二、芝忠一，《臺灣の工業地打狗港》（臺北：臺灣日日新報，一九一八年），頁一四、一五。
90. 芝忠一，《新興の高雄》（高雄：台南新報，一九二九年），頁一〇七—一一一。
91. 中山馨、片山清夫，《躍進高雄の全貌》，頁一八九—一九二。
92. 簡錦松，《高雄市地名與路街沿革史》，頁一五五。
93. 小林英夫著，何義麟譯，〈一九三〇年代後半期以後的臺灣「工業化」政策〉，《臺灣史料研究》，頁一三九。
94. 高淑媛，〈臺灣戰時生產擴充政策之實施成效—以工業為中心之分析〉，《成大歷史學報》二九，頁二〇一—二〇三。
95. 中鋼網站，〈高雄製鐵株式會社〉。資料檢索日期：二〇一四年九月十四日。網址：http://museum.csc.com.tw/Content_Html.aspx?progId=R00326。
96. 海峽兩岸出版交流中心編，〈一九四六年二月—臺灣工礦事業考察總報告〉《館藏民國臺灣檔案匯編》七九冊（北京：九州出版，二〇〇七年），頁一二五。
97. 楊玉姿，《前鎮開發史》，頁一四一。書中所提的臺灣製鐵株式會社應為高雄製鐵株式會社。
98. 許雪姬，〈唐榮鐵工廠之研究（一九四〇—一九五五）〉收於黃俊傑編，《高雄歷史與文化論集》二輯，頁一六〇。
99. 許雪姬，〈唐榮鐵工廠之研究（一九四〇—一九五五）〉，《高雄歷史與文化論集》二輯，頁一七一。許雪姬，《民營唐榮公司相關人物訪問紀錄一九四〇～一九六二》，頁五。
100. 許雪姬，〈唐榮鐵工廠之研究（一九四〇—一九五五）〉，《高雄歷史與文化論集》二輯，頁一七一。
101. 《臺灣畜產興業株式會社第一期營業報告書》（出版地不詳：發行者不詳，一九三九年），頁五—八。臺灣畜產興業株式會社，《臺灣畜產興業株式會社要覽》（出版地不詳：發行者不詳，一九四二年），頁三—一五。
102. 臺灣畜產興業株式會社，《臺灣畜產興業株式會社要覽》，頁三—一五。
103. 〈臺灣特殊窯業 高雄の耐火煉瓦 工場は十月操業〉，《臺灣日日新報》，一九三九年九月十二日，第二版。

104.〈窯業工場竣工式〉，《臺灣日日新報》，一九三九年十月十六日，第四版。

105.高雄州臨時情報部，〈臺灣特殊窯業會社操業開始〉，《部報》七九（一九三九年十一月十一日），頁一七。

106.前鎮地政事務所，〈高雄市前鎮區獅甲段五二二號〉，《日治時期土地登記簿》。

107.高淑媛，〈臺灣戰時生產擴充政策之實施成效—以工業為中心之分析〉，《成大歷史學報》二九，頁二〇一。

108.臺灣總督府鑛工局，《工場名簿》（發行地不詳：臺灣總督府鑛工局，一九四四年），頁一一〇。

109.王御風，《高雄社會領導階層的變遷（一九二〇—一九六〇）》（臺北：玉山社，二〇一三年九月），頁二〇八—二一一。

110.今村一喜，〈南洋材とベニヤ工業〉，《臺灣の山林》一九二（一九四二年四月一日），頁六二。

111.資源委員會臺灣鋁廠，〈日本鋁株式會社高雄工場花蓮港工場及臺北出張所三單位清算案（一九四六）〉，國史館館藏，館藏號：045000000292A-045000000298A。

112.〈台鋁耆老朱石明訪談〉，訪談時間二〇一七年九月七日。

113.王御風、朱佩甄、李淩萱、林欣、林宏聰、林靖鈞、邱祈竣、高玉馨、陳明德、許經緯、黃韻珊、劉才煒、劉貞麟、謝雲嬌，《油廠記憶—中國石油公司高雄廠宿舍區口述訪談記錄》（高雄：社團法人高雄市城市願景協會，二〇一一），頁三一—三五。

114.臺灣省日產清算委員會，〈旭電化工業株式會社清算狀況報告書（一九四五）〉，國史館館藏，館藏號：045000000300A。

115.旭電化工業株式會社社史編集委員會，《旭電化工業七〇年史》，頁三〇三。

116.青葉國民學校為今日的高雄市立苓洲國民學校之前身，但日治時期校地則是位於今成功國小校址，乃是因一九〇四年設打狗公學校苓雅寮分校，借用今苓西里安瀾宮為臨時校舍，一九〇五年遷入苓雅寮二三八番地新校舍（今苓中路二號，即成功國小現址），一九〇七年才獨立為苓雅寮公學校，一九二一年改稱為高雄第二公學校，一九三七年改稱為青葉公學校並增設高等科。同年，因應新都市計畫需要，又增設第二校區於今興中路八六號，即苓洲國小現址。一九四一年改稱青葉國民學校，戰後一九四六年改名為高雄市立苓洲國民學校，一九五三年苓洲國民學校第二任校長陳火炎時，校址遷至興中二路第二校區，原址改設高雄市立成功國民學校。見高雄市文獻委員會，《重修高雄市志卷三教育志（下）》（高雄：高雄市政府，一九八五年），頁一一四。苓洲國小，〈苓洲校史〉。資料檢索日期：二〇一七年月二十七日。網址：http://www.ljps.kh.edu.tw/。

117.高淑媛，《臺灣工業史》，頁一七六—一七八。

118.高雄市文獻委員會，《重修高雄市志 卷三教育志（上）》（高雄：高雄市政府，一九八五年），頁四八。

119.「臺灣總督府工業技術練習生養成所ノ名稱及位置」（一九四二年四月二十九日），〈官報第二三號〉，《臺灣總督府（官）報》，國史館臺灣文獻館，典藏號：0072030023a002。

120.臺灣省立高雄工業職業學校為今日高雄市立高雄高級工業職業學校，創立於一九四二年，原名為高雄州立高雄工業學校，首任校長為宮本清利博士，初期僅設有機械、電氣、化工與建築等四科，一九四四年校舍落成後遷入灣子內60番地，戰後改名為臺灣省立高雄工業職業學校。見高雄高工，〈學校沿革〉資料檢索日期：二〇一七年十月十八日。網址：https://sites.google.com/a/ksvs.kh.edu.tw/xue-xiao-jian-jie/。

121.張宗漢，《光復前臺灣之工業化》（臺北：聯經，一九八〇年）。

122.工廠分佈以使用人標示。根據日治時期土地臺帳及土地登記簿記載，戲獅甲五七七（今日為高雄市前鎮區獅甲段五二三號），所有權人為臺灣電力株式會社，地圖標示為艇庫。戲獅甲二五〇—四（今日為高雄市前鎮區獅甲段七號），所有權人為臺灣國產自動車株式會社，地圖標示為兵器庫。籬子內四四六（今日為高雄市前鎮區憲德段七七四號），所有權人為國庫，地圖標示為高雄倉庫。前鎮一二六（今日為高雄市前鎮區興邦段四八號），所有權人為臺灣製糖株式會社，地圖標示為高射砲隊。前鎮一七四（今日為高雄市前鎮區興邦段一一九號），所有權人為日本鑛業株式會社，地圖標示為戲獅甲倉庫。根據國防部史政編譯局，〈陸軍營產糾紛處理案〉，國家發展委員會檔案管理局館藏，館藏號：0037/900.7/742/1，將地圖標示為戲獅甲要塞倉庫。

123. 林繼文，《日本據台末期（一九三〇—一九四五）戰爭動員體系之研究》，頁一三一—一三六。

第二章

1. 此時中華民國政府為中華民國國民政府，是中華民國訓政時期（一九二五—一九四八）的中央政府及最高行政機關，戰後於一九四七年十二月二十五日實施，並在一九四八年四月二十日選出第一任總統蔣中正及副總統李宗仁，兩人在一九四八年五月二十日就職，中華民國進入憲法時期，中華民國國民政府也改為中華民國政府，一般人習慣稱一九四八年五月二十日前之中華民國政府為國民政府或簡稱「國府」，本書為統一起見，均以中華民國政府撰寫。
2. 吳若予，《戰後臺灣公營事業之政經分析》（臺北：業強，一九九二年），頁二三—四三。
3. 劉士永，《光復初期臺灣經濟政策的檢討》（臺北：稻鄉，一九九六年），頁一六三。
4. 吳若予，《戰後臺灣公營事業之政經分析》，頁二五—二六。
5. 吳若予，《戰後臺灣公營事業之政經分析》，頁二五—二六。
6. 當時工業與礦業並重，因此稱為工礦處，今日則分開，在經濟部下有工業局及礦務局，兩者重要性也有所不同。
7. 嚴演存，《早年之臺灣》（臺北：時報，一九九一年），頁一一—一二。
8. 嚴演存，《早年之臺灣》，頁一三。
9. 嚴演存，《早年之臺灣》，頁一四。
10. 吳若予，《戰後臺灣公營事業之政經分析》，頁二九。
11. 經濟部，〈經濟部呈送行政院國省合辦工礦企業辦法（一九四六年六月六日）〉，收於薛月順編，《臺灣省政府檔案史料彙編—臺灣省行政長官公署時期（一）》（臺北：國史館，一九九六年），頁一七三—一七五。
12. 嚴演存，《早年之臺灣》，頁一四—一五。
13. 「臺灣造船公司」、「臺灣機械公司」原為「臺灣機械造船股份有限公司」，一九四八年七月才分為兩單位，因此在資委會剛接管時，僅有十單位。
14. 經濟部對於「國省合營」企業中的意見為「紙業公司、水泥公司似可仿照中紡公司出售民營原則，以百分之七十轉讓民營，其餘尚無不合」，這或許是後來四大公司民營化之初步想法，見經濟部，〈經濟部核復前行政長官公署電呈該省撥歸公營企業清冊（一九四七年八月二十六日）〉，收於薛月順編，《臺灣省政府檔案史料彙編—臺灣省行政長官公署時期（一）》，頁二六一。
15. 吳若予，《二二八事件與公營事業》（臺北：檔案管理局，二〇〇七年），頁二一。
16. 臺灣省行政長官公署，〈各機關接收日人在臺公私有土地登記表式（一九四六年六月二十九日）〉，《臺灣省行政長官公署檔案》，國史館臺灣文獻館，典藏號 00306100027002。

17．臺灣省行政長官公署，〈各機關接收日人在臺公私有土地登記表式（一九四六年六月二十九日）〉，《臺灣省行政長官公署檔案》，國史館臺灣文獻館，典藏號 00306100027002。

18．經濟部，〈經濟部函請行政院秘書處轉陳臺灣省行政長官公署該部審核臺灣省接收日資企業處理實施辦法（一九四六年九月二十七日）〉，收於薛月順編，《臺灣省政府檔案史料彙編—臺灣省行政長官公署時期（一）》，頁三三—三四。

19．中國國民黨中央執行委員會財務委員會，〈中國國民黨中央執行委員會財務委員會函請行政院將臺灣之電影戲院撥歸該會經營（一九四六年十一月二十日）〉，收於薛月順編，《臺灣省政府檔案史料彙編—臺灣省行政長官公署時期（一）》，頁四二。

20．臺灣工礦股份有限公司，《臺灣工礦股份有限公司創立實錄》（臺北：臺灣工礦股份有限公司，一九四七年），頁一—三。

21．臺灣工礦股份有限公司，《臺灣工礦股份有限公司創立實錄》，頁一二九—一三四。

22．臺灣省行政長官公署農林處技術室，〈導論〉，《臺灣省行政長官公署農林處接收之日資企業一覽》（臺北：臺灣行政長官公署農林處，一九四六年）。

23．戰後接收是以臺灣各地相關產業各公司匯集為同一公司，如臺灣碱業就包括高雄、臺南等地，故戲獅甲之公司，多半為某公司之高雄廠。

24．臺灣窯業有限公司，《臺灣窯業有限公司概況》（一九四六年）。收於楊蓮福、陳謙主編，《民間私藏民國時期暨戰後臺灣資料彙編（產業篇一）》第十五冊（臺北：博揚文化，二〇一二年），頁一三一。

25．此與後來二六、六〇兵工廠遷建及硫酸錏創建有關，將在第三節詳述。

26．臺灣鋼廠即位於戲獅甲，本章後會介紹。

27．經濟部資源委員會，《經濟部資源委員會在臺事業單位整理紀要》（臺北：經濟部資源委員會，一九五〇年），頁一。

28．陳思予，《臺灣區生產事業管理委員會與經濟發展策略（一九四九—一九五三）：以公營事業為中心的探討》，頁八七—九八。

29．陳思予，《臺灣區生產事業管理委員會與經濟發展策略（一九四九—一九五三）：以公營事業為中心的探討》，頁一三八。

30．陳思予，《臺灣區生產事業管理委員會與經濟發展策略（一九四九—一九五三）：以公營事業為中心的探討》，頁九八—一四一。

31．經濟部資源委員會，《經濟部資源委員會在臺事業單位整理紀要》，頁三。

32．陳思予，《臺灣區生產事業管理委員會與經濟發展策略（一九四九—一九五三）：以公營事業為中心的探討》，頁一三八。

33．屬於臺灣工礦鋼鐵機械分公司的原高雄製鐵株式會社，原為臺灣工礦下鋼鐵機械公司第三機械廠，於一九四八年十月轉移成為鋼鐵機械公司第四鋼鐵廠，又成為高雄硫酸錏廠主要廠址，因資料不多，在此不特別敘述。可見臺灣省農工企業股份有限公司，〈臺灣鋼鐵機械公司第四機械廠移交清冊〉，國家發展委員會檔案管理局館藏，館藏號：0037/1139/3/1/0。

34．資源委員會，〈臺灣鋁廠概況〉，《三十九年度資源委員會在臺各生產事業單位概況》（一九五一年）。收錄於楊蓮福、陳謙主編，《民間私藏民國時期暨戰後臺灣資料彙編（產業篇一）》第二冊，（臺北：博揚文化，二〇一二年），頁九九。

35．資源委員會，〈臺灣鋁廠概況〉，《三十九年度資源委員會在臺各生產事業單位概況》（一九五一年）。收錄於楊蓮福、陳謙主編，《民間私藏民國時期暨戰後臺灣資料彙編（產業篇一）》第二冊，頁九九。

36. 臺灣省行政長官公署工礦處，《臺灣公營工礦企業概況》（臺北：臺灣省行政長官公署工礦處，一九四六年），頁一。
37. 臺灣省行政長官公署工礦處，《臺灣公營工礦企業概況》，頁一。
38. 〈臺灣鋁業高雄工廠招待加拿大專家研究復工〉，《民報》，一九四六年十月二十八日，第三版。
39. 〈資源委員會，臺灣鋁業有限公司概況（一九五〇年十月）〉，《資源委員會檔案史料彙編—光復初期臺灣經濟建設（中）》，頁二五五—二五九。
40. 葉振輝譯，〈台鋁公司史料選譯〉，《半世紀前的高雄煉油廠與台鋁公司》（高雄：高市文獻會，一九九六年六月初版二刷），頁一一一—二四。
41. 資源委員會，〈臺灣鋁廠概況〉，《三十九年度資源委員會在臺各生產事業單位概況》（一九五一年）。收錄於楊蓮福、陳謙主編，《民間私藏民國時期暨戰後臺灣資料彙編（產業篇一）》第二冊，頁一三四。
42. 資源委員會，〈臺灣鋁廠概況〉，《三十九年度資源委員會在臺各生產事業單位概況》（一九五一年）。收錄於楊蓮福、陳謙主編，《民間私藏民國時期暨戰後臺灣資料彙編（產業篇一）》第二冊，頁一一八—一一九。
43. 臺灣碱業有限公司技術室，《臺灣碱業有限公司要覽》（高雄：臺灣碱業有限公司，一九四八年），頁一。公論報高雄分社編，《大高雄》（高雄：公論報高雄分社，一九五三年），頁三一。
44. 臺灣碱業有限公司技術室，《臺灣碱業有限公司要覽》，頁二。
45. 資源委員會，〈臺灣製碱股份有限公司（一九四六年十二月）〉，收錄於薛月順編，《資源委員會檔案史料彙編—光復初期臺灣經濟建設（中）》（臺北：國史館，一九九三年）頁九七—九九。
46. 臺灣碱業有限公司技術室，《臺灣碱業有限公司要覽》，頁九。
47. 臺灣碱業有限公司技術室，《臺灣碱業有限公司要覽》，頁九。
48. 高淑媛，《臺灣近代化學工業史（一八六〇—一九五〇）》（臺北：臺灣化學工程學會，二〇一二年），頁二二二—二二三。
49. 陳思予，《臺灣區生產事業管理委員會與經濟發展策略（一九四九—一九五三）：以公營事業為中心的探討》（臺北：政治大學歷史學系，二〇〇二年），頁一五四。
50. 資源委員會，〈臺灣機械造船股份有限公司（一九四七年十月）〉，收錄於薛月順編，《資源委員會檔案史料彙編—光復初期臺灣經濟建設（中）》，頁一三一—一四〇。
51. 資源委員會，〈資源委員會臺灣各事業概況（一九四八年五月）〉，收錄於薛月順編，《資源委員會檔案史料彙編—光復初期臺灣經濟建設（中）》，頁六—七。
52. 資源委員會，〈臺灣機械造船股份有限公司（一九四七年十月）〉，收錄於薛月順編，《資源委員會檔案史料彙編—光復初期臺灣經濟建設（中）》，頁一三二。
53. 資源委員會，〈臺灣機械有限公司概況〉，《三十九年度資源委員會在臺各生產事業單位概況》（一九五一年）。收錄於楊蓮福、陳謙主編，《民間私藏民國時期暨戰後臺灣資料彙編（產業篇一）》第二冊，頁五一七—五二六。
54. 陳政宏，《鏗鏘已遠：台機公司獨特的一百年》（臺北：行政院文建會，二〇〇七），頁四六。
55. 洪紹洋，〈戰後臺灣機械公司的接收與早期發展（一九四五—一九五三）〉，《臺灣史研究》一七：三，頁一五六。
56. 該廠即為臺灣肥料公司第四廠，但在尚未修復完全前，先為第一分廠。見資源委員會，〈臺灣肥料有限公司概況〉，《三十九年度資源委員會在臺各生產事業單位概況》(一九五一)。收錄於楊蓮福、陳謙主編,《民間私藏民國時期暨戰後臺灣資料彙編(產業篇一)》第二冊,頁四四二。

57. 資源委員會,〈臺肥有限公司概況(一九五〇年十二月)〉,收錄於薛月順編,《資源委員會檔案史料彙編—光復初期臺灣經濟建設(中)》,頁二九三—五〇五。

58. 資源委員會,〈臺灣肥料有限公司概況〉,《三十九年度資源委員會在臺各生產事業單位概況》(一九五一)。收錄於楊蓮福、陳謙主編,《民間私藏民國時期暨戰後臺灣資料彙編(產業篇一)》第二冊,頁四四三。

59. 黃俊夫,《硫金歲月》(臺北:檔案管理局,二〇〇九年),頁三三。

60. 高淑媛,《臺灣近代化學工業史(一八六〇—一九五〇)》,頁二〇二—二〇四。

61. 興臺文化服務社,《臺灣的生產建設》(臺北:興臺文化服務社,一九四九年),頁一六一。

62. 臺灣區生產事業管理委員會,〈畜產公司修復高雄廠貸款(一九四九—一九五一)〉,中央研究院近代史研究所檔案館館藏,館藏號:49-03-05-002-130。

63. 臺灣省行政長官公署農林處技術室,《臺灣省行政長官公署農林處接收之日資企業一覽》(臺北:臺灣行政長官公署農林處,一九四六年),頁一六。

64. 臺灣省行政長官公署農林處技術室,《臺灣省行政長官公署農林處接收之日資企業一覽》,頁三七。

65. 臺灣省行政長官公署農林處,《臺灣農林第一輯》(臺北:臺灣行政長官公署農林處,一九四六年),頁二四一—二四二。

66. 臺灣省行政長官公署農林處技術室,《臺灣省行政長官公署農林處接收之日資企業一覽》,頁三七。

67. 臺灣區生產事業管理委員會,〈畜產公司修復高雄廠貸款(一九四九—一九五一)〉,中央研究院近代史研究所檔案館館藏,館藏號:49-03-05-002-130。

68. 此漁管處應為聯合國救濟總署支援,一九四六年在上海黃埔江復興島,由行政院善後救濟總署與農林部成立之漁業善後物資管理處,其於一九四八年改銜為行政院善後事業委員會漁業善後物資處理處。見蔡日耀等著,《耕耘臺灣.農業大世紀:漁業風雲》(臺北:行政院農業委員會,二〇一二年),頁二二五—二二六。

69. 臺灣農林股份有限公司,〈漁管處價購畜產分公司高雄食品廠房地產請予保留案(一九四八年十二月十日)〉,《臺灣省級機關檔案》,國史館臺灣文獻館,典藏號:00447200425008。

70. 臺灣農林股份有限公司,〈漁管處擬價購畜產分公司高雄食品廠製革廠等案(一九四九年十月七日)〉,《臺灣省級機關檔案》,國史館臺灣文獻館,典藏號:00447200425006。

71. 臺灣區生產事業管理委員會,〈陸軍總部租借畜產公司食品廠(一九四九—一九五一)〉,中央研究院近代史研究所檔案館館藏,館藏號:49-03-05-005-067。

72. 臺灣區生產事業管理委員會,〈畜產公司修復高雄廠貸款(一九四九—一九五一)〉,中央研究院近代史研究所檔案館館藏,館藏號:49-03-05-002-130。

73. 臺灣窯業有限公司,《臺灣窯業有限公司概況》(一九四六)。收於楊蓮福、陳謙主編,《民間私藏民國時期暨戰後臺灣資料彙編(產業篇一)》第十五冊,頁一二六。

74. 因高雄有兩廠,根據一九四六年底《臺灣窯業有限公司概況》記載,位於戲獅甲,以耐火磚為主的第二廠尚未修復,此處應指位於三塊厝的第一廠（今中都磚窯廠）。見臺灣窯業有限公司，《臺灣窯業有限公司概況》（一九四六），收於楊蓮福、陳謙主編，《民間私藏民國時期暨戰後臺灣資料彙編（產業篇一）》第十五冊，頁一二六—一三一。

75. 臺灣窯業有限公司，《臺灣窯業有限公司概況》（一九四六），收於楊蓮福、陳謙主編，《民間私藏民國時期暨戰後臺灣資料彙編（產業篇一）》第十五冊，頁一二六—一三一。

76. 鄭建星，《臺灣工礦名錄》（臺北：國功，一九四八年），頁一四三。

77. 臺灣省農工企業股份有限公司，〈工礦：高雄耐火材料廠整併移交清冊〉，國家發展委員會檔案管理局館藏，館藏號：0039/1169/0。

78. 許雪姬，《唐榮鐵工廠之研究（一九四〇—一九五五）》，頁一七五—一八〇。

79. 許雪姬，《民營唐榮公司相關人物訪問紀錄一九四〇—一九六二》（臺北：中央研究院近代史研究所，一九九三年），頁六三。唐榮鐵工廠股份有限公司，網址：http://www.tangeng.com.tw/index.asp。

80. 袁穎生，《光復前後的臺灣經濟》（臺北：聯經，八十七年七月），頁一〇九—一三七。

81. 吳若予，《戰後臺灣公營事業之政經分析》，頁六八—六九。

82. 此中元造紙可能與在中國相當有名中元造紙有關。中元造紙為錢子寧於一九三六年在杭州興建的「中元造紙試驗所股份有限公司」，後因中日戰爭爆發，於一九三九年四月，遷移至四川宜賓，成為中國最著名的紙廠，可見 http://www.sohu.com/a/31250049_162758。但根據高雄市長黃強的說法，此為華僑投資，故兩者是否相同，仍待考證。

83. 該兩校舍應為今前鎮國小及獅甲國小。根據前鎮國小沿革記載：該校創設於一九四七年二月，在前鎮區西甲五〇八之一（今中山路、凱旋路交叉口附近），一九五三年十二月四日，方遷入現址（前鎮區新生路二〇〇號）。但實際上，中元造紙後來讓售予軍方的合約，其地址即為五〇八之一，可見中山路、凱旋路交叉口附近為後來中元造紙協助其新建的校址，原始校址應為今君毅正勤國宅。獅甲國小成立時間則記載為一九四八年九月，當時稱為「前鎮分校」，則與本記載較符合，但未提及中元造紙此段事蹟。見前鎮國小全球資訊網 http://www.qps.kh.edu.tw/index.html 及獅甲園地 http://www.foxpro.com.tw/shin/shin/shin.htm。

84. 國防部史政編譯局，〈陸軍營產糾紛處理案〉，國家發展委員會檔案管理局館藏，館藏號：0037/900.7/742/1。

85. 國防部史政編譯局，〈陸軍營產糾紛處理案〉，國家發展委員會檔案管理局館藏，館藏號：0037/900.7/742/1。

86. 軍方收回土地後，將中元造紙廠建築進行測繪，並繪製成高雄市戲獅甲陸軍第四建築基地平面圖。

87. 國防部史政編譯局，〈陸軍營產糾紛處理案〉，國家發展委員會檔案管理局館藏，館藏號：0037/900.7/742/1。

88. 〈大王安在？〉，《聯合報》，一九五六年十一月八日，第三版。

89. 臺灣省政府建設廳，〈中聯化工廠登記核復案（一九四八年十一月十四日）〉，《臺灣省級機關檔案》，國史館臺灣文獻館，典藏號：00447200424008。

90. 高雄市政府，〈高雄市中聯化工廠登記表送核案（一九四八年十一月十二日）〉，《臺灣省級機關檔案》，國史館臺灣文獻館，典藏號：00447200424008。

91. 臺灣省政府建設廳，〈函送本省中聯化工廠等氯酸鉀製造工廠名單復請查照由（一九五二年十一月二十六日）〉，《臺灣省級機關檔案》，國史館臺灣文獻館，典藏號：00447200194 6004。

92. 臺灣區生產事業管理委員會，〈碱業公司價購中聯廠氯化鉀

（一九四九—一九五一）〉，中央研究院近代史研究所檔案館館藏，館藏號：49-05-01-002-046。

93．資源委員會，〈購買土地宿舍失火（一九五〇年九月—一九五一年五月）〉，中央研究院近代史研究所檔案館館藏，館藏號：24-17-11-007-01。

94．公論報高雄分社，《大高雄》（高雄：公論報高雄分社，一九五三年），頁三二。

95．資源委員會，〈購買土地宿舍失火（一九五〇年九月—一九五一年五月）〉，中央研究院近代史研究所檔案館館藏，館藏號：24-17-11-007-01。

96．公論報高雄分社，《大高雄》，頁三二。

97．資源委員會，〈組織規程、系統表、成立過程、創業計畫（一九五〇年四月—一九五一年一月）〉，中央研究院近代史研究所檔案館館藏，館藏號：24-13-04-001-01。

98．資源委員會，〈臺灣鋼廠概況〉，《民國三十九年度資源委員會在臺各生產事業單位概況》（一九五一）。收錄於楊蓮福、陳謙主編，《民間私藏民國時期暨戰後臺灣資料彙編（產業篇一）》第二冊，頁一六九。

99．王御風訪談，〈臺鋁前員工朱石明先生訪談〉，二〇一七年八月十七日。

100．國防部聯合後勤司令部，《聯勤創制六十五年專輯》（臺北：聯勤司令部，二〇一一年），頁七一。

101．國防部聯合後勤司令部，《聯勤創制六十五年專輯》，頁五九。

102．國防部聯合後勤司令部，《聯勤創制六十五年專輯》，頁六一。

103．黃俊夫，《硫金歲月：臺灣產業經濟檔案數位典藏專題選輯：高雄硫酸錏股份有限公司》，頁六八。

104．黃俊夫，《硫金歲月：臺灣產業經濟檔案數位典藏專題選輯：高雄硫酸錏股份有限公司》，頁六八。

105．臺灣總督府植產局，《硫酸錏廠建設計畫》（臺北：臺灣總督府植產局，一九四三年），頁一—一三。收錄於陳雲林主編，《館藏民國臺灣檔案彙編》第十五冊（北京：九州，二〇〇六年）。

106．中國新聞資料社編印，《自由中國的工業》（臺北：中國新聞資料社，一九五六年），頁一二四。

107．李宗雯，〈合板之父程保廉〉，《經濟日報》，一九七四年十月二十八日，第十二版。

108．臺灣省政府建設廳，〈復興木業有限公司高雄廠設立申請書等核備案（一九五一年五月三十一日）〉，《臺灣省級機關檔案》，國史館臺灣文獻館，典藏號：0044720016353001。

109．中國新聞資料社編印，《自由中國的工業》，頁一二四。

110．李宗雯，〈合板之父程保廉〉，《經濟日報》，一九七四年十月二十八日，第十二版。

111．臺灣省政府建設廳，〈據復興木業有限公司選任經理呈請登記一案轉請鑒核（一九五一年八月四日）〉，《臺灣省級機關檔案》，國史館臺灣文獻館，典藏號：0044820016630018。

112．臺灣省政府建設廳，〈復興木業公司申請解散登記案經轉奉予登記（一九五二年十一月二十六日）〉，《臺灣省級機關檔案》，國史館臺灣文獻館，典藏號：0044820019908016。

113．臺灣省政府建設廳，〈復興木業股份有限公司申請設立登記案（一九五三年十一月六日）〉，《臺灣省級機關檔案》，國史館臺灣文獻館，典藏號：0044720023113001。

114．中國新聞資料社編印，《自由中國的工業》，頁一二四。

115．李宗雯，〈合板之父程保廉〉，《經濟日報》，一九七四年十月二十八日，第十二版。

116．林鐘雄，《臺灣經濟發展四十年》（臺北：自立晚報，一九八七年），頁三一。

117．中聯化工無法確認其位置，中元造紙也已於一九四九年停工，故兩者無法繪製於圖中。

118．依臺灣省土地關係人繳驗憑證申報書及土地登記總簿繪製而成，日治時期以使用人標示，戰後接收以原所有權人類別相似之公司接收，故標示為所有權人。

119．劉士永，《光復初期臺灣經濟政策的檢討》（臺北：稻鄉，一九九六年），頁二六三—二六四。

第三章

1．吳聰敏，〈美援與臺灣的經濟發展〉，《臺灣社會研究季刊》一：一，頁一四五。

2．吳聰敏，〈美援與臺灣的經濟發展〉，《臺灣社會研究季刊》一：一，頁一四九—一五五。

3．王御風，〈四年經建計畫〉，《荏苒流光：中華民國百年經濟發展》（臺北：經濟部，二〇一一年十月），頁六二—六三。

4．王昭明，〈溯行經濟奇蹟工業委員會憶往〉，《遠見》八九，一九九三年十一月。

5．王昭明，《王昭明回憶錄》（臺北：時報，一九九五年），頁四一—四三。

6．經濟安定委員會編印，〈經濟建設四年計畫工業計畫〉（臺北，一九五三年），頁三。

7．郭岱君，《臺灣經濟轉型的故事：從計畫經濟到市場經濟》（臺北：聯經，二〇一五年），頁九九—一二五。

8．文馨瑩，《經濟奇蹟的背後：臺灣美援經驗的政經分析》，頁二四二—二六五。

9．趙既昌，《美援的運用》，頁一四九。

10．王御風，〈農產品出口賺外匯〉，《荏苒流光：中華民國百年經濟發展》，頁五〇—五一。

11．袁穎生，《光復前後的臺灣經濟》（臺北：聯經，八十七年七月），頁二四九—二七三。

12．文仲瑄，〈一場及時雨：美援〉，《荏苒流光：中華民國百年經濟發展》，頁五六—五七。

13．石化產業初期，許多石化中游原料，如甲醇、甲苯等，其實可以用「非石油」為原料所取得，如長春石化、李長榮、永豐等公司，其實都在台塑以前就成立，但以製造塑膠原料 PVC 起家的台塑，仍是被大家認為臺灣石化產業發展的關鍵，見薛化元、張怡敏、陳家豪、許志成，《臺灣石化業發展史》（臺北：財團法人現代財經基金會，二〇一七年），頁四五—六七。

14．本節主要以李文環、王御風，〈台塑企業高雄廠區工業遺址保存之初步研究〉歷史部分為基礎改寫。

15．嚴演存，《早年之臺灣》，頁六四。

16．〈美援貸款出爾反爾 五月核准七月變卦 福懋塑膠公司損失千萬〉，《聯合報》，一九五五年八月十四日，第四版。

17．黃德海，《台塑打造石化王國》（臺北：天下遠見，二〇〇七年），頁一八—一九。

18．高淑媛，《臺灣近代化學工業史（一八六〇—一九五〇）》，頁一九二—一九五。

19.〈氯氣、電石、PVC記一則化「腐朽為神奇」的故事〉，《聯合報》，一九五八年十二月十二日，第五版。

20. 嚴演存，《早年之臺灣》，頁六六—六七。

21. 一九五四年福懋公司初成立時，是王永慶與何義、張清來（台紙創辦人）等共同投資，後來台塑生產初期虧損嚴重，加上一九五六年一月何義病逝日本，何義及張清來的股份都退出，由王氏昆仲吃下絕大部分股權，一九五七年改名為臺灣塑膠公司。見姚惠珍，《孤隱的王者：台塑守護之神王永在》（臺北：時報文化，二〇一五年），頁六〇—六五。

22.〈美援貸款出爾反爾 五月核准七月變卦 福懋塑膠公司損失千萬〉，《聯合報》，一九五五年八月十四日，第四版。

23. 行政院經濟安定委員會工業委員會，〈福懋塑膠公司氯乙烯工廠計畫進展情形（一九五五年十月）〉。中央研究院近代史研究所檔案館館藏，館藏號：30-01-01-010-350。

24. 嚴演存，《早年之臺灣》，頁六八。

25. 王永慶，《生根．深耕》（臺北：宇晨企業，一九九三年），頁一五—一六。〈氯氣、電石、PVC 記一則化「腐朽為神奇」的故事〉，《聯合報》，一九五八年十二月十二日，第五版。

26. 行政院外匯貿易審議委員會第一四七次會議，〈加工品外銷輔導小組為審議臺灣塑膠工業公司登記外銷塑膠粒一案（一九五八年一月）〉。中央研究院近代史研究所檔案館館藏，館藏號：50-147-023。

27. 行政院外匯貿易審議委員會第一七一次會議，〈輸出組為臺灣塑膠公司請將外銷塑膠粒列入外銷貸款種類範圍一案（一九五八年七月）〉。中央研究院近代史研究所檔案館館藏，館藏號：50-171-025。

28. 王永慶，《生根．深耕》，頁一六。

29. 王永慶，《生根．深耕》，頁一七。

30. 行政院國際經濟合作發展委員會，〈臺灣塑膠公司 PVC 擴展計畫（一九五八年—一九五九年）〉。中央研究院近代史研究所檔案館館藏，館藏號：36-05-011-001。

31. 行政院國際經濟合作發展委員會，〈臺灣塑膠公司 PVC 擴展計畫（一九五八年—一九五九年）〉。中央研究院近代史研究所檔案館館藏，館藏號：36-05-011-001。

32.〈塑膠公司大展鴻圖〉，《聯合報》，一九五九年十二月十日，第五版。

33.〈塑膠公司大展鴻圖〉，《聯合報》，一九五九年十二月十日，第五版。行政院外匯貿易審議委員會第二七八次會議，〈臺灣塑膠公司為擴充生產計畫擬增購器材一批因需用迫切，請核准核撥政府外匯結購進口一案（一九六〇年九月）〉。中央研究院近代史研究所檔案館館藏，館藏號：50-278-019。

34. 行政院外匯貿易審議委員會第二四一次會議，〈中華開發信託公司為代臺灣塑膠公司申請外購擴充聚氯乙烯塑膠生產設備案（一九五九年十一月）〉。中央研究院近代史研究所檔案館館藏，館藏號：50-241-019。行政院外匯貿易審議委員會第二四八次會議，〈中華開發信託公司代臺灣塑膠公司進口受槽及反應爐用鋼板鋼管一批請准結匯一案（一九六〇年一月）〉。中央研究院近代史研究所檔案館館藏，館藏號：50-248-024。行政院外匯貿易審議委員會第二七八次會議，〈臺灣塑膠公司為擴充生產計畫擬增購器材一批因需用迫切，請核准核撥政府外匯結購進口一案（一九六〇年九月）〉。中央研究院近代史研究所檔案館館藏，館藏號：50-278-019。

35.〈發展中的塑膠工業〉，《聯合報》，一九六〇年四月七日，第五版。

36.〈韓擬大量購我塑膠〉，《聯合報》，一九五八年二月十二日，第四版。〈省產塑膠布首批銷越南 PVC 硬質管出口 物資局與廠商簽約〉，《聯合報》，一九五八年十一月二十日，第五版。〈塑膠加工品 將拓展外銷〉，《聯合報》，一九五九年一月四日，第五版。〈伊朗急需我國產品 兩貿易商抵台洽購 物資局邀各廠代表商談〉，《聯合報》，一九五九年三月一日，第五版。〈物資出口輔導仍由兩局辦理 外貿會訂經營範圍〉，《聯合報》，一九五九年五月八日，第五版。

37.〈PVC 工業的前途〉，《聯合報》，一九五九年八月二日，第五版。

38.〈PVC 銷韓首批成交〉，《聯合報》，一九五九年五月十五日，第五版。〈PVC 銷菲成交八百噸 韓國採購十二萬磅另訂大批人造棉紗〉，《聯合報》，一九五九年六月四日，第五版。

39.〈塑膠公司大展鴻圖〉，《聯合報》，一九五九年十二月十日，第五版。

40.行政院外匯貿易審議委員會第二七八次會議，〈臺灣塑膠公司為擴充生產計畫擬增購器材一批因需用迫切，請核准核撥政府外匯結購進口一案（一九六〇年九月）〉。中央研究院近代史研究所檔案館館藏，館藏號：50-278-019。

41.〈臺灣塑膠公司今年外銷目標二五萬美元〉，《聯合報》，一九六二年一月十日，第五版。

42.〈塑膠原料價格 減低兩成出售〉，《聯合報》，一九六一年八月二日，第五版。

43.〈塑膠公司外銷大增〉，《聯合報》，一九六一年五月六日，第五版。

44.十八家塑膠加工業者有：美信塑膠廠、新新工業社、永豐化學工業、福三塑膠廠、三千化學工廠、建華塑膠五金廠、長春人造樹脂廠、寶記中華工業社、永友塑膠廠、南榮塑膠廠、遠東塑膠廠、明理塑膠廠、中興工業社、華孚工業社、大昌行塑膠廠、東亞塑膠廠、良友實業廠、臺灣震旦機器鐵工廠等。臺灣省政府社會處，〈據請組織臺灣區塑膠工業同業公會等情批復知照由（一九五二年四月二十八日）〉，國史館臺灣文獻館數位典藏，典藏號：0040124016932001。

45.劉鳳翰、王正華訪問，《韋永寧先生訪談錄》（臺北：國史館，一九九四年），頁七四—七五。

46.〈臺灣塑膠公司月中出貨 月產塑膠粉百二十噸 並將建南亞塑膠加工廠〉，《聯合報》，一九五七年六月六日，第二版。

47.行政院外匯貿易審議委員會第二七九次會議，〈南亞塑膠加工公司請准結匯向日採購塑膠布製造機器一案〉，一九六〇年九月。中央研究院近代史研究所檔案館館藏，館藏號：50-279-021。

48.郭泰，《王永慶奮鬥傳奇》（臺北：源流，二〇〇五年），頁二二—二四。王永慶，《生根．深耕》，頁二〇。

49.王永慶，《生根．深耕》，頁二一。

50.〈紛紛設立新廠 塑膠加工生意興隆〉，《聯合報》，一九六一年四月二十一日，第五版。

51.〈塑膠原料價格 減低兩成出售〉，《聯合報》，一九六一年八月二日，第五版。

52.〈公司大事紀〉，臺灣塑膠工業股份有限公司網頁，網址：http://www.fpc.com.tw/j21c/cus/crp/Cdc02.do，檢索日期：二〇一四年六月二十日。

53.〈各項製造工業廠商簡介〉，《經濟日報》，一九七八年七月二十三日，第十二版。

54.國泰化工廠股份有限公司，《國泰化工廠股份有限公司一〇〇年年報》，網址：http://www.ccwi.com.tw/100%E5%B9%B4%E5%9C%8B%E6%B3%B0%E5%8C%96%E5%B7%A5%E5%B9%B4%E5%A0%B1.pdf。

55.〈高雄市三月份新設、增資工廠四十八家投資五十一億五千餘萬元〉，《經濟日報》，一九七〇年四月九日，第五版。

56.國泰化工廠股份有限公司，《國泰化工廠股份有限公司一〇〇年年報》，網址：http://www.ccwi.com.tw/100%E5%B9%B4%E5%9C%8B%E6%B3%B0%E5%8C%96%E5%B7%A5%E5%B9%B4%E5%A0%B1.pdf。

57.〈七十九年股市生力軍之一國泰化工股本迷你資產雄厚小型績優股架勢足〉，《聯合報》，一九九〇年一月四日，第七版。

58.〈國化加速高雄工廠遷廠計畫〉，《經濟日報》，一九九一年八月十三日，第十五版。

59. 國泰化工廠股份有限公司，《國泰化工廠股份有限公司一〇〇年年報》，網址：http://www.ccwi.com.tw/100%E5%B9%B4%E5%9C%8B%E6%B3%B0%E5%8C%96%E5%B7%A5%E5%B9%B4%E5%A0%B1.pdf。

60. 在一九五七年地圖中，戲獅甲區域尚有位於台塑前鎮廠內的中大化工，但詳細生產內容並不清楚。

61. 臺灣省政府，〈准經濟部函送中聯化工廠固體氯化鈣使用正字標記十年案公告週知（一九五四年六月二十六日）〉，《臺灣省級機關檔案》，國史館臺灣文獻館，典藏號：0044830026556006。

62. 臺灣省政府建設廳，〈函送本省中聯化工廠等氯酸鉀製造工廠名單復請查照由一九五二年十一月二十六日）〉，《臺灣省級機關檔案》，國史館臺灣文獻館，典藏號：0044720019464004。

63. 行政院外匯貿易審議委員會第八七次會議，〈加工區外銷輔導小組，審查中聯化工廠申請製造氯酸鉀外銷，並登記為外銷廠商一案，提請核議（一九五六年十月）〉，中央研究院近代史研究所檔案館館藏，館藏號：50-872-012。行政院外匯貿易審議委員會第一一六次會議，〈加工區外銷輔導小組為審議中聯化工廠申請增加登記外銷氯化鈣一案，提請核議（一九五七年五月）〉，中央研究院近代史研究所檔案館館藏，館藏號：50-116-016。

64.〈美援中聯化工廠建保險粉廠〉，《聯合報》一九五六年十月五日第四版。

65.〈公司設立登記 上月八十三案〉，《聯合報》，一九五五年八月四日，第四版。

66. 呂國禎，〈台塑神祕創辦人 靠頁岩氣年賺百億〉，《商業週刊》，二〇一三年六月二十六日

67. 姚惠珍，《孤隱的王者：台塑守護之神王永在》（臺北：時報文化，二〇一五年），頁四十四。

68.〈本省合板工業的盛衰〉，《經濟日報》，一九七一年四月十九日，第六版。

69. 郭承天、陳秋坤訪問，陳彥良紀錄，〈臺灣合板業的先驅：蔡崇文先生訪問紀錄〉，收於張玉法主編，《口述歷史（一）》（臺北：中研院，一九七九年），頁一九七—一九九。

70.〈約有二十家新工廠 今年陸續開工生產〉，《聯合報》，一九六二年一月二十七日，第五版。

71. 王永慶退出開南木業，據說與王永慶、王永在一九五七至一九五八年間受人檢舉涉及官商勾結有關，此事讓王永慶滯日未歸，王永在入獄，此事結束後，王氏昆仲於一九五八年結束當時所有木材生意。見姚惠珍，《孤隱的王者：台塑守護之神王永在》（臺北：時報文化，二〇一五年），頁四五—五六。

72. 郝英，〈企業家故事 張敏鈺的成功史〉，《經濟日報》，一九六七年八月二十二日，第八版。

73. 呂國禎，〈台塑神祕創辦人 靠頁岩氣年賺百億〉，《商業週刊》，二〇一三年六月二十六日

74.〈開南木業與住友合資建廠製合板 決增資五百萬元〉，《經濟日報》，一九七一年四月一日，第五版。

75. 魏登全，〈開南木業公司拓展合板外銷 每年逾六百五十萬美元〉，《經濟日報》，一九七〇年五月十一日，第五版。

76. 中國新聞資料社編印，《自由中國的工業》，頁一二四。

77. 李宗雯，〈合板之父程保廉〉《經濟日報》，一九七四年，第十二版。

78. 魏登全，〈十七家合板及木業廠商興建高雄大貯木池月底竣工〉，《經濟日報》，一九七〇年八月二十四日，第五版。

79.〈兩大公司股票換廠二次登記昨已截止〉，《聯合報》，一九五五年七月二十日，第四版。

80.〈高市供應軍魚商定交換辦法〉，《聯合報》，一九五一年十二月十日，第五版。

81.〈高市供應軍魚採用平均計價〉，《聯合報》，一九五二年一月六日，第五版。

82.金子，〈魚肝油〉，《聯合報》，一九五三年十二月二十一日，第五版。

83.黃耀鏻，〈工礦農林各單位分售行情（上）〉，《聯合報》，一九五五年一月十七日，第四版。

84.〈凡無需省營的公營事業 均將逐漸開放民營〉，《聯合報》，一九六一年一月十二日，第二版。

85.臺灣省政府，〈財政廳簽為奉交關於臺灣銀行以債務抵購之農林公司高雄冷凍廠連同農工企業高雄食品廠委託物資局整頓經營以配合外銷一案謹將會議結論及本廳暨建設、農林兩廳擬議處理意見報請核示案（一九六〇年四月八日）〉，〈〇七業務會報〉，《臺灣省政府委員會議檔案》，國史館臺灣文獻館，典藏號：0050701105。臺灣省政府，〈人事處簽為物資局請核定該局高雄食品廠組織規程一案，簽請鈞示案（一九六二年六月五日）〉，〈〇一委員會議〉，《臺灣省政府委員會議檔案》，國史館臺灣文獻館，典藏號：00501072907。

86.臺灣省政府，〈財政廳簽為准物資局函為擬將高雄食品廠與台肥公司一案提請府會討論（一九六四年十月五日）〉，〈〇一委員會議〉，《臺灣省政府委員會議檔案》，國史館臺灣文獻館，典藏號：00501081707。臺灣省政府，〈財政廳簽為物資局擬出售前高雄食品廠廠外宿舍房地一案提請府會討論案（一九六七年十二月二十六日）〉，〈〇一委員會議〉，《臺灣省政府委員會議檔案》，國史館臺灣文獻館，典藏號：00501095213。

87.鄧文龍、張守真，《百煉千淬：唐榮鐵工廠股份有限公司》，頁四〇—五一。

88.許雪姬，《民營唐榮公司相關人物訪問紀錄一九四〇—一九六二》，頁六三。〈唐榮鐵工廠股份有限公司〉，網址：http://www.tangeng.com.tw/index.asp，檢索日期：二〇一七年八月二十八日。

89.鄧文龍、張守真，《百煉千淬：唐榮鐵工廠股份有限公司》，頁五四—六三。

90.鄧文龍、張守真，《百煉千淬：唐榮鐵工廠股份有限公司》，頁六八—六九。

91.鄧文龍、張守真，《百煉千淬：唐榮鐵工廠股份有限公司》，頁八一—八五。

92.鄧文龍、張守真，《百煉千淬：唐榮鐵工廠股份有限公司》，頁七一。「中興合金鋼廠」後由台機接手，可見本書第四章。

93.鄧文龍、張守真，《百煉千淬：唐榮鐵工廠股份有限公司》，頁八〇—一一九。

94.鄧文龍、張守真，《百煉千淬：唐榮鐵工廠股份有限公司》，頁七〇。

95.〈僑資設廠 續准四件〉，《聯合報》一九五八年七月二十四日，第四版。

96.〈祥泰鋼廠在高籌設〉，《聯合報》，一九五八年六月十九日，第四版。

97.〈廿萬債務糾紛 掀起浩大風波〉，《聯合報》，一九六〇年七月十五日，第三版。〈祥泰廠債務趨緩和債權人昨同意第二處理方案〉，《聯合報》，一九六〇年七月二十日，第三版。

98.〈楊存國律師聲明祥泰資產總值數達六千萬元資產負債可以平衡〉，《聯合報》，一九六〇年七月十五日，第三版。

99.〈巨額債務糾紛帶來的感觸〉，《聯合報》，一九六〇年七月二十二日，第二版。

100.〈開空頭支票 曹曾祓受罰〉，《聯合報》，一九六〇年十二月四日，第三版。

101．〈涉嫌詐騙僑商投資祥泰案被起訴〉，《聯合報》，一九六一年五月二十八，第三版。

102．〈工廠試車期間之資金問題〉，《聯合報》，一九六〇年八月十日，第五版。

103．〈五十一家廠商 因欠償美援 遭停匯處分〉，《聯合報》，一九六〇年十一月二十二日，第五版。

104．〈祥泰鋼鐵廠負債七千萬〉，《聯合報》，一九六〇年十二月六日，第五版。

105．〈不依法聲請破產楊存國判罪 罰銀元六百〉，《聯合報》，一九六一年九月九日，第三版。

106．〈祥泰公司最新熔爐 賒給唐榮〉，《聯合報》，一九六三年十月十日，第五版。

107．高雄市文獻委員會編，《高雄市志卷八經濟志》，頁一二四—一二五。

108．本期時間為一九五三年至一九六五年，第三期四年計畫是從一九六一年至一九六四年，第四期則是從一九六五年至一九六八年，時間上雖有落差，但因政府於一九六四年已知美援即將結束，故本章之討論以一至三期為主。

109．黃俊夫，《硫金歲月：臺灣產業經濟檔案數位典藏專題選輯：高雄硫酸錏股份有限公司》，頁七九—八六。

110．黃俊夫，《硫金歲月：臺灣產業經濟檔案數位典藏專題選輯：高雄硫酸錏股份有限公司》，頁三八。

111．黃俊夫，《硫金歲月：臺灣產業經濟檔案數位典藏專題選輯：高雄硫酸錏股份有限公司》，頁八六—九三。

112．高雄硫酸錏股份有限公司，〈令知該公司與二六兵工廠劃分管理處理原則〉，國家發展委員會檔案管理局館藏，館藏號：0051/4334/1/2/033。

113．高雄硫酸錏股份有限公司，〈為擬具處理本公司與聯勤第廿六兵工廠界地劃分後雙方權屬對方之房地產處理原則〉，國家發展委員會檔案管理局館藏，館藏號：0051/433.4/1/2/033。

114．黃俊夫，《硫金歲月：臺灣產業經濟檔案數位典藏專題選輯：高雄硫酸錏股份有限公司》，頁六九—七九。

115．李國鼎口述、劉素芬編著，《李國鼎：我的臺灣經驗》（臺北：遠流，二〇〇五年），頁三七六。

116．臺灣省政府，〈所請修正高雄市都市計畫仰依照規定程序辦理令仰遵照（一九五四年十一月十九日）〉，《臺灣省級機關檔案》，國史館臺灣文獻館，典藏號：00441002591401。

117．謝俊雄、徐英傑主編，《臺灣近代化學工業史：發展期（一九五一—一九八五）》（臺北：臺灣化學工程學會，二〇一二年），頁二五五—二五六。

118．陳慈玉，《連續與斷裂：近代臺灣產業與貿易研究》，頁四三—四四。

119．〈台碱高雄廠更新擴建〉，《經濟日報》，一九六七年七月二日，第二版。

120．〈台碱更新設備 向義訂購機器〉，《聯合報》，一九六七年五月二十六日，第二版。

121．陳慈玉，《連續與斷裂：近代臺灣產業與貿易研究》，頁五〇—五四。

122．〈中央將以台碱股份交換省府台電公股〉，《聯合報》，一九六四年十二月三日，第二版。

123. 行政院國際經濟合作發展委員會，〈國營事業移轉民營案：紡織工業、臺灣糖業公司鳳梨工廠、臺灣糖業公司農化廠（一九六〇—一九七〇年）〉。中央研究院近代史研究所檔案館館藏，館藏號：36-19-001-014。
124. 〈台碱公司改為純國營事業〉，《經濟日報》，一九六七年六月四日，第二版。
125. 〈台碱中央股權由中油收購〉，《經濟日報》，一九六八年四月五日，第一版。
126. 〈加強國際市場競銷力量 我國塑膠工業產品須改用乙烯為原料〉，《聯合報》，一九六九年十二月二十八日，第八版。
127. 〈農化廠DDT已符合WHO〉，《聯合報》，一九五三年十月二十八日，第五版。
128. 〈當局貸款高雄農化廠 建溶劑榨油工廠〉，《聯合報》，一九五二年三月二十三日，第三版。
129. 〈溶劑提油區 定內年試車〉，《聯合報》，一九五二年四月十三日，第三版。
130. 〈米糠提油廠六月可開工〉，《聯合報》，一九五四年五月四日，第四版。
131. 〈中本雍興台鋁等公司 亦決定開放民營〉，《聯合報》，一九五四年八月二十二日，第五版。
132. 〈台糖公司昨解析 請配美援黃豆提油確有必要〉，《聯合報》，一九五八年四月十一日，第四版。
133. 〈台糖農業化工廠 不應配美援黃豆〉，《聯合報》，一九五八年五月六日，第四版。
134. 陳政宏，《鏗鏘已遠：台機公司獨特的一百年》（臺北：行政院文化建設委員會，二〇〇七年），頁五二—五三。
135. 陳政宏，《鏗鏘已遠：台機公司獨特的一百年》，頁五三。
136. 陳政宏，《鏗鏘已遠：台機公司獨特的一百年》，頁七五—七八。
137. 公論報高雄分社，《大高雄》（高雄：公論報高雄分社，一九五三年），頁三二。
138. 公論報高雄分社，《大高雄》，頁三三。
139. 臺灣區生產事業管理委員會，〈臺灣鋼廠籌設煉鋼設備（一九四九—一九五一）〉，中央研究院近代史研究所檔案館館藏，館藏號：49-05-01-022。
140. 陳政宏，《鏗鏘已遠：台機公司獨特的一百年》，頁六四—七二。
141. 陳政宏，《鏗鏘已遠：台機公司獨特的一百年》，頁六六。
142. 一九七八年此廠區方完全獨立為船舶廠。
143. 台鋁公司企劃處，〈臺灣煉鋁工業發展簡史〉，《今日鋁業》四七（高雄：臺灣鋁業公司，一九八二年三月），頁一六五—一六九。
144. 謝明勳，《從臨港線到水岸輕軌》（高雄：高雄市立歷史博物館，二〇一五年），頁一二二—一二四。
145. 高雄硫酸錏股份有限公司，〈鐵路支線工程〉，國家發展委員會檔案管理局館藏，館藏號：0050/479.1/1。
146. 臺灣省政府，〈所請修正高雄市都市計畫仰依照規定程序辦理令仰遵照（一九五四年十一月十九日）〉，《臺灣省級機關檔案》，國史館臺灣文獻館，典藏號：00441002591001。
147. 高雄市政府建設局，《臺灣省高雄市政府計畫說明書》（一九五五年）。
148. 〈安全總署撥款供我購物資〉，《聯合報》，一九五五年一月七日，第一版。

149．〈更寵大火力發電機 今由美運抵台〉，《聯合報》，一九五五年一月七日，第四版。

150．〈南部火力電廠首期工程完成〉，《聯合報》，一九五五年九月二十六日，第五版。

151．〈南部第二座火電機 昨日開始運轉〉，《聯合報》，一九五八年六月四日，第四版。

152．〈發電量再創高峰 南部電廠新機裝竣開始發電〉，《聯合報》，一九六三年九月二十六日，第一版。

153．〈台電南部電廠新裝發電機 年底可供電〉，《聯合報》，一九六七年六月十六日，第二版。

154．高雄市政府，〈一九六一年六月二十四日高市府建土字第 3936 號函公告高雄市自來水廠新建西甲加壓站建議廢止道路案計畫圖〉。

155．王御風訪談，〈台鋁前員工朱石明先生訪談〉訪談時間：二〇一七年八月十七日。

156．黃明瑛，《興仁國中鄉土教材—草地前鎮》（高雄：興仁國中，二〇〇二年）。

157．郭冠麟主編，《從竹籬笆到高樓大廈的故事：國軍眷村發展史》（臺北：史政編譯室，二〇〇五年），頁四二五。

158．高雄市政府，〈一九八三年十月十三日高市府工都字第 27670 號函公告本市都市計畫「擬定高雄市君毅正勤眷村及其鄰近地區細部計畫並配合變更主要計畫案」〉。

159．〈野性高雄的神韻—訪導演林靖傑〉，林靖傑編劇交流工作坊—一〇一年度高雄文創設計人才回流駐市計畫，網址：http://linjingjiekg.weebly.com/3732624615396403859630340310703890794729472353702356628436265193874220625.html，檢索日期二〇一七年七月二十六日。

160．因拉瓦克居住者，並非為同一原住民族群，甚至有外省、閩南人，因此是否可稱為「部落」，也引發爭論，但一般均以「拉瓦克部落」稱之。

161．李重志，〈既非客寄，但留瓦全：高雄前鎮「拉瓦克部落」之形成與消解〉，收錄於中央研究院民族學研究所、順益臺灣原住民博物館主編，《民族、地理與發展：人地關係研究的跨學科交會》（臺北：順益博物館，二〇一七年），頁七五—八〇。

162．中山三路四十一號為台塑前鎮廠，四十一號之Ｘ則為拉瓦克部落各屋之門牌。

163．部落好朋友，〈白色飄下以為是雪，長大才知是塑膠—被人權首都遺忘的拉瓦克，一場承接國家現代化的夢〉，《Mata Taiwan》網站。https://www.mataiwan.com/2016/07/22/ljavek-indigenous-aboriginal-tribe/。檢索日期二〇一七年七月三十一日。

164．李重志，〈既非客寄，但留瓦全：高雄前鎮「拉瓦克部落」之形成與消解〉，頁八〇。

165．李重志，〈既非客寄，但留瓦全：高雄前鎮「拉瓦克部落」之形成與消解〉，頁七八—八三。

166．李重志，〈既非客寄，但留瓦全：高雄前鎮「拉瓦克部落」之形成與消解〉，頁八四—九七。

167．〈獅甲園地〉，網址：http://www.foxpro.com.tw/shin/shin/shin.htm，檢索日期二〇一七年七月二十六日。

168．洪定宏，〈不一樣的兒童節〉，《自由時報》，二〇一七年三月三十日。

169．〈愛群國小學校沿革〉，http://www.acps.kh.edu.tw/，檢索日期二〇一七年七月二十七日。

170．高雄市政府，〈為核定擴建愛群國校預定地一案公佈執行（一九六一年九月一日）〉，五〇高市府建土字第五〇三二一〇號。

171．〈愛群國小學校沿革〉，http://www.acps.kh.edu.tw/，檢索日期二〇一七年七月二十七日。

172．黃明瑛，《興仁國中鄉土教材—草地前鎮》（高雄：興仁國中，二〇〇二）。

173．高雄硫酸錏股份有限公司，〈獅甲初級中學〉，國家發展委員會檔案管理局館藏，館藏號：0041/461.1/1。

174．高雄市政府，〈變更高雄市前鎮區原臺灣鋁業公司廢棄貨櫃工廠部分住宅區為特殊學校用地（一九九二年九月十七日）〉，高市府工都字第二八四一七號。

175．〈高市西甲市場糾紛 實由議會一手造成〉，《徵信新聞》，一九六四年十月三日第六版。

176．〈高市西甲市場攤販代表 昨向市長請願〉，《徵信新聞》，一九六五年一月十七日第七版。

177．〈西甲市場不准修建 高雄市府執法如山〉，《徵信新聞》，一九六四年十月七日第六版。

178．〈高市西甲市場糾紛 實由議會一手造成〉，《徵信新聞》，一九六四年十月三日第六版。

179．〈臥榻之旁不容他人酣睡 高雄中山商場准改市場〉，《徵信新聞》，一九六五年四月十五日第六版。

180．〈高市西甲市場 中華四路未開闢前 暫准原狀修建〉，《徵信新聞》，一九六五年七月十日第六版。

181．詳見第四章。

182．高雄市政府，〈一九六三年二月十三日高市府建土字第9889號函公告本市設立工業地區案〉。

183．林鐘雄，《臺灣經濟發展四十年》，頁六六。

184．依土地登記總簿及高雄市土地登記簿記載繪製而成，本地圖標示之公司為所有權人，僅台塑高雄廠所有權人為財政部國有財產署。

第四章

1．張守真訪問，陳慕貞記錄，《口述歷史 李連墀先生》（高雄：高雄市文獻委員會，一九九六年），頁六。

2．吳連賞，《高雄市港埠發展史》（高雄：高雄市文獻委員會，二〇〇五年），頁四五。

3．王御風訪談，〈港灣人生：前台中港務局陳銘長副局長口述歷史〉，訪談時間：二〇一四年一月—十月。

4．鄭親憲，〈高雄臨海工業區的發展〉，《中工高雄會刊》一八：四（二〇一一年五月），頁一〇七—一〇九。

5．吳若予，《戰後臺灣公營企業之政經分析》，頁一五四—一五五。

6．陳政宏，《鏗鏘已遠：台機公司獨特的一百年》，頁一一五—一一八。

7．陳政宏，《鏗鏘已遠：台機公司獨特的一百年》，頁九四—一〇〇。

8．陳政宏，《鏗鏘已遠：台機公司獨特的一百年》，頁九一—九三。

9．王先登，《五十二年的歷程—獻身於我國防及造船工業》（作者自印，一九九四年），頁八二—八七。

10．〈高雄造船廠明夏可竣工〉，《經濟日報》，一九七五年九月三十日，第二版。

11．〈中船公司高雄造船廠 建廠今天提前完工〉，《聯合報》，一九七六年六月一日，第二版。

12．陳政宏，《鏗鏘已遠：台機公司獨特的一百年》，頁一〇五—一〇七。

13．陳政宏，《鏗鏘已遠：台機公司獨特的一百年》，頁一六八。

14. 《監察院公報》一四五一期，一九八四年十月二十六日，頁八九四－八九六。
15. 陳政宏，《鏗鏘已遠：台機公司獨特的一百年》，頁一六八－一七〇。
16. 陳政宏，《鏗鏘已遠：台機公司獨特的一百年》，頁一七二－一七四。
17. 鄧文龍、張守真，《百煉千淬：唐榮鐵工廠股份有限公司》，頁一二〇－一二九。
18. 李庭蘭，〈復興木業「化朽木為神奇」〉，《經濟日報》，一九七九年五月三十日，第十版。
19. 〈復興木業建木纖維板廠〉，《經濟日報》，一九八〇年四月三十日，第九版。
20. 李庭蘭，〈復木營業回升前景樂觀〉，《經濟日報》，一九八二年六月十日，第七版。
21. 〈復興木業新廠開工 利用廢棄材產製新型密迪板應市〉，《經濟日報》，一九八一年十月九日，第八版。
22. 李庭蘭，〈復木營業回升 前景樂觀〉，《經濟日報》，一九八二年六月十日，第七版。
23. 〈復興木業吃緊 交銀同意貸款〉，《聯合報》，一九八四年一月七日，第五版。
24. 〈復木已獲債權銀行同意到期貨款全部順延一年〉，《經濟日報》，一九八四年一月十一日，第七版。
25. 高雄市政府，〈擬定高雄市第十二批細部計畫（原復興木業廠）並配合變更主要計畫（綠地變更停車場及道路）案（一九八四年四月）〉。
26. 〈復木高雄土地 決定公開標售〉，《經濟日報》，一九八七年四月十二日，第六版。
27. 〈高底價嚇退買主 復木擇期再售廠地〉，《經濟日報》，一九八七年五月一日，第五版。〈標售高雄總廠房地 復木昨再度流標〉，《經濟日報》，一九八七年十二月三十一日，第五版。
28. 〈太設超高價出擊 兩財團不敵〉，《經濟日報》，一九八八年二月二十八日，第七版。
29. 〈復興木業自辦土地重劃 公共設施工程耗資億餘〉，《經濟日報》，一九八八年三月五日，第七版。
30. 〈太設發出「獅」子吼〉，《經濟日報》，一九八九年三月十五日，第十一版。
31. 何淑貞、張輝銜〈太設復木土地糾紛各說各話〉，《經濟日報》，一九九〇年十二月五日，第十五版。
32. 許啟智，〈復木太設土地糾紛 達成和解同蒙其利〉，《經濟日報》，一九九二年十一月二十五日，第十五版。
33. 梁任偉，〈南山砸十億 買太設高雄 COSTCO 地〉，《經濟日報》，二〇〇六年五月二十七日，第 A 二版。
34. 林政鋒，〈「二個二千」計畫再跨大步〉，《經濟日報》，二〇〇七年六月二十八日，第A十二版。
35. 謝俊雄、徐英傑，《臺灣近代化學工業史－發展期（一九五一－一九八五）》，頁七〇。
36. 臺灣石化產業發展初期究竟是要由公營掌握，還是交由民營，各方意見也不一，可見薛化元、張怡敏、陳家豪、許志成，《臺灣石化業發展史》，頁七七－一〇一。
37. 瞿宛文，〈產業政策的示範效果－臺灣石化業的產生〉，《臺灣社會研究季刊》，二七（臺北：一九九七年九月），頁一三〇。
38. 〈高雄煉油廠 修復竣工〉，《臺灣新生報》，一九四六年十一月二十七日，第五版。

39．資源委員會，〈中國石油有限公司臺灣區事業（一九四九年元月）〉，《資源委員會檔案史料彙編－光復初期臺灣經濟建設（中）》，頁二三二－二三四。

40．王振寰，〈國家機器與臺灣石化業的發展〉，《臺灣社會研究季刊》，一八（臺北：一九九五年二月），頁一四。

41．瞿宛文，〈產業政策的示範效果－臺灣石化業的產生〉，頁一一九。

42．王振寰，〈國家機器與臺灣石化業的發展〉，《臺灣社會研究季刊》，頁一九。

43．瞿宛文，〈產業政策的示範效果－臺灣石化業的產生〉，頁一〇七。另，丙烯、丁二烯皆因沒有需求，並未分離取出，而是摻入液化天然氣裡，供家庭燃料用（參見：王振寰，〈國家機器與臺灣石化業的發展〉，頁一四）

44．PVC是五大泛用塑膠（PE、PVC、PP、PS、ABS）之一，必須透過塑化劑改變其軟硬度，及安定劑（常是鉛、鎘、鋅等重金屬）來避免它因高溫而裂解，因此現在PVC已經被稱為毒塑膠。

45．薛化元、張怡敏、陳家豪、許志成，《臺灣石化業發展史》，頁八〇－九一。

46．王振寰，〈國家機器與臺灣石化業的發展〉，頁一五－一六。

47．謝俊雄、徐英傑主編，《臺灣現代化學工業史－發展期（一九五一－一九八五）》，頁七二。

48．瞿宛文，〈產業政策的示範效果－臺灣石化業的產生〉，頁一三〇。

49．王振寰，〈國家機器與臺灣石化業的發展〉，頁一七。

50．呂季蓉，〈地方派系、社會運動與環境治理：以八輕在雲、嘉設廠決策分析為例〉，（臺北：政治大學公共行政學研究所碩士論文，二〇〇七年），頁一四。

51．〈台塑大事記〉，網址：http://www.fpc.com.tw/fpcw/index.php?op=res&id=2，資料檢索日期：二〇一七年九月十日。

52．臺灣碱業有限公司，〈函復關於供應臺灣塑膠公司氯氣情形（一九五八年三月七日）〉，中央研究院近代史研究所檔案館館藏，館藏號：30-01-01-001-055。

53．〈塑膠工業燦爛輝煌　產銷都有長足進步〉，《聯合報》，一九六一年八月十四日，第五版。

54．行政院外匯貿易審議委員會第二九二次會議，〈臺灣塑膠工業公司為建設電石廠請結結匯進口器材設備一案（一九六〇年十二月）〉，中央研究院近代史研究所檔案館館藏，館藏號：50-292-027。〈冬山電石廠即可開工〉，《聯合報》，一九六一年八月十三日，第五版。

55．行政院外匯貿易審議委員會第六七七次會議，〈專案組為臺灣塑膠公司申請外購製造電石用二萬KW密閉式電爐及日產一百六十噸燒氣式石灰爐各一套案提請核議（一九六八年十一月）〉，中央研究院近代史研究所檔案館館藏，館藏號：50-677-036。

56．王永慶，《生根．深耕》，頁二二－二四。

57．〈公司大事紀〉，臺灣塑膠工業股份有限公司網頁，網址：http://www.fpc.com.tw/j21c/cus/crp/Cclc02.do，檢索日期：二〇一四年六月二十日。

58．薛化元、張怡敏、陳家豪、許志成，《臺灣石化業發展史》，頁二二一－二二四。

59．〈臺灣氯乙烯公司簡介〉，網址：http://www.tvcm.com.tw/zh-tw/dirAbout/frmAbout1.aspx，檢索日期：二〇一七年九月十日。

60．〈三大機構聯合投資　中台化工公司昨天成立〉，《聯合報》，一九七〇年八月二十八日，第八版。

61．〈我向德購己內醯胺廠設備　昨天簽約〉，《經濟日報》，一九七二年九月六日，第二版。

62.〈中台公司決增建 己內醯胺第二廠〉，《聯合報》，一九七四年二月十二日，第二版。

63.〈我國首座己內醯胺廠試車〉，《經濟日報》，一九七五年四月一日，第一版。

64.〈要加強重大工程的設計與規劃〉，《聯合報》，一九七七年一月三十日，第二版。

65.〈政院指示 中台CPL廠儘速生產〉，《經濟日報》，一九七八年一月二十九日，第一版。

66.〈中台公司發生虧損 孫院長坦承責任〉，《經濟日報》，一九七八年九月三十日，第二版。

67.〈國產己內醯胺供下游廠 昨協議每月四千噸 其不足四千噸准予進口〉，《經濟日報》，一九七八年四月六日，第二版。

68.〈中台公司發生虧損 孫院長坦承責任〉，《經濟日報》，一九七八年九月三十日，第二版。

69.〈經長令中台化工廠 儘速提出自救方案〉，《經濟日報》，一九七八年七月十八日，第二版。

70.〈經部評鑑國營事業績效 原則決定中化中台合併〉，《聯合報》，一九八二年一月十八日，第一版。

71.〈台碱公司高雄廠 更名中化前鎮廠〉，《經濟日報》，一九八二年六月二日，第二版。

72.〈整頓國營事業另一行動〉，《聯合報》，一九八二年十月十三日，第二版。

73.〈台鋁決投資一億七千萬興建鋁罐工廠〉，《經濟日報》，一九七二年三月二十三日，第五版。

74.〈台鋁興建鋁罐及貨櫃兩新廠九月完工〉，《經濟日報》，一九七三年三月二十三日，第五版。

75.〈台鋁貨櫃製造廠與鋁罐廠開工〉，《經濟日報》，一九七四年七月二十六日，第四版。

76.台鋁公司企劃處，〈臺灣煉鋁工業發展簡史〉，《今日鋁業》四七（高雄：臺灣鋁業，一九八二年三月），頁一六九—一七〇。

77.〈台鋁積極實施煉鋁擴充計畫〉，《聯合報》，一九七七年十二月二十六日，第二版。

78.〈過了明年台鋁不再虧損〉，《經濟日報》，一九七八年九月二十四日，第二版。

79.〈八家國營事業機構經營不善 半年間共虧損四十二億多元〉，《聯合報》，一九八二年四月十四日，第二版。

80.〈經部決定停止煉鋁．縮小煉銅〉，《經濟日報》，一九八二年六月七日，第二版。

81.〈台鋁強力合金板片〉，《經濟日報》，一九八二年十月五日，第二版。

82.〈台鋁人事制度〉，《聯合報》，一九八三年六月十八日，第六版。

83.王麗美，〈台金台鋁大裁員 千餘員工昨離去〉，《聯合報》，一九八三年七月二日，第三版。

84.〈台鋁美鋁合作計畫已獲初步協議〉，《經濟日報》，一九八三年十二月二十七日，第二版。

85.〈台鋁美鋁合作計畫 正式宣告中止〉，《聯合報》，一九八四年十月二日，第二版。

86.〈經部專案小組考慮台鋁移轉中鋼經營〉，《聯合報》，一九八四年七月十五日，第二版。

87.〈經建會委會昨天決議台鋁四新廠併入中鋼〉，《聯合報》，一九八四年十一月十五日，第二版。

88.〈中鋼股東臨時會修正章程 今起接管台鋁合金軋片廠〉，《經濟日報》，一九八五年二月十七日，第七版。

89．〈台鋁管理不善人謀不臧經部考慮將董事長停職〉，《聯合報》，一九八五年一月二十四日，第五版。

90．〈台鋁弊嫌案．五人被起訴〉，《聯合報》，一九八五年六月十八日，第五版

91．〈台鋁人員貪汙案宣判 莊恭禮判刑七年二月〉，《聯合報》，一九八七年五月七日，第五版

92．〈台金台鋁處理原則宣布〉，《聯合報》，一九八五年十一月二十九日，第二版。

93．〈台金台鋁編列結束預算 下年度將資遣千餘員工〉，《聯合報》，一九八七年三月十七日，第二版。

94．〈台鋁關門資遣員工 三百人昨靜坐抗議〉，《聯合報》，一九八七年一月十五日，第三版。

95．〈經部門前搭帳蓬．抗議資遣 台鋁員工與經部官員談不攏〉，《經濟日報》，一九八七年八月二十日，第二版。

96．〈台鋁員工抗議 峰迴路轉 達成四項協議 喜劇落幕〉，《聯合報》，一九八七年八月二十二日，第三版。

97．中國鋼鐵股份有限公司，《中鋼公司成立四十週年特刊》，頁三五。

98．前鎮地政事務所，〈高雄市前鎮區獅甲段四一九號〉，《高雄市土地登記簿》。

99．前鎮地政事務所，〈高雄市前鎮區獅甲段五一八號〉，《高雄市土地登記簿》。

100．前鎮地政事務所，〈高雄市前鎮區獅甲段四二九號〉，《高雄市土地登記簿》。

101．前鎮地政事務所，〈高雄市前鎮區獅甲段五一八—三號〉，《電子謄本》。

102．前鎮地政事務所，〈高雄市前鎮區獅甲段五一八—六號〉，《電子謄本》。

103．前鎮地政事務所，〈高雄市前鎮區獅甲段五一八—一號〉，《電子謄本》。

104．前鎮地政事務所，〈高雄市前鎮區獅甲段五一八號〉，《電子謄本》。

105．〈台糖與美商決投資合作 創立飼料公司〉，《經濟日報》，一九六九年一月三十，第二版。

106．〈中美嘉吉飼料公司 昨經政院核定籌設〉，《聯合報》，一九六九年九月五日，第八版。

107．〈飼料業將陳情立院 反對美資來臺設廠〉，《經濟日報》，一九七〇年三月九日，第二版。

108．〈高雄飼料廠昨落成典禮〉，《經濟日報》，一九七一年十月八日，第五版。

109．〈我國最大民營企業業績談〉，《經濟日報》，一九七四年八月十八日，第六版。

110．謝俊雄、徐英傑主編，《臺灣近代化學工業史—發展期（一九五一—一九八五）》，頁二五六—二五七。

111．黃俊夫，《硫金歲月：臺灣產業經濟檔案數位典藏專題選輯：高雄硫酸錏股份有限公司》。頁一〇二—一〇五。

112．高雄市政府，〈一九七〇年六月二十七日高市府建都字第22627號函公告唐榮公司申請變更都市計畫案計畫書〉。

113．吳文彥，〈都市規劃調節範型變遷之研究：高雄市都市計畫個案變更分析（一九五五—二〇〇〇）〉（台南：成功大學都市計畫學系博士論文，二〇〇一，未出版），頁四—二一。

114．高雄市政府，〈一九七五年三月十二日高市府工都字第2730號函公告本市聯勤第廿六兵工廠遷建後原廠址工業區變更為住宅區案〉。
115．高雄市政府地政局，〈開發大高雄：公辦市地重劃〉（二〇一四年十二月）。
116．該市場後來於一九九八年拆除，見巫慶珠，《寧靜的革命》（高雄：高雄市政府新聞處，一九九八年），頁六五—七三。
117．黃俊夫，《硫金歲月：臺灣產業經濟檔案數位典藏專題選輯：高雄硫酸錏股份有限公司》，頁一七六—一八五。
118．〈復興木業 木屑飛舞 獅甲國中 師生受苦〉，《聯合報》，一九八三年十月八日，第三版。
119．〈復興木業合板場 換裝旋風集塵器〉，《聯合報》，一九八三年十月九日，第三版。
120．吳文彥，〈都市規劃調節範型變遷之研究：高雄市都市計畫個案變更分析（一九五五—二〇〇〇）〉，頁四—一二。
121．黃俊夫，《硫金歲月：臺灣產業經濟檔案數位典藏專題選輯：高雄硫酸錏股份有限公司》，頁一八五—一九五。
122．王御風，《打造未來》（高雄：高雄市政府新聞處，一九九八年），頁四五—五〇。
123．中船因不在本文研究範圍，故討論不多。可見鄭力軒、王御風，〈重探發展型的國家與市場：以臺灣大型造船業為例，一九七四—二〇〇〇〉，《臺灣社會學刊》四七（二〇一一年九月），頁一—四四。台機一九八〇年代的軍事將領問題，則可見陳政宏，《鏗鏘已遠：台機公司獨特的一百年》（臺北：行政院文化建設委員會，二〇〇七）。
124．依電子謄本記載繪製而成，地圖標示之公司為所有權人，僅臺灣塑膠工業股份有限公司高雄廠，所有權人為財政部國有財產署。

第五章

1．張晉芬，《台灣公營事業民營化：經濟迷思的批判》，頁三—七。
2．陳師孟等，《解構黨國資本主義：論台灣官營事業之民營化》，頁二十。
3．〈公營事業移轉民營第一波 決擴增至十九家〉，《聯合報》，一九八九年八月十七日，第一版。
4．台灣勞工陣線，《新國有政策：台灣民營化政策總批判》，頁六四—六五。
5．台灣勞工陣線，《新國有政策：台灣民營化政策總批判》，頁七〇—七二。
6．台灣勞工陣線，《新國有政策：台灣民營化政策總批判》，頁四四—五三。
7．張晉芬，《台灣公營事業民營化：經濟迷思的批判》，頁一〇六。
8．劉玉珍，《鐵頭風雲：趙耀東傳奇》（臺北：聯經，一九九五年），頁一九七—二〇一。
9．曾桂香，〈證管會暫停中鋼公開招募〉，《聯合晚報》一九九五年一月七日，第六版。
10．楊啟倫，〈中鋼釋出官股案停止申報生效〉，《聯合報》一九九五年一月八日，第十九版。
11．〈公營事業財團化要不得〉，《經濟日報》一九九五年一月十一日，第二版社論。
12．陳漢杰、蕭維文，〈第六次中鋼釋股洽商銷售 部分先開放大眾認購〉，《經濟日報》一九九五年一月十四日，第一版。
13．張晉芬，《台灣公營事業民營化：經濟迷思的批判》，頁一〇六。台灣勞工陣線，《新國有政策：台灣民營化政策總批判》，頁五七—

五九。

14．陳朝威，〈我為何辭去中工董事長〉，《聯合晚報》一九九五年八月三日，第四版。

15．宋宗信，〈別讓民營化變財團化〉，《聯合報》一九九五年八月三日，第六版。〈民營化淪為財團化的悲哀〉，《經濟日報》一九九五年八月四日，第二版社論。

16．謝俊雄、徐英傑主編，《臺灣現代化學工業史：發展期（一九五一—一九八五）》，頁二五五—二六二。

17．謝生富，《重振雄風》，頁三三—三五。

18．陳政宏，《鏗鏘已遠：台機公司獨特的一百年》，頁一八一—一八五。

19．陳政宏，《鏗鏘已遠：台機公司獨特的一百年》，頁一〇七。

20．陳政宏，《鏗鏘已遠：台機公司獨特的一百年》，頁一七七。

21．謝生富，《重振雄風》，頁三六—四十。

22．陳政宏，《鏗鏘已遠：台機公司獨特的一百年》，頁一八七。

23．陳政宏，《鏗鏘已遠：台機公司獨特的一百年》，頁一七八—一七九。

24．韓青芳，〈國營事業的悲歌：唐榮公司〉，《臺灣石油工會月刊》三四八，二〇〇二年十月。

25．鄧文龍、張守真，《百煉千淬：唐榮鐵工廠股份有限公司》，頁一九九。

26．韓青芳，〈國營事業的悲歌：唐榮公司〉，《臺灣石油工會月刊》三四八，二〇〇二年十月。

27．經濟部，〈經濟部所屬唐榮公司民營化計畫報告〉。

28．謝俊雄、徐英傑主編，《臺灣現代化學工業史：發展期（一九五一—一九八五）》，頁二五三—二五四。

29．宋忠信，〈擺脱政治藩籬 鋪路朝亞太營運中心發展〉，《經濟日報》一九九二年十二月五日，第二版。

30．張文菁，〈亞太營運中心〉，《經濟日報》，一九九三年三月一日，第六版。

31．亞太營運中心網站。http://park.org/Taiwan/Government/Theme/Asia_Pacific_Rigional/apc01.htm，檢索時間：二〇一七年六月四日。

32．高雄市政府都發局，《高雄多功能經貿園區》（高雄：高雄市政府都發局，二〇〇六年），頁六。

33．高雄市政府，《擬定高雄多功能經貿園區特定區計畫書》（高雄：高雄市政府，一九九九年九月），頁一—二。

34．高雄市政府都發局，《高雄多功能經貿園區》，頁一〇—一二。

35．高雄市政府都發局，《高雄多功能經貿園區》，頁七。

36．趙珮如，〈高雄多功能經貿園區開發計畫通過〉，《經濟日報》一九九九年六月九日，第四版。

37．高雄市政府工務局，〈公告發布實施本市都市計劃「擬定高雄多功能經貿園區特定區計畫案」，並自民國八十八年十二月二十一日零時起生效（一九九九年十二月二十日）〉，高市府工都字第四〇一九八號。

38．王御風訪談，〈高雄市政府捷運局局長（前都發局局長）吳義隆〉，二〇一七年九月七日。

39．涂建豐，〈中鋼集團總部大樓啟用 陳菊肯定中鋼在地繳稅〉，《蘋果日報》，二〇一三年十月二十二日。

40．王御風訪談，〈前高雄市政府副秘書長姚文智訪談〉，二〇一七年五月。

41. 如橫濱等地案例，見陳欣宜，〈閒置空間再利用之研究：以駁二藝術特區為例〉（高雄：高雄師範大學臺灣歷史與語言研究所碩士論文，二〇一六，未出版），頁二—四。

42. 蔡昀珊、莊淑姿，〈從港埠倉庫到藝術特區：駁二藝術特區之發展歷程〉，《高雄文獻》五：二（高雄：高雄市立歷史博物館，二〇一五年），頁一三九—一四一。

43. 吳義隆，〈啟動大高雄全球化發展的引擎：亞洲新灣區〉，《城市發展》一四，（高雄市政府研究發展考核委員會，二〇一二年），頁一一二。

44. 王御風訪談，〈高雄市政府捷運工程局局長（前都發局局長）吳義隆訪談〉，二〇一七年九月七日。

45. 吳文彥，〈高雄亞洲新灣區治理綱要探索〉，《城市發展》一四，（高雄市政府研究發展考核委員會，二〇一二年），頁五九。

46. 王啟川、吳哲瑋，〈高雄港灣再造—亞洲新灣區〉，《城市發展半年刊》第十三期，頁二三—二五。

47. 王御風訪談，〈高雄市政府都發局局長李怡德訪談〉，二〇一八年一月十二日。

48. 王啟川、吳哲瑋，〈高雄港灣再造—亞洲新灣區〉，《城市發展半年刊》第十三期，頁一六。高雄 LIVE MUSIC 音樂地圖網站，http://w9.khcc.gov.tw/khcmusic/index.html，檢索日期：二〇一七年六月十五日。

49. 王啟川、吳哲瑋，〈高雄港灣再造—亞洲新灣區〉，《城市發展半年刊》第十三期，頁一七。臺灣港務股份有限公司高雄港務分公司網站，http://khtwport.com.tw/chinese/cp.aspx?n=0BDC6CAF354A3A57&s=91F0EC4F9B475917，檢索日期：二〇一七年六月十五日。

50. 王啟川、吳哲瑋，〈高雄港灣再造—亞洲新灣區〉，《城市發展半年刊》第十三期，頁二一。〈建築師〉網站，http://www.twarchitect.org.tw/works/%E9%AB%98%E9%9B%84%E5%B8%82%E7%AB%8B%E5%9C%96%E6%9B%B8%E9%A4%A8/，檢索日期：二〇一七年六月十五日。高雄市立圖書館總館網站，http://www.ksml.edu.tw/mainlibrary/content/index.aspx?Parser=1,23,165,156，檢索日期：〇二一七年六月十五日。

51. 高雄展覽館網站，http://www.kecc.com.tw/tw/aboutWhy.asp，檢索日期：二〇一七年六月十五日。

52. 王啟川、吳哲瑋，〈高雄港灣再造：亞洲新灣區〉，《城市發展半年刊》第十三期，頁二一—二二。高雄市政府捷運工程局網站，http://mtbu.kcg.gov.tw/cht/project_LRT_circle.php，檢索日期：二〇一七年六月十六日。

53. 王御風訪談，〈高雄港區土地開發股份有限公司郭添貴董事長訪談〉訪談時間：二〇一七年七月十一日。

54. 吳慧芬，〈205 兵工廠要遷了 房價起飛〉，《蘋果日報》二〇一七年八月六日。

55. 王御風訪談，〈高雄市政府捷運局局長（前都發局局長）吳義隆訪談〉，二〇一七年九月七日。

56. 王御風訪談，〈都會生活開發有限公司宋宸鏞董事長訪談〉，二〇一七年七月十三日。

57. 依電子化地籍謄本繪製而成，地圖標示之公司為所有權人，其中高雄軟體科技園區所有權人為經濟部加工出口區管理處。

徵引書目

一、中文

（一）檔案（按日期先後排序）

國家發展委員會檔案管理局檔案

國防部史政編譯局，〈陸軍營產糾紛處理案〉，國家發展委員會檔案管理局館藏，館藏號：0037/900.7/742/1。

臺灣省農工企業股份有限公司，〈臺灣鋼鐵機械公司第四機械廠移交清冊〉，國家發展委員會檔案管理局館藏，館藏號：0037/1139/3/1/0。

臺灣省農工企業股份有限公司，〈工礦：高雄耐火材料廠整併移交清冊〉，國家發展委員會檔案管理局館藏，館藏號：0039/1169/0。

高雄硫酸錏股份有限公司，〈獅甲初級中學〉，國家發展委員會檔案管理局館藏，館藏號：0041/461.1/1。

高雄硫酸錏股份有限公司，〈鐵路支線工程〉，國家發展委員會檔案管理局館藏，館藏號：0050/479.1/1。

高雄硫酸錏股份有限公司，〈令知該公司與二十六兵工廠劃分管理處理原則〉，國家發展委員會檔案管理局館藏，館藏號：0051/433.4/1/2/033。

高雄硫酸錏股份有限公司，〈為擬具處理本公司與聯勤第二十六兵工廠界地劃分後雙方權屬對方之房地產處理原則〉，國家發展委員會檔案管理局館藏，館藏號：0051/433.4/1/2/033。

中研院近史所檔案

臺灣區生產事業管理委員會，〈畜產公司修復高雄廠貸款（一九四九—一九五一）〉，中央研究院近代史研究所檔案館館藏，館藏號：49-03-05-002-130。

臺灣區生產事業管理委員會，〈陸軍總部租借畜產公司食品廠（一九四九—一九五一）〉，中央研究院近代史研究所檔案館館藏，館藏號：49-03-05-005-067。

臺灣區生產事業管理委員會，〈臺灣鋼廠籌設煉鋼設備（一九四九—一九五一）〉，中央研究院近代史研究所檔案館館藏，館藏號：49-05-01-022。

臺灣區生產事業管理委員會，〈碱業公司價購中聯廠氯化鉀（一九四九—一九五一）〉，中央研究院近代史研究所檔案館館藏，館藏號：49-05-01-002-046。

資源委員會，〈購買土地宿舍失火（一九五〇年九月—一九五一年五月）〉，中央研究院近代史研究所檔案館館藏，館藏號：24-17-11-007-01。

資源委員會，〈組織規程、系統表、成立過程、創業計畫（一九五〇年四月—一九五一年一月）〉，中央研究院近代史研究所檔案館館藏，館藏號：24-13-04-001-01。

行政院經濟安定委員會工業委員會，〈福懋塑膠公司氯乙烯工廠計劃進展情形（一九五五年十月）〉。中央研究院近代史研究所檔案館館藏，館藏號：30-01-01-010-350。

行政院外匯貿易審議委員會第八十七次會議，〈加工區外銷輔導小組，審查中聯化工廠申請製造氯酸鉀外銷，並登記為外銷廠商一案，提請核議（一九五六年十月）〉，中央研究院近代史研究所檔案館館藏，館藏號：50-872-012。

行政院外匯貿易審議委員會第一一六次會議，〈加工區外銷輔導小組為審議中聯化工廠申請增加登記外銷氯化鈣一案，提請核議（一九五七年五月）〉，中央研究院近代史研究所檔案館館藏，館藏號：50-116-016。

行政院國際經濟合作發展委員會，〈臺灣塑膠公司 PVC 擴展計畫（一九五八—一九五九年）〉。中央研究院近代史研究所檔案館館藏，館藏號：36-05-011-001。

行政院外匯貿易審議委員會第一四七次會議，〈加工品外銷輔導小組為審議臺灣塑膠工業公司登記外銷塑膠粒一案（一九五八年一月）〉，中央研究院近代史研究所檔案館館藏，館藏號：50-147-023。

臺灣碱業有限公司，〈函復關於供應臺灣塑膠公司氯氣情形（一九五八年三月七日）〉，中央研究院近代史研究所檔案館館藏，館藏號：30-01-01-001-055。

行政院外匯貿易審議委員會第一七一次會議，〈輸出組為臺灣塑膠公司請將外銷塑膠粒列入外銷貸款種類範圍一案（一九五八年七月）〉。中央研究院近代史研究所檔案館館藏，館藏號：50-171-025。

行政院外匯貿易審議委員會第二四一次會議，〈中華開發信託公司為代臺灣塑膠公司申請外購擴充聚氯乙烯塑膠生產設備案（一九五九年十一月）〉。中央研究院近代史研究所檔案館館藏，館藏號：50-241-019。

行政院國際經濟合作發展委員會，〈國營事業移轉民營案：紡織工業、臺灣糖業公司鳳梨工廠、臺灣糖業公司農化廠（一九六〇—一九七〇年）〉。中央研究院近代史研究所檔案館館藏，館藏號：36-19-001-014。

行政院外匯貿易審議委員會第二四八次會議，〈中華開發信託公司代臺灣塑膠公司進口受槽及反應爐用鋼板鋼管一批請准結匯一案（一九六〇年一月）〉。中央研究院近代史研究所檔案館館藏，館藏號：50-248-024。

行政院外匯貿易審議委員會第二七八次會議，〈臺灣塑膠公司為擴充生產計畫擬增購器材一批因需用迫切，請核准核撥政府外匯結購進口一案（一九六〇年九月）〉。中央研究院近代史研究所檔案館館藏，館藏號：50-278-019。

行政院外匯貿易審議委員會第二九二次會議，〈臺灣塑膠工業公司為建設電石廠請結匯進口器材設備一案（一九六〇年十二月）〉，中央研究院近代史研究所檔案館館藏，館藏號：50-292-027。

行政院外匯貿易審議委員會第六七七次會議，〈專案組為臺灣塑膠公司申請外購製造電石用二萬 KW 密閉式電爐及日產一百六十噸燒氣式石灰爐各一套案提請核議（一九六八年十一月）〉，中央研究院近代史研究所檔案館館藏，館藏號：50-677-036。

行政院外匯貿易審議委員會第二七九次會議，〈南亞塑膠加工公司請准結匯向日採購塑膠布製造機器一案〉，一九六〇年九月。中央研究院近代史研究所檔案館館藏，館藏號：50-279-021。

國史館檔案

資源委員會臺灣鋁廠，〈日本鋁株式會社高雄工場花蓮港工場及臺北出張所三單位清算狀況報告書（一九四六）〉，國史館館藏，館藏號：0450000292A-0450000298A。

臺灣省日產清算委員會，〈旭電化工業株式會社清算狀況報告書（一九四五）〉，國史館館藏，館藏號：0450000300A。

經濟部，〈經濟部呈送行政院國省合辦工礦企業辦法（一九四六年六月六日）〉，收於薛月順編，一九九六，《臺灣省政府檔案史料彙編：臺灣省行政長官公署時期（一）》。臺北：國史館。頁一七三—一七五。

經濟部，〈經濟部函請行政院秘書處轉陳臺灣省行政長官公署該部審核臺灣省接收日資企業處理實施辦法（一九四六年九月二十七日）〉，收於薛月順編，一九九六，《臺灣省政府檔案史料彙編：臺灣省行政長官公署時期（一）》。臺北：國史館。頁三三一—三四。

中國國民黨中央執行委員會財務委員會，〈中國國民黨中央執行委員會財務委員會函請行政院將臺灣之電影戲院撥歸該會經營（一九四六年十一月二十日）〉，收於薛月順編，一九九六，《臺灣省政府檔案史料彙編：臺灣省行政長官公署時期（一）》。臺北：國史館。頁四二。

資源委員會，〈臺灣製碱股份有限公司（一九四六年十二月）〉，收於薛月順編，一九九三，《資源委員會檔案史料彙編：光復初期臺灣經濟建設（中）》。臺北：國史館。頁九七—一〇一。

經濟部，〈經濟部核復前行政長官公署電呈該省撥歸公營企業清冊（一九四七年八月二十六日）〉，收於薛月順編，一九九六，《臺灣省政府檔案史料彙編：臺灣省行政長官公署時期（一）》。臺北：國史館。頁二六二—二六三。

資源委員會，〈臺灣機械造船股份有限公司（一九四七年十月）〉，收於薛月順編，一九九三，《資源委員會檔案史料彙編：光復初期臺灣經濟建設（中）》。臺北：國史館。頁一三一—一四〇。

資源委員會，〈中國石油有限公司臺灣區事業（一九四九年元月）〉，收於薛月順編，一九九三，《資源委員會檔案史料彙編：光復初期臺灣經濟建設（中）》。臺北：國史館。頁二三一—二三三。

資源委員會，〈臺灣肥料有限公司（一九五〇年十二月）〉，收於薛月順編，一九九三，《資源委員會檔案史料彙編：光復初期臺灣經濟建設（中）》。臺北：國史館。頁二九三—三二七。

資源委員會，〈臺灣鋁廠（一九五〇年十月）〉，收於薛月順編，一九九三，《資源委員會檔案史料彙編：光復初期臺灣經濟建設（中）》。臺北：國史館。頁二五二—二五九。

國史館臺灣文獻館檔案

資源委員會臺灣鋁廠，〈日本鋁株式會社高雄工場花蓮港工場及臺北出張所三單位清算案（一九四六）〉，國史館館藏，館藏號：0450000292A-0450000298A。

臺灣省行政長官公署，〈各機關接收日人在臺公私有土地登記表式（一九四六年六月二十九日）〉，《臺灣省行政長官公署檔案》，國史館臺灣文獻館，典藏號 00306100027002。

高雄市政府，〈高雄市中聯化工廠登記表送核案（一九四八年十一月十二日）〉，《臺灣省級機關檔案》，國史館臺灣文獻館，典藏號：00447200424008。

臺灣省政府建設廳，〈中聯化工廠登記核復案（一九四八年十一月十四日）〉，《臺灣省級機關檔案》，國史館臺灣文獻館，典藏號：00447200424008。

臺灣農林股份有限公司，〈漁管處價購畜產分公司高雄食品廠房地產請予保留案（一九四八年十二月十日）〉，《臺灣省級機關檔案》，國史館臺灣文獻館，典藏號：00447200425008。

臺灣農林股份有限公司，〈漁管處擬價購畜產分公司高雄食品廠製革廠等案（一九四九年十月七日）〉，《臺灣省級機關檔案》，國史館臺灣文獻館，典藏號：00447200425006。

臺灣省政府建設廳，〈復興木業有限公司高雄廠設立申請書等核備案（一九五一年五月三十一日）〉，《臺灣省級機關檔案》，國史館臺灣文獻館，典藏號：0044720016353001。

臺灣省政府建設廳，〈據復興木業有限公司選任經理呈請登記一案轉請鑒核（一九五一年八月四日）〉，《臺灣省級機關檔案》，國史館臺灣文獻館，典藏號：0044820016630018。

臺灣省政府社會處，〈據請組織臺灣區塑膠工業同業公會等情批復知照由（一九五二年四月二十八日）〉，《臺灣省級機關檔案》，國史館臺灣文獻館，典藏號：0040124016932001。

臺灣省政府財政廳，〈轉呈復興木業有限公司申請解散登記書件（一九五二年十一月五日）〉，《臺灣省級機關檔案》，國史館臺灣文獻館，典藏號：0044820019914003。

經濟部，〈據轉呈復興木業股份呈請設立登記案（一九五二年十一月二十二日）〉，《臺灣省級機關檔案》，國史館臺灣文獻館，典藏號：0044820019916007。

臺灣省政府建設廳，〈復興木業公司申請解散登記案經轉奉予登記（一九五二年十一月二十六日）〉，《臺灣省級機關檔案》，國史館臺灣文獻館，典藏號：0044820019908016。

臺灣省政府建設廳，〈函送本省中聯化工廠等氯酸鉀製造工廠名單復請查照由（一九五二年十一月二十六日）〉，《臺灣省級機關檔案》，國史館臺灣文獻館，典藏號：0044720019464004。

臺灣省政府建設廳，〈復興木業股份有限公司申請設立登記案（一九五三年十一月六日）〉，《臺灣省級機關檔案》，國史館臺灣文獻館，典藏號：0044720023113001。

臺灣省政府，〈准經濟部函送中聯化工廠固體氯化鈣使用正字標記十年案公告週知（一九五四年六月二十六日）〉，《臺灣省級機關檔案》，國史館臺灣文獻館，典藏號：0044830026556006。

臺灣省政府，〈所請修正高雄市都市計畫仰依照規定程序辦理令仰遵照（一九五四年十一月十九日）〉，《臺灣省級機關檔案》，國史館臺灣文獻館，典藏號：0044410025914001。

臺灣省政府，〈財政廳簽為奉交關於臺灣銀行以債務抵購之農林公司高雄冷凍廠連同農工企業高雄食品廠委託物資局整頓經營以配合外銷一案謹將會議結論及本廳暨建設、農林兩廳擬議處理意見報請核示案（一九六〇年四月八日）〉，〈〇七業務會報〉，《臺灣省政府委員會議檔案》，國史館臺灣文獻館，典藏號：0050701105。

臺灣省政府，〈人事處簽為物資局請核定該局高雄食品廠組織規程一案，簽請鈞示案（一九六二年六月五日）〉，〈〇一委員會議〉，《臺灣省政府委員會議檔案》，國史館臺灣文獻館，典藏號：00501072907。

臺灣省政府，〈財政廳簽為准物資局函為擬將高雄食品廠與臺肥公司一案提請府會討論（一九六四年十月五日）〉，〈〇一委員會議〉，《臺灣省政府委員會議檔案》，國史館臺灣文獻館，典藏號：00501081707。

臺灣省政府，〈財政廳簽為物資局擬出售前高雄食品廠廠外宿舍房地一案提請府會討論案（一九六七年十二月二十六日）〉，〈〇一委員會議〉，《臺灣省政府委員會議檔案》，國史館臺灣文獻館，典藏號：00501095213。

高雄市政府檔案

高雄市政府建設局，〈一九五五年五月十九日高市府建土字第一四六〇五號函臺灣省高雄市都市計畫說明書〉

高雄市政府，〈一九六一年六月二十四日高市府建土字第三三九三六號函公告高雄市自來水廠新建西甲加壓站建議廢止道路案計畫圖〉

高雄市政府，〈一九六一年六月二十四日高市府建土字第三三九三六號函本市廢止西甲加油站內都市計畫道路一案公佈週知〉

高雄市政府，〈一九六一年九月一日高市府建土字第五〇三二〇號函核定擴建愛群國校預定地一案公佈執行〉

高雄市政府，〈一九六一年九月七日高市府建土字第五〇三一〇號函公告高雄市第二十二號愛群國校擴張校址案計畫圖〉

高雄市政府，〈一九六三年二月十三日高市府建土字第九八八九號函公告本市設立工業地區案〉

高雄市政府，〈一九六三年二月十三日高市府建土字第九八八九號函高雄市申請變更都市計畫理由說明書〉

高雄市政府，〈一九六三年六月十五日高市府建土字第三七〇二號函唐榮鐵工廠申請變更都市計畫一案公布執行〉

高雄市政府，〈一九六九年十二月三十日高市府建土字第五〇三一〇號函公告高雄市設立第四十二號獅甲國民中學及第四十三號獅甲國民小學保留地案計畫圖〉

高雄市政府，〈一九七〇年六月二十七日高市府建都字第二二六二七號函公告唐榮公司申請變更都市計畫案計畫書〉

高雄市政府，〈一九七四年八月十九日高市府工都字第〇七二二一〇號公告本市第七批（聯勤二十六兵工廠原廠址附近）細部計畫及細部計畫地區內主要計畫變更案〉

高雄市政府，〈一九七五年三月十二日高市府工都字第二一七三〇號函聯勤第二十六兵工廠遷建後原廠址工業區變更為住宅區案〉

高雄市政府，〈一九八三年十月十三日高市府工都字第二七六七〇號函公告「擬定高雄市君毅正勤眷村及其鄰近地區細計畫並配合變更主要計畫案」計畫圖〉

高雄市政府，〈一九八三年十月十三日高市府工都字第二七六七〇號函公告本市都市計畫「擬定高雄市君毅正勤眷村及其鄰近地區細部計畫並配合變更主要計畫案」〉

高雄市政府，〈一九八四年六月二十三日高市府工都字一五四九〇號函擬定本市第十二批（原復興木業廠）並配合變更主要計畫（綠地變更為停車場及道路）〉

高雄市政府，〈一九九三年二月十八日高市府工都字第〇四二〇〇號函公告發布實施本市都市計畫「變更高雄市前鎮區原臺灣鋁業公司廢棄貨櫃工場部分住宅區為特殊學校用地案」計畫圖說〉

高雄市政府，《一九九九年九月擬定高雄多功能經貿園區特定區計畫書》

高雄市政府工務局，〈一九九九年十二月二十日高市府工都字第四〇一八〇號函公告發布實施本市都市計畫「擬定高雄多功能經貿園區特定區計畫案」，並自民國八十八年十二月二十一日零時起生效〉

(二) 公報

《監察院公報》

(三) 史料彙編（按編者筆畫順序）

陳雲林主編，二〇〇六，《館藏民國臺灣檔案彙編》。北京：九州出版社。

楊蓮福、陳謙主編，二〇一二，《民間私藏民國時期暨戰後臺灣資料彙編（產業篇）》。臺北：博揚文化。

薛月順編，一九九三，《資源委員會檔案史料彙編：光復初期臺灣經濟建設》。臺北：國史館。

薛月順編，一九九六，《臺灣省政府檔案史料彙編：臺灣省行政長官公署時期》。臺北：國史館。

（四）地籍資料

前鎮地政事務所，〈高雄市前鎮區興邦段四號〉，《日治時期土地臺帳》《日治時期土地登記簿》《臺灣省土地關係人繳驗憑證申報書》《土地登記總簿》《高雄市土地登記簿》《電子謄本》。

前鎮地政事務所，〈高雄市前鎮區興邦段四十七號〉，《日治時期土地臺帳》《日治時期土地登記簿》《臺灣省土地關係人繳驗憑證申報書》《土地登記總簿》《高雄市土地登記簿》《電子謄本》。

前鎮地政事務所，〈高雄市前鎮區興邦段四十八號〉，《日治時期土地臺帳》《日治時期土地登記簿》《臺灣省土地關係人繳驗憑證申報書》《土地登記總簿》《高雄市土地登記簿》《電子謄本》。

前鎮地政事務所，〈高雄市前鎮區興邦段四十九號〉，《日治時期土地臺帳》《日治時期土地登記簿》《臺灣省土地關係人繳驗憑證申報書》《土地登記總簿》《高雄市土地登記簿》《電子謄本》。

前鎮地政事務所，〈高雄市前鎮區興邦段五十號〉，《日治時期土地臺帳》《日治時期土地登記簿》《臺灣省土地關係人繳驗憑證申報書》《土地登記總簿》《高雄市土地登記簿》《電子謄本》。

前鎮地政事務所，〈高雄市前鎮區興邦段五十一號〉，《日治時期土地臺帳》《日治時期土地登記簿》《臺灣省土地關係人繳驗憑證申報書》《土地登記總簿》《高雄市土地登記簿》《電子謄本》。

前鎮地政事務所，〈高雄市前鎮區興邦段五十二號〉，《日治時期土地臺帳》《日治時期土地登記簿》《臺灣省土地關係人繳驗憑證申報書》《土地登記總簿》《高雄市土地登記簿》《電子謄本》。

前鎮地政事務所，〈高雄市前鎮區興邦段五十二—四號〉，《日治時期土地臺帳》《日治時期土地登記簿》《臺灣省土地關係人繳驗憑證申報書》《土地登記總簿》《高雄市土地登記簿》《電子謄本》。

前鎮地政事務所，〈高雄市前鎮區興邦段五十三號〉，《日治時期土地臺帳》《日治時期土地登記簿》《臺灣省土地關係人繳驗憑證申報書》《土地登記總簿》《高雄市土地登記簿》《電子謄本》。

前鎮地政事務所，〈高雄市前鎮區興邦段五十四號〉，《土地登記總簿》《高雄市土地登記簿》《電子謄本》。

前鎮地政事務所，〈高雄市前鎮區興邦段五十七號〉，《土地登記總簿》《高雄市土地登記簿》《電子謄本》。

前鎮地政事務所，〈高雄市前鎮區興邦段六十二—三號〉，《日治時期土地臺帳》《日治時期土地登記簿》《臺灣省土地關係人繳驗憑證申報書》《土地登記總簿》《高雄市土地登記簿》《電子謄本》。

前鎮地政事務所，〈高雄市前鎮區興邦段六十四號〉，《土地登記總簿》《高雄市土地登記簿》《電子謄本》。

前鎮地政事務所，〈高雄市前鎮區興邦段六十五號〉，《土地登記總簿》《高雄市土地登記簿》《電子謄本》。

前鎮地政事務所，〈高雄市前鎮區興邦段六十六號〉，《日治時期土地臺帳》《日治時期土地登記簿》《臺灣省土地關係人繳驗憑證申報書》《土地登記總簿》《高雄市土地登記簿》《電子謄本》。

前鎮地政事務所，〈高雄市前鎮區興邦段六十七號〉，《日治時期土地臺帳》《日治時期土地登記簿》《臺灣省土地關係人繳驗憑證申報書》《土地登記總簿》《高雄市土地登記簿》《電子謄本》。

前鎮地政事務所，〈高雄市前鎮區興邦段六十八號〉，《日治時期土地臺帳》《日治時期土地登記簿》《臺灣省土地關係人繳驗憑證申報書》《土地登記總簿》《高雄市土地登記簿》《電子謄本》。

前鎮地政事務所，〈高雄市前鎮區興邦段六十九號〉，《土地登記總簿》《高雄市土地登記簿》《電子謄本》。

前鎮地政事務所，〈高雄市前鎮區興邦段八十六號〉，《土地登記總簿》《高雄市土地登記簿》《電子謄本》。

前鎮地政事務所，〈高雄市前鎮區興邦段八十七號〉，《土地登記總簿》《土地登記總簿》《高雄市土地登記簿》《電子謄本》。

前鎮地政事務所，〈高雄市前鎮區興邦段一百一十二號〉，《日治時期土地臺帳》《日治時期土地登記簿》《臺灣省土地關係人繳驗憑證申報書》《土地登記總簿》《高雄市土地登記簿》《電子謄本》。

前鎮地政事務所，〈高雄市前鎮區興邦段一百一十六號〉，《日治時期土地臺帳》《日治時期土地登記簿》《臺灣省土地關係人繳驗憑證申報書》《土地登記總簿》《高雄市土地登記簿》《電子謄本》。

前鎮地政事務所，〈高雄市前鎮區興邦段一百一十六—一號〉，《日治時期土地臺帳》《日治時期土地登記簿》《臺灣省土地關係人繳驗憑證申報書》《土地登記總簿》《高雄市土地登記簿》《電子謄本》。

前鎮地政事務所，〈高雄市前鎮區興邦段一百一十九—十號〉，《土地登記總簿》《高雄市土地登記簿》《電子謄本》。

前鎮地政事務所，〈高雄市前鎮區興邦段一百一十九—十一號〉，《日治時期土地臺帳》《日治時期土地登記簿》《臺灣省土地關係人繳驗憑證申報書》《土地登記總簿》《高雄市土地登記簿》《電子謄本》。

前鎮地政事務所，〈高雄市前鎮區興邦段一百一十九—十二號〉，《土地登記總簿》《高雄市土地登記簿》《電子謄本》。

前鎮地政事務所，〈高雄市前鎮區興邦段一百一十九—二十一號〉，《日治時期土地臺帳》《日治時期土地登記簿》《臺灣省土地關係人繳驗憑證申報書》《土地登記總簿》《高雄市土地登記簿》《電子謄本》。

前鎮地政事務所，〈高雄市前鎮區興邦段一百一十九—二十三號〉，《日治時期土地臺帳》《日治時期土地登記簿》《臺灣省土地關係人繳驗憑證申報書》《土地登記總簿》《高雄市土地登記簿》《電子謄本》。

前鎮地政事務所，〈高雄市前鎮區興邦段一百一十九—三十三號〉，《日治時期土地臺帳》《日治時期土地登記簿》《臺灣省土地關係人繳驗憑證申報書》《土地登記總簿》《高雄市土地登記簿》《電子謄本》。

前鎮地政事務所，〈高雄市前鎮區興邦段一百一十九—三十六號〉，《日治時期土地臺帳》《日治時期土地登記簿》《臺灣省土地關係人繳驗憑證申報書》《土地登記總簿》《高雄市土地登記簿》《電子謄本》。

前鎮地政事務所，〈高雄市前鎮區興邦段一百一十九—三十九號〉，《土地登記總簿》《高雄市土地登記簿》《電子謄本》。

前鎮地政事務所，〈高雄市前鎮區興邦段一百一十九—四十一號〉，《土地登記總簿》《高雄市土地登記簿》《電子謄本》。

前鎮地政事務所，〈高雄市前鎮區興邦段一百一十九—五十號〉，《土地登記總簿》《高雄市土地登記簿》《電子謄本》。

前鎮地政事務所，〈高雄市前鎮區興邦段一百一十九—五十三號〉，《土地登記總簿》《高雄市土地登記簿》《電子謄本》。

前鎮地政事務所，〈高雄市前鎮區興邦段一百二十號〉，《日治時期土地臺帳》《日治時期土地登記簿》《臺灣省土地關係人繳驗憑證申報書》《土地登記總簿》《高雄市土地登記簿》《電子謄本》。

前鎮地政事務所，〈高雄市前鎮區興邦段一百五十二號〉，《土地登記總簿》《高雄市土地登記簿》《電子謄本》。

前鎮地政事務所，〈高雄市前鎮區興邦段一百五十二—二號〉，《土地登記總簿》《高雄市土地登記簿》《電子謄本》。

前鎮地政事務所，〈高雄市前鎮區興邦段一百五十二—十號〉，《土地登記總簿》《高雄市土地登記簿》《電子謄本》。

前鎮地政事務所，〈高雄市前鎮區興邦段一百五十二—十一號〉，《土地登記總簿》《高雄市土地登記簿》《電子謄本》。

前鎮地政事務所，〈高雄市前鎮區興邦段一百五十八號〉，《土地登記總簿》《高雄市土地登記簿》《電子謄本》。

前鎮地政事務所，〈高雄市前鎮區興邦段一百五十八—九號〉，《土地登記總簿》《高雄市土地登記簿》《電子謄本》。

前鎮地政事務所，〈高雄市前鎮區興邦段一百六十號〉，《土地登記總簿》《高雄市土地登記簿》《電子謄本》。

前鎮地政事務所，〈高雄市前鎮區興邦段一百六十一號〉，《土地登記總簿》《高雄市土地登記簿》《電子謄本》。

前鎮地政事務所，〈高雄市前鎮區興邦段一百六十二號〉，《土地登記總簿》《高雄市土地登記簿》《電子謄本》。

前鎮地政事務所，〈高雄市前鎮區興邦段一百六十二—十三號〉，《土地登記總簿》《高雄市土地登記簿》《電子謄本》。

前鎮地政事務所，〈高雄市前鎮區憲德段三百五十六號〉，《日治時期土地臺帳》《日治時期土地登記簿》《臺灣省土地關係人繳驗憑證申報書》《土地登記總簿》《高雄市土地登記簿》《電子謄本》。

前鎮地政事務所，〈高雄市前鎮區憲德段三百五十六—十二號〉，《日治時期土地臺帳》《日治時期土地登記簿》《臺灣省土地關係人繳驗憑證申報書》《土地登記總簿》《高雄市土地登記簿》《電子謄本》。

前鎮地政事務所，〈高雄市前鎮區憲德段三百五十六—十三號〉，《日治時期土地臺帳》《日治時期土地登記簿》《臺灣省土地關係人繳驗憑證申報書》《土地登記總簿》《高雄市土地登記簿》《電子謄本》。

前鎮地政事務所，〈高雄市前鎮區憲德段六百一十四號〉，《日治時期土地臺帳》《日治時期土地登記簿》《臺灣省土地關係人繳驗憑證申報書》《土地登記總簿》《高雄市土地登記簿》《電子謄本》。

前鎮地政事務所，〈高雄市前鎮區憲德段六百二十二—一號〉，《日治時期土地臺帳》《日治時期土地登記簿》《臺灣省土地關係人繳驗憑證申報書》《土地登記總簿》《高雄市土地登記簿》《電子謄本》。

前鎮地政事務所，〈高雄市前鎮區憲德段六百二十二—三號〉，《日治時期土地臺帳》《日治時期土地登記簿》《臺灣省土地關係人繳驗憑證申報書》《土地登記總簿》《高雄市土地登記簿》《電子謄本》。

前鎮地政事務所，〈高雄市前鎮區憲德段六百二十七號〉，《日治時期土地臺帳》《日治時期土地登記簿》《臺灣省土地關係人繳驗憑證申報書》《土地登記總簿》《高雄市土地登記簿》《電子謄本》。

前鎮地政事務所，〈高雄市前鎮區憲德段六百三十七號〉，《日治時期土地臺帳》《日治時期土地登記簿》《臺灣省土地關係人繳驗憑證申報書》《土地登記總簿》《高雄市土地登記簿》《電子謄本》。

前鎮地政事務所，〈高雄市前鎮區憲德段六百三十七—二號〉，《日治時期土地臺帳》《日治時期土地登記簿》《臺灣省土地關係人繳驗憑證申報書》《土地登記總簿》《高雄市土地登記簿》《電子謄本》。

前鎮地政事務所，〈高雄市前鎮區憲德段六百三十七—四號〉，《日治時期土地臺帳》《日治時期土地登記簿》《臺灣省土地關係人繳驗憑證申報書》《土地登記總簿》《高雄市土地登記簿》《電子謄本》。

前鎮地政事務所，〈高雄市前鎮區憲德段六百三十七—五號〉，《日治時期土地臺帳》《日治時期土地登記簿》《臺灣省土地關係人繳驗憑證申報書》《土地登記總簿》《高雄市土地登記簿》《電子謄本》。

前鎮地政事務所，〈高雄市前鎮區憲德段六百四十一號〉，《土地登記總簿》《高雄市土地登記簿》《電子謄本》。

前鎮地政事務所，〈高雄市前鎮區憲德段六百九十三—二號〉，《日治時期土地臺帳》《日治時期土地登記簿》《臺灣省土地關係人繳驗憑證申報書》《土地登記總簿》《高雄市土地登記簿》《電子謄本》。

前鎮地政事務所，〈高雄市前鎮區憲德段七百四十八—一號〉，《日治時期土地臺帳》《日治時期土地登記簿》《臺灣省土地關係人繳驗憑證申報書》《土地登記總簿》《高雄市土地登記簿》《電子謄本》。

前鎮地政事務所，〈高雄市前鎮區憲德段七百五十九號〉，《日治時期土地臺帳》《日治時期土地登記簿》《臺灣省土地關係人繳驗憑證申報書》《土地登記總簿》《高雄市土地登記簿》《電子謄本》。

前鎮地政事務所，〈高雄市前鎮區憲德段七百五十九—七號〉，《日治時期土地臺帳》《日治時期土地登記簿》《臺灣省土地關係人繳驗憑證申報書》《土地登記總簿》《高雄市土地登記簿》《電子謄本》。

前鎮地政事務所，〈高雄市前鎮區憲德段七百六十二號〉，《日治時期土地臺帳》《日治時期土地登記簿》《臺灣省土地關係人繳驗憑證申報書》《土地登記總簿》《高雄市土地登記簿》《電子謄本》。

前鎮地政事務所，〈高雄市前鎮區憲德段七百七十四號〉，《日治時期土地臺帳》《日治時期土地登記簿》《臺灣省土地關係人繳驗憑證申報書》《土地登記總簿》《高雄市土地登記簿》《電子謄本》。

前鎮地政事務所，〈高雄市前鎮區憲德段七百七十四—一號〉，《日治時期土地臺帳》《日治時期土地登記簿》《臺灣省土地關係人繳驗憑證申報書》《土地登記總簿》《高雄市土地登記簿》《電子謄本》。

前鎮地政事務所，〈高雄市前鎮區憲德段七百七十四—三號〉，《日治時期土地臺帳》《日治時期土地登記簿》《臺灣省土地關係人繳驗憑證申報書》《土地登記總簿》《高雄市土地登記簿》《電子謄本》。

前鎮地政事務所，〈高雄市前鎮區憲德段七百七十四—五號〉，《日治時期土地臺帳》《日治時期土地登記簿》《臺灣省土地關係人繳驗憑證申報書》《土地登記總簿》《高雄市土地登記簿》《電子謄本》。

前鎮地政事務所，〈高雄市前鎮區憲德段七百七十四—六號〉，《日治時期土地臺帳》《日治時期土地登記簿》《臺灣省土地關係人繳驗憑證申報書》《土地登記總簿》《高雄市土地登記簿》《電子謄本》。

前鎮地政事務所，〈高雄市前鎮區憲德段七百七十四—七號〉，《日治時期土地臺帳》《日治時期土地登記簿》《臺灣省土地關係人繳驗憑證申報書》《土地登記總簿》《高雄市土地登記簿》《電子謄本》。

前鎮地政事務所，〈高雄市前鎮區獅甲段二號〉，《日治時期土地臺帳》《日治時期土地登記簿》《臺灣省土地關係人繳驗憑證申報書》《土地登記總簿》《高雄市土地登記簿》《電子謄本》。

前鎮地政事務所，〈高雄市前鎮區獅甲段三號〉，《土地登記總簿》《高雄市土地登記簿》《電子謄本》。

前鎮地政事務所，〈高雄市前鎮區獅甲段五號〉，《土地登記總簿》《高雄市土地登記簿》《電子謄本》。

前鎮地政事務所，〈高雄市前鎮區獅甲段六號〉，《日治時期土地臺帳》《日治時期土地登記簿》《臺灣省土地關係人繳驗憑證申報書》《土地登記總簿》《高雄市土地登記簿》《電子謄本》。

前鎮地政事務所，〈高雄市前鎮區獅甲段七號〉，《日治時期土地臺帳》《日治時期土地登記簿》《臺灣省土地關係人繳驗憑證申報書》《土地登記總簿》《高雄市土地登記簿》《電子謄本》。

前鎮地政事務所，〈高雄市前鎮區獅甲段十號〉，《日治時期土地臺帳》《日治時期土地登記簿》《臺灣省土地關係人繳驗憑證申報書》《土地登記總簿》《高雄市土地登記簿》《電子謄本》。

前鎮地政事務所，〈高雄市前鎮區獅甲段十—七號〉，《日治時期土地臺帳》《日治時期土地登記簿》《臺灣省土地關係人繳驗憑證申報書》《土地登記總簿》《高雄市土地登記簿》《電子謄本》。

前鎮地政事務所，〈高雄市前鎮區獅甲段十三號〉，《高雄市土地登記簿》《電子謄本》。

前鎮地政事務所，〈高雄市前鎮區獅甲段十九號〉，《日治時期土地臺帳》《日治時期土地登記簿》《臺灣省土地關係人繳驗憑證申報書》《土地登記總簿》《高雄市土地登記簿》《電子謄本》。

前鎮地政事務所，〈高雄市前鎮區獅甲段三百八十一號〉，《土地登記總簿》《高雄市土地登記簿》《電子謄本》。

前鎮地政事務所，〈高雄市前鎮區獅甲段四百一十九號〉，《土地登記總簿》《高雄市土地登記簿》《電子謄本》。

前鎮地政事務所，〈高雄市前鎮區獅甲段四百一十九—三號〉，《土地登記總簿》《高雄市土地登記簿》《電子謄本》。

前鎮地政事務所，〈高雄市前鎮區獅甲段四百一十九—四號〉，《土地登記總簿》《高雄市土地登記簿》《電子謄本》。

前鎮地政事務所，〈高雄市前鎮區獅甲段四百一十九—五號〉，《土地登記總簿》《高雄市土地登記簿》《電子謄本》。

前鎮地政事務所，〈高雄市前鎮區獅甲段四百一十九—七號〉，《土地登記總簿》《高雄市土地登記簿》《電子謄本》。

前鎮地政事務所，〈高雄市前鎮區獅甲段四百一十九—八號〉，《土地登記總簿》《高雄市土地登記簿》《電子謄本》。

前鎮地政事務所，〈高雄市前鎮區獅甲段四百一十九—九號〉，《土地登記總簿》《高雄市土地登記簿》《電子謄本》。

前鎮地政事務所，〈高雄市前鎮區獅甲段四百二十—二號〉，《日治時期土地臺帳》《日治時期土地登記簿》《臺灣省土地關係人繳驗憑證申報書》《土地登記總簿》《高雄市土地登記簿》《電子謄本》。

前鎮地政事務所，〈高雄市前鎮區獅甲段四百二十—四號〉，《日治時期土地臺帳》《日治時期土地登記簿》《臺灣省土地關係人繳驗憑證申報書》《土地登記總簿》《高雄市土地登記簿》《電子謄本》。

前鎮地政事務所，〈高雄市前鎮區獅甲段四百二十九號〉，《日治時期土地臺帳》《日治時期土地登記簿》《臺灣省土地關係人繳驗憑證申報書》《土地登記總簿》《高雄市土地登記簿》《電子謄本》。

前鎮地政事務所，〈高雄市前鎮區獅甲段四百二十九—二號〉，《日治時期土地臺帳》《日治時期土地登記簿》《臺灣省土地關係人繳驗憑證申報書》《土地登記總簿》《高雄市土地登記簿》《電子謄本》。

前鎮地政事務所，〈高雄市前鎮區獅甲段四百二十九—九號〉，《日治時期土地臺帳》《日治時期土地登記簿》《臺灣省土地關係人繳驗憑證申報書》《土地登記總簿》《高雄市土地登記簿》《電子謄本》。

前鎮地政事務所，〈高雄市前鎮區獅甲段四百九十三號〉，《日治時期土地臺帳》《日治時期土地登記簿》《臺灣省土地關係人繳驗憑證申報書》《土地登記總簿》《高雄市土地登記簿》《電子謄本》。

前鎮地政事務所，〈高雄市前鎮區獅甲段五〇八—一號〉，《土地登記總簿》《高雄市土地登記簿》《電子謄本》。

前鎮地政事務所，〈高雄市前鎮區獅甲段五百一十二號〉，《土地登記總簿》《高雄市土地登記簿》《電子謄本》。

前鎮地政事務所，〈高雄市前鎮區獅甲段五百一十四號〉，《土地登記總簿》《高雄市土地登記簿》《電子謄本》。

前鎮地政事務所，〈高雄市前鎮區獅甲段五百一十四—二號〉，《日治時期土地臺帳》《日治時期土地登記簿》《臺灣省土地關係人繳驗憑證申報書》《土地登記總簿》《高雄市土地登記簿》《電子謄本》。

前鎮地政事務所，〈高雄市前鎮區獅甲段五百一十八號〉，《土地登記總簿》《高雄市土地登記簿》《電子謄本》。

前鎮地政事務所，〈高雄市前鎮區獅甲段五百一十八—一號〉，《日治時期土地臺帳》《日治時期土地登記簿》《臺灣省土地關係人繳驗憑證申報書》《土地登記總簿》《高雄市土地登記簿》《電子謄本》。

前鎮地政事務所，〈高雄市前鎮區獅甲段五百一十八—三號〉，《日治時期土地臺帳》《日治時期土地登記簿》《臺灣省土地關係人繳驗憑證申報書》《土地登記總簿》《高雄市土地登記簿》《電子謄本》。

前鎮地政事務所，〈高雄市前鎮區獅甲段五百一十八—六號號〉，《日治時期土地臺帳》《日治時期土地登記簿》《臺灣省土地關係人繳驗憑證申報書》《土地登記總簿》《高雄市土地登記簿》《電子謄本》。

前鎮地政事務所，〈高雄市前鎮區獅甲段五百一十八—九號〉，《日治時期土地臺帳》《日治時期土地登記簿》《臺灣省土地關係人繳驗憑證申報書》《土地登記總簿》《高雄市土地登記簿》《電子謄本》。

前鎮地政事務所，〈高雄市前鎮區獅甲段五百一十八—二十八號〉，《日治時期土地臺帳》《日治時期土地登記簿》《臺灣省土地關係人繳驗憑證申報書》《土地登記總簿》《高雄市土地登記簿》《電子謄本》。

前鎮地政事務所，〈高雄市前鎮區獅甲段五百二十一—二號〉，《日治時期土地臺帳》《日治時期土地登記簿》《臺灣省土地關係人繳驗憑證申報書》《土地登記總簿》《高雄市土地登記簿》《電子謄本》。

前鎮地政事務所，〈高雄市前鎮區獅甲段五百二十二號〉，《日治時期土地臺帳》《日治時期土地登記簿》《臺灣省土地關係人繳驗憑證申報書》《土地登記總簿》《高雄市土地登記簿》《電子謄本》。

前鎮地政事務所，〈高雄市前鎮區獅甲段五百二十二—一號〉，《日治時期土地臺帳》《日治時期土地登記簿》《臺灣省土地關係人繳驗憑證申報書》《土地登記總簿》《高雄市土地登記簿》《電子謄本》。

前鎮地政事務所，〈高雄市前鎮區獅甲段五百二十二—二號〉，《日治時期土地臺帳》《日治時期土地登記簿》《臺灣省土地關係人繳驗憑證申報書》《土地登記總簿》《高雄市土地登記簿》《電子謄本》。

前鎮地政事務所，〈高雄市前鎮區獅甲段五百二十三號〉，《日治時期土地臺帳》《日治時期土地登記簿》《臺灣省土地關係人繳驗憑證申報書》《土地登記總簿》《高雄市土地登記簿》《電子謄本》。

前鎮地政事務所，〈高雄市前鎮區獅甲段五百二十三—一號〉，《日治時期土地臺帳》《日治時期土地登記簿》《臺灣省土地關係人繳驗憑證申報書》《土地登記總簿》《高雄市土地登記簿》《電子謄本》。

前鎮地政事務所，〈高雄市前鎮區獅甲段五百二十三—二號〉，《日治時期土地臺帳》《日治時期土地登記簿》《臺灣省土地關係人繳驗憑證申報書》《土地登記總簿》《高雄市土地登記簿》《電子謄本》。

前鎮地政事務所，〈高雄市前鎮區獅甲段五百二十三—三號〉，《日治時期土地臺帳》《日治時期土地登記簿》《臺灣省土地關係人繳驗憑證申報書》《土地登記總簿》《高雄市土地登記簿》《電子謄本》。

前鎮地政事務所，〈高雄市前鎮區朝陽段八百五十號〉，《土地登記總簿》《高雄市土地登記簿》《電子謄本》。

前鎮地政事務所，〈高雄市前鎮區朝陽段八百七十九號〉，《土地登記總簿》《高雄市土地登記簿》《電子謄本》。

前鎮地政事務所，〈高雄市前鎮區朝陽段八百八十號〉，《日治時期土地臺帳》《日治時期土地登記簿》《臺灣省土地關係人繳驗憑證申報書》《土地登記總簿》《高雄市土地登記簿》《電子謄本》。

前鎮地政事務所，〈高雄市前鎮區光華段一小段一千六百四十一號〉，《高雄市土地登記簿》《電子謄本》。

前鎮地政事務所，〈高雄市前鎮區光華段一小段一千六百六十四號〉，《高雄市土地登記簿》《電子謄本》。

前鎮地政事務所，〈高雄市前鎮區光華段一小段一千六百六十七號〉，《高雄市土地登記簿》《電子謄本》。

前鎮地政事務所，〈高雄市前鎮區光華段一小段一千八百七十九號〉，《高雄市土地登記簿》《電子謄本》。

前鎮地政事務所，〈高雄市前鎮區光華段一小段一千八百八十八號〉，《高雄市土地登記簿》《電子謄本》。

前鎮地政事務所，〈高雄市前鎮區光華段一小段一千八百九十三號〉，《高雄市土地登記簿》《電子謄本》。

前鎮地政事務所，〈高雄市前鎮區光華段一小段一千九百〇二號〉，《高雄市土地登記簿》《電子謄本》。

前鎮地政事務所，〈高雄市前鎮區光華段一小段一千九百〇八號〉，《高雄市土地登記簿》《電子謄本》。

前鎮地政事務所，〈高雄市前鎮區光華段一小段一千九百一十一號〉，《高雄市土地登記簿》《電子謄本》。

前鎮地政事務所，〈高雄市前鎮區獅甲段一小段五百三十五號〉，《日治時期土地臺帳》《日治時期土地登記簿》《臺灣省土地關係人繳驗憑證申報書》《土地登記總簿》《高雄市土地登記簿》《電子謄本》。

前鎮地政事務所，〈高雄市前鎮區獅甲段二小段五百五十一號〉，《土地登記總簿》《高雄市土地登記簿》《電子謄本》。

前鎮地政事務所，〈高雄市前鎮區獅甲段二小段五百六十八號〉，《土地登記總簿》《高雄市土地登記簿》《電子謄本》。

前鎮地政事務所，〈高雄市前鎮區經貿段二小段三號〉，《土地登記總簿》《高雄市土地登記簿》《電子謄本》。

前鎮地政事務所，〈高雄市前鎮區經貿段二小段六號〉，《土地登記總簿》《高雄市土地登記簿》《電子謄本》。

前鎮地政事務所，〈高雄市前鎮區經貿段二小段七號〉，《土地登記總簿》《高雄市土地登記簿》《電子謄本》。

前鎮地政事務所，〈高雄市前鎮區經貿段二小段九號〉，《土地登記總簿》《高雄市土地登記簿》《電子謄本》。

新興地政事務所，〈高雄市苓雅區意誠段十三號〉，《日治時期土地臺帳》《日治時期土地登記簿》《臺灣省土地關係人繳驗憑證申報書》《土地登記總簿》《高雄市土地登記簿》《電子謄本》。

新興地政事務所，〈高雄市苓雅區意誠段三百九十三號〉，《日治時期土地臺帳》《日治時期土地登記簿》《臺灣省土地關係人繳驗憑證申報書》《土地登記總簿》《高雄市土地登記簿》《電子謄本》。

新興地政事務所，〈高雄市苓雅區意誠段七百六十三號〉，《日治時期土地臺帳》《日治時期土地登記簿》《臺灣省土地關係人繳驗憑證申報書》《土地登記總簿》《高雄市土地登記簿》《電子謄本》。

新興地政事務所，〈高雄市苓雅區苓西段二百三十五—三號〉，《日治時期土地臺帳》《日治時期土地登記簿》《臺灣省土地關係人繳驗憑證申報書》《土地登記總簿》《高雄市土地登記簿》《電子謄本》。

新興地政事務所，〈高雄市苓雅區苓西段二百三十五—五號〉，《日治時期土地臺帳》《日治時期土地登記簿》《臺灣省土地關係人繳驗憑證申報書》《土地登記總簿》《高雄市土地登記簿》《電子謄本》。

新興地政事務所，〈高雄市苓雅區苓西段三百〇四號〉，《日治時期土地臺帳》《日治時期土地登記簿》《臺灣省土地關係人繳驗憑證申報書》《土地登記總簿》《高雄市土地登記簿》《電子謄本》。

新興地政事務所，〈高雄市苓雅區苓港段一號〉，《日治時期土地臺帳》《日治時期土地登記簿》《臺灣省土地關係人繳驗憑證申報書》《土地登記總簿》《高雄市土地登記簿》《電子謄本》。

新興地政事務所，〈高雄市苓雅區苓港段六號〉，《高雄市土地登記簿》《電子謄本》。

新興地政事務所，〈高雄市苓雅區苓港段七號〉，《高雄市土地登記簿》《電子謄本》。

新興地政事務所，〈高雄市苓雅區苓港段八號〉，《高雄市土地登記簿》《電子謄本》。

新興地政事務所，〈高雄市苓雅區苓港段九號〉，《高雄市土地登記簿》《電子謄本》。

新興地政事務所，〈高雄市苓雅區苓港段十號〉，《高雄市土地登記簿》《電子謄本》。

新興地政事務所，〈高雄市苓雅區苓港段十三號〉，《高雄市土地登記簿》《電子謄本》。

新興地政事務所，〈高雄市苓雅區苓港段十四號〉，《高雄市土地登記簿》《電子謄本》。

新興地政事務所，〈高雄市苓雅區苓港段十五號〉，《高雄市土地登記簿》《電子謄本》。

新興地政事務所，〈高雄市苓雅區苓港段十六號〉，《高雄市土地登記簿》《電子謄本》。

新興地政事務所，〈高雄市苓雅區苓港段十七號〉，《高雄市土地登記簿》《電子謄本》。

新興地政事務所，〈高雄市苓雅區苓港段十八號〉，《高雄市土地登記簿》《電子謄本》。

新興地政事務所，〈高雄市苓雅區苓港段二十三號〉，《高雄市土地登記簿》《電子謄本》。

新興地政事務所，〈高雄市苓雅區苓港段二十五號〉，《高雄市土地登記簿》《電子謄本》。

新興地政事務所，《高雄市苓雅區苓港段二十六號》，《高雄市土地登記簿》《電子謄本》。
新興地政事務所，《高雄市苓雅區苓港段二十八號》，《高雄市土地登記簿》《電子謄本》。
新興地政事務所，《高雄市苓雅區苓港段二十九號》，《高雄市土地登記簿》《電子謄本》。
新興地政事務所，《高雄市苓雅區苓港段三十號》，《高雄市土地登記簿》《電子謄本》。
新興地政事務所，《高雄市苓雅區苓港段三十一號》，《高雄市土地登記簿》《電子謄本》。
新興地政事務所，《高雄市苓雅區苓港段三十二號》，《高雄市土地登記簿》《電子謄本》。

（五）官書（按編纂單位筆畫順序排列）

王御風，一九九八，《打造未來》。高雄：高雄市政府新聞處。
行政院經濟安定委員會編，一九五四，《自由中國之工業》。臺北：行政院經濟安定委員會工業委員會。
巫慶珠，一九九八，《寧靜的革命》。高雄：高雄市政府新聞處。
高雄市文獻委員會編，一九八五，《重修高雄市志卷三教育志（上）、（下）》。高雄：高雄市政府。
高雄市文獻委員會編，一九八五，《高雄市志交通志》。高雄：高雄市政府。
高雄市文獻委員會編，一九八六，《高雄市志卷八經濟志》。高雄：高雄市政府。
高雄市政府秘書室，一九四八，《高雄要覽》。高雄：高雄市政府。收錄於楊蓮福、陳謙主編，二〇一二，《民間私藏民國時期暨戰後臺灣資料彙編（產業篇一）》第六冊。臺北：博揚文化。頁一二三—二六四。
高雄市政府都發局，二〇〇六，《高雄多功能經貿園區》。高雄：高雄市政府都發局。
高雄市發展史編纂小組，一九八八，《高雄市發展史》。高雄：高雄市文獻委員會。
國防部聯合後勤司令部，二〇一一，《聯勤創制六十五年專輯》。臺北：聯勤司令部。
經濟部資源委員會，一九四六，《臺灣工礦事業考察總報告》。收錄於陳雲林主編，二〇〇七，《館藏民國臺灣檔案匯編》七十九冊。北京：九州出版。
經濟部資源委員會，一九五〇，《經濟部資源委員會在臺事業單位整理紀要》。臺北：經濟部資源委員會。
經濟部資源委員會，一九五一，《三十九年度資源委員會在臺各生產事業單位概況》。臺北：經濟部資源委員會。收錄於楊蓮福、陳謙主編，二〇一二，《民間私藏民國時期暨戰後臺灣資料彙編（產業篇一）》第二冊。臺北：博揚文化。
詹德湖、朱力行，一九八五，《高雄硫酸錏公司發展史》。高雄：高雄硫酸錏公司。
臺灣工礦股份有限公司，一九四七，《臺灣工礦股份有限公司創立實錄》。臺北：臺灣工礦股份有限公司。
臺灣省行政長官公署工礦處，一九四六，《臺灣公營工礦企業概況》。臺北：臺灣省行政長官公署工礦處。
臺灣省行政長官公署農林處，一九四六，《臺灣農林第一輯》。臺北：

臺灣行政長官公署農林處。

臺灣省行政長官公署農林處技術室，一九四六，《臺灣省行政長官公署農林處接收之日資企業一覽》。臺北：臺灣行政長官公署農林處。

臺灣碱業有限公司技術室，一九四八，《臺灣碱業有限公司要覽》。高雄：臺灣碱業有限公司。

臺灣窯業有限公司，一九四六，《臺灣窯業有限公司概況》。出版地不詳：發行者不詳。收於楊蓮福、陳謙主編，二〇一二，《民間私藏民國時期暨戰後臺灣資料彙編（產業篇一）》第十五冊。臺北：博揚文化。頁一二五—一三四。

（六）專書（按作者筆畫順序排列）

中國鋼鐵股份有限公司，二〇一一，《中鋼公司成立四十週年特刊》。高雄：中鋼公司。

中國工程師學會編，一九五八，《臺灣工業復興史》。臺北：中國工程師學會。

中國新聞資料社編印，一九五六，《自由中國的工業》。臺北：中國新聞資料社。

公論報高雄分社編，一九五三，《大高雄》。高雄：公論報高雄分社。

文仲瑄、王御風、沈超群、李宛澍、陳慧敏，二〇一一，《荏苒流光：中華民國百年經濟發展》。臺北：經濟部。

文馨瑩，一九九〇，《經濟奇蹟的背後：臺灣美援經驗的政經分析》。臺北：自立。

王御風，二〇一三，《高雄社會領導階層的變遷（一九二〇—一九六〇）》。臺北：玉山社。

王御風、朱佩甄、李淩萱、林欣、林宏聰、林靖鈞、邱祈竣、高玉馨、陳明德、許經緯、黃韻珊、劉才煒、劉貞麟、謝雲嬌，二〇一一，《油廠記憶：中國石油公司高雄廠宿舍區口述訪談記錄》。高雄：社團法人高雄市城市願景協會。

吳若予，一九九二，《戰後臺灣公營事業之政經分析》。臺北：業強。

吳若予，二〇〇七，《二二八事件與公營事業》。臺北：檔案管理局。

吳連賞，一九九五，《高雄都會區工業發展的時空過程與環境變遷》。高雄：復文圖書。

吳連賞，二〇〇五，《高雄市港埠發展史》。高雄：高雄市文獻委員會。

李文環、蔡侑樺、黃于津、蔡佩蓉、佘健源，二〇一五，《高雄港都首部曲：哈瑪星》。高雄：高雄市政府文化局、好讀出版社。

杜劍鋒，二〇〇一，《高雄火車站今昔》。高雄：高雄市文獻委員會。

林炳炎，一九九七，《臺灣電力株式會社發展史》。臺北：臺灣電力株式會社資料中心出版。

林繼文，一九九六，《日本據臺末期（一九三〇—一九四五戰爭動員體系之研究》。臺北：稻鄉出版社。

林鐘雄，一九四九，《臺灣之工業論集》。臺北：臺灣銀行經濟研究室。

林鐘雄，一九八七，《臺灣經濟發展四十年》。臺北：自立晚報。

翁鴻山總編輯，二〇一四，《臺灣化工史》。臺北：臺灣化學工程學會。

高淑媛，二〇一二，《臺灣近代化學工業史（一八六〇—一九五九）》。臺北：臺灣化學工程學會。

高淑媛，二〇一六，《臺灣工業史》。臺北：五南。

國光出版社編，一九五一，《臺灣工礦名錄》。臺北：國光出版社。
張晉芬，二〇〇一，《臺灣公營事業民營化：經濟迷思的批判》。臺北：中研院社研所。
許雪姬，一九九三，《民營唐榮公司相關人物訪問紀錄一九四〇—一九六二》。臺北：中央研究院近代史研究所。
郭岱君，二〇一五，《臺灣經濟轉型的故事：從計畫經濟到市場經濟》。臺北：聯經。
郭冠麟主編，二〇〇五，《從竹籬笆到高樓大廈的故事：國軍眷村發展史》。臺北：史政編譯室。
陳政宏，二〇〇七，《鏗鏘已遠：台機公司獨特的一百年》。臺北：行政院文建會。
陳師孟、林忠正、朱敬一、張清溪、施俊吉、劉錦添，一九九七，《解構黨國資本主義：論臺灣官營事業之民營化》。臺北：翰蘆。
陳慈玉，二〇一四，《連續與斷裂：近代臺灣產業與貿易研究》。上海：上海人民。
曾玉昆，一九九二，《高雄市各區發展淵源》。高雄：高雄市文獻委員會。
曾玉昆，一九九七，《高雄市地名探源》。高雄：高雄市文獻委員會。
黃俊夫，二〇〇九，《硫金歲月：臺灣產業經濟檔案數位典藏專題選輯：高雄硫酸錏股份有限公司》。臺北：檔案管理局。
黃瑛明，二〇〇二，《興仁國中鄉土教材：草地前鎮》。高雄：興仁國中。
黃德海，二〇〇七，《台塑打造石化王國》。臺北：天下遠見。
楊玉姿，二〇〇七，《前鎮開發史》。高雄：高雄市前鎮區公所。
楊玉姿、張守真，二〇〇八，《高雄港開發史》。高雄：高雄市文獻委員會。
葉振輝譯，一九九六，〈台鋁公司史料選譯〉，《半世紀前的高雄煉油廠與台鋁公司》。高雄：高市文獻會。
臺灣勞工陣線，一九九九，《新國有政策：臺灣民營化政策總批判》。臺北：勞動者。
趙既昌，一九八五，《美援的運用》。臺北：聯經。
劉士永，一九九六，《光復初期臺灣經濟政策的檢討》。臺北：稻鄉。
劉紹輔，一九四八，《臺灣產業經濟梗概》。臺北：中華日報。
劉進慶著，王宏仁、林繼文、李明峻譯，一九九五，《臺灣戰後經濟分析》。臺北：人間。
蔡日耀、郭慶老、江英智、王正芳、黃鴻燕、黃友義、吳信長、余金妹、許嘉琳、薛妙詣、李長勝蔡日耀等著，二〇一二，《耕耘臺灣•農業大世紀：漁業風雲》。臺北：行政院農業委員會。
鄧文龍、張守真，二〇一一，《百煉千淬：唐榮鐵工廠股份有限公司》。臺北：檔案管理局。
興臺文化服務社，一九四九，《臺灣的生產建設》。臺北：興臺文化服務社。
薛化元、張怡敏、陳家豪、許志成，二〇一七，《臺灣石化業發展史》。臺北：財團法人現代財經基金會。
謝明勳，二〇一五，《從臨港線到水岸輕軌》。高雄：高雄市立歷史博物館。
謝俊雄、徐英傑主編，二〇一二，《臺灣近代化學工業史：發展期（一九五一—一九八五）》。臺北：臺灣化學工程學會。
瞿宛文，二〇一七，《臺灣戰後經濟發展的起源：後進發展的為何與如何》。臺北：中研院、聯經。

簡錦松，二〇〇七，《高雄市地名與路街沿革史》。高雄：高雄市文獻委員會。
謝明勳、童振疆、古庭維，二〇一六，《哈瑪星臺灣鐵道館：臺灣百年鐵道縮影》。高雄：高雄市立歷史博物館、晨星出版社。
張宗漢，一九八〇，《光復前臺灣之工業化》。臺北：聯經。
臺灣銀行經濟研究室編輯，一九六八，《臺灣經濟史四集》。臺北市：臺灣銀行經濟研究室。
袁穎生，一九九八，《光復前後的臺灣經濟》。臺北：聯經。

（七）期刊論文（按作者筆畫順序排列）

小林英夫著，何義麟譯，一九九三，〈一九三〇年代後半期以後的臺灣「工業化」政策〉，《臺灣史料研究》一，頁一三一—一七二。
王振寰，一九九五，〈國家機器與臺灣石化業的發展〉，《臺灣社會研究季刊》十八，頁一—三七。
王啟川、吳哲瑋，二〇一二，〈高雄港灣再造：亞洲新灣區〉，《城市發展》十三，頁一〇—二六。
鄭力軒、王御風，二〇一一，〈重探發展型的國家與市場：以臺灣大型造船業為例，一九七四—二〇〇一〉，《臺灣社會學刊》四七，頁一—四四。
王御風、陳慧鐶，二〇一五，〈日治時期戲獅甲工業區的設立〉，《高雄文獻》五：二，頁一〇五—一三〇。
台鋁公司企劃處，一九八二，〈臺灣煉鋁工業發展簡史〉，《今日鋁業》四十七，頁一六五—一七〇。
吳文彥，二〇一二，〈高雄亞洲新灣區治理綱要探索〉，《城市發展》十四，頁五七—七〇。
吳義隆，二〇一二，〈啟動大高雄全球化發展的引擎：亞洲新灣區〉，《城市發展》十四，頁一〇七—一一四。
吳聰敏，一九八八，〈美援與臺灣的經濟發展〉，《臺灣社會研究季刊》一：一，頁一四五—一五八。
李重志，二〇一七，〈既非客寄，但留瓦全：高雄前鎮「拉瓦克部落」之形成與消解〉，收錄於中央研究院民族學研究所、順益臺灣原住民博物館主編，《民族、地理與發展：人地關係研究的跨學科交會》。臺北：順益博物館，頁四〇三—四三三。
李惟梁，一九六九，〈台鋁電解擴建工程之進展〉，《今日鋁業》創刊號，頁二—一〇。
洪紹洋，二〇一〇，〈戰後臺灣機械公司的接收與早期發展（一九四五—一九五三）〉，《臺灣史研究》十七：三，頁一五一—一八二。
翁俊發，二〇一〇，〈從賠償到治理：高雄硫酸錏廠污染爭議史（一九五〇—一九九〇S）〉，《高市文獻》二十三：二，頁一四一—一六二。
高淑媛，二〇〇五，〈臺灣戰時生產擴充政策之實施成效：以工業為中心之分析〉《成大歷史學報》二十九，頁一六五—二一四。
許雪姬，一九九五，〈唐榮鐵工廠之研究（一九四〇—一九五五）〉收於黃俊傑編，《高雄歷史與文化論集》二輯。高雄：陳中和翁慈善基金會。頁一五五—二〇〇。
劉素芬，一九九五，〈民國四十年代政府經濟政策與民營企業：唐榮鐵工廠改為公營之政策背景〉收於黃俊傑編，《高雄歷史與文化論集》二輯。高雄：陳中和翁慈善基金會。頁二〇一—二三九。
趙祐志，一九九六，〈日據時期高雄地區企業的發展〉《高雄歷史與文化論集》三輯。高雄：陳中和翁慈善基金會。頁一八三—二〇八。

蔡昀珊、莊淑姿，二〇一五，〈從港埠倉庫到藝術特：駁二藝術特區之發展歷程〉，《高雄文獻》五：二，頁一三二—一四四。

蔡偉銑，一九九七，〈臺灣石化工業發展過程的政治經濟分析〉，《東吳政治學報》八，頁一五七—二二四。

鄭親憲，二〇一一，〈高雄臨海工業區的發展〉，《中工高雄會刊》十八：四，頁一〇七—一〇九。

瞿宛文，一九九五，〈進口替代與出口導向成長：臺灣石化業之研究〉，《臺灣社會研究季刊》十八，頁三九—六九。

瞿宛文，一九九七，〈產業政策的示範效果：臺灣石化業的產生〉，《臺灣社會研究季刊》二十七，頁九七—一三八。

（八）學位論文（按作者筆畫順序排列）

吳文彥，二〇〇一，〈都市規劃調節範型變遷之研究：高雄市都市計畫個案變更分析（一九五五—二〇〇〇）〉。臺南：成功大學都市計畫學系博士論文。

吳欽賢，一九八八，〈日據時期高雄市都市發展與計畫歷程之分析〉。臺北：臺灣大學土木工程研究所碩士論文。

呂季蓉，二〇〇七，〈地方派系、社會運動與環境治理：以八輕在雲、嘉設廠決策分析為例〉。臺北：政治大學公共行政學研究所碩士論文。

李淑芬，一九九五，〈日本南進政策下的高雄建設〉。臺南：成功大學歷史研究所碩士論文。

陳欣宜，二〇一六，〈閒置空間再利用之研究：以駁二藝術特區為例〉。高雄：高雄師範大學臺灣歷史與語言研究所碩士論文。

陳思宇，二〇〇二，〈臺灣區生產事業管理委員會與經濟發展策略（一九四九—一九五三）：以公營事業為中心的探討〉。臺北：國立政治大學歷史學系碩士論文。

陳思宇，二〇一一，〈冷戰、國家建設與治理技術的轉變：戰後臺灣宏觀經濟治理體制的形成（一九四九—一九七三）〉。臺北：臺灣大學歷史學系博士論文。

蕭采芳，二〇〇八，〈一九三〇年代後期的高雄港與軍需工業〉。中正大學歷史所碩士論文。

關口剛司，二〇〇三，〈三井財閥與日據時期臺灣之關係〉。臺南：成功大學歷史研究所碩士論文。

（九）口述、回憶錄、傳記

王永慶，一九九三，《生根．深耕》。臺北：宇晨企業。

王先登，一九九四，《五十二年的歷程：獻身於我國防及造船工業》。作者自印。

王昭明，一九九五，《王昭明回憶錄》。臺北：時報。

姚惠珍，二〇一五，《孤隱的王者：台塑守護之神王永在》。臺北：時報。

郭承天、陳秋坤訪問，陳彥良紀錄，〈臺灣合板業的先驅：蔡崇文先生訪問紀錄〉，收於張玉法主編，一九七九，《口述歷史（一）》。臺北：中研院。

郭泰，二〇〇五，《王永慶奮鬥傳奇》。臺北：遠流。

許文東主編，二〇一一，《穿梭時空談人／事、物 台機人回憶錄》。高雄：回憶錄出版基金會。

張守真訪問，陳慕貞紀錄，一九九六，《口述歷史 李連墀先生》。高雄：高雄市文獻委員會。

劉玉珍，一九九五，《鐵頭風雲：趙耀東傳奇》。臺北：聯經。

劉素芬編著，二〇〇五，《李國鼎：我的臺灣經驗》。臺北：遠流。

劉鳳翰、王正華訪問，一九九四，《韋永寧先生訪談錄》。臺北：國史館。

謝生富，《重振雄風》（未註明出版地點及時間）。

嚴演存，一九九一，《早年之臺灣》。臺北：時報文化。

王御風訪談，〈港灣人生：前臺中港務局陳銘長副局長口述歷史〉，時間：二〇一四年一－十月。

王御風訪談，〈高雄市政府前秘書長姚文智訪談〉，時間：二〇一七年五月。

王御風訪談，〈高雄港區土地開發股份有限公司郭添貴董事長訪談〉時間：二〇一七年七月十一日。

王御風訪談，〈都會生活開發有限公司宋宸鏞董事長訪談〉訪談時間：二〇一七年七月十三日。

王御風訪談，〈義守大學吳文彥教授訪談〉時間：二〇一七年七月十四日。

王御風訪談，〈國立科學工藝博物館黃俊夫研究員訪談〉時間：二〇一七年七月十八日。

王御風訪談，〈獅甲國中陳正憲校長訪談〉時間：二〇一七年七月二十日。

王御風訪談，〈台鋁前員工朱石明先生訪談〉時間：二〇一七年八月十七日。

王御風訪談，〈高雄市政府捷運局局長（前都發局局長）吳義隆訪談〉時間：二〇一七年九月七日。

王御風訪談，〈高雄市政府都發局局長李怡德訪談〉時間：二〇一八年一月十二日。

（十）新聞、雜誌

《聯合報》，一九五一年九月十六日迄今。

《經濟日報》，一九六七年四月二十日迄今。

《徵信新聞》，一九五一年三月至一九六八年八月。

《自由時報》，一九八〇年四月十七日迄今。

《台鋁》（高雄：經濟部臺灣鋁廠）。四十九期（一九五二年八月）－八十八期（一九五八年七月）復刊八十九期（一九六四年九月）－一一一期（一九六八年二月）

《今日鋁業》（高雄：臺灣鋁業公司）。創刊號（一九六九年五月）－五十一期（一九八三年三月）

《台機季刊》（高雄：台機）。創刊號（一九六四年七月一日）－第四卷第一期（一九六七年一月一日）

《台機》（高雄：台機）。創刊號（一九六七年七月一日）－第九卷第一期（一九七二年十二月）

呂國禎，〈台塑神祕創辦人 靠頁岩氣年賺百億〉，《商業週刊》二〇一三年六月二十六日。

韓青芳，〈國營事業的悲歌：唐榮公司〉，《臺灣石油工會月刊》三百四十八，二〇〇二年十月。

王昭明，〈溯行經濟奇蹟：工業委員會憶往〉，《遠見》八十九，一九九三年十一月。

（十一）網站

高雄高工學校網頁。資料檢索日期：二〇一七年十月十八日。網址：https://sites.google.com/a/ksvs.kh.edu.tw/xue-xiao-jian-jie/。

中鋼網頁。資料檢索日期：二〇一四年九月十四日。網址：http://museum.csc.com.tw/Content_Html.aspx?progId=R00326。

唐榮鐵工廠股份有限公司。資料檢索日期：二〇一七年四月二十七日。網址：http://www.tangeng.com.tw/index.asp。

地名資訊服務網。資料檢索日期：二〇一七年六月二十七日。網址：http://gn.moi.gov.tw/GeoNames/GNMap/map_Admin/map/MapMain.aspx#

高雄市前鎮區公所網站。資料檢索日期：二〇一七年六月二十七日。網址：http://kcdo.kcg.gov.tw/main.php?page=about07。

亞太營運中心。資料檢索日期：二〇一七年六月四日。網址：http://park.org/Taiwan/Government/Theme/Asia_Pacific_Rigional/apc01.htm。

獅甲園地。資料檢索日期：二〇一七年七月二十六日。網址：http://www.foxpro.com.tw/shin/shin/shin.htm。

愛群國小學校沿革。資料檢索日期：二〇一七年七月二十七日。網址：http://www.acps.kh.edu.tw/。

林靖傑編劇交流工作坊：二〇一一年度高雄文創設計人才回流駐市計畫，〈野性高雄的神韻：訪導演林靖傑〉。資料檢索日期：二〇一七年七月二十六日。網址：http://linjingjiekcg.weebly.com/3732624615396403859630340310703890794729472353702356628436265193874220625.html。

部落好朋友，〈白色飄下以為是雪，長大才知是塑膠：被人權首都遺忘的拉瓦克，一場承接國家現代化的夢〉，《Mata Taiwan》。資料檢索日期：二〇一七年七月三十一日。網址：https://www.matataiwan.com/2016/07/22/ljavek-indigenous-aboriginal-tribe/。

臺灣塩野義製藥。資料檢索日期：二〇一七年十月二十五日。網址：http://www.shionogi.com.tw/web/about/about.jsp?no=1。

苓州國小學校網頁。資料檢索日期：二〇一七年九月二十七日。網址：http://www.lps.kh.edu.tw/。

國泰化工廠股份有限公司，《國泰化工廠股份有限公司一〇〇年年報》。資料檢索日期：二〇一七年十一月八日。網址：http://www.ccwi.com.tw/100%E5%B9%B4%E5%9C%8B%E6%B3%B0%E5%8C%96%E5%B7%A5%E5%B9%B4%E5%A0%B1.pdf。

臺灣塑膠工業股份有限公司，〈公司大事紀〉，網址：http://www.fpc.com.tw/j21c/cus/crp/Ccl02.do，資料檢索日期：二〇一四年六月二十日。

臺灣氯乙烯公司簡介。網址：http://www.tvcm.com.tw/zh-tw/dirAbout/fmAbout1.aspx，資料檢索日期：二〇一七年九月十日。

高雄LIVE MUSIC音樂地圖網站。網址：http://w9.khcc.gov.tw/khccmusic/index.html，資料檢索日期：二〇一七年六月十五日。

臺灣港務股份有限公司高雄港務分公司。網址：http://kh.twport.com.tw/chinese/cp.aspx?n=0BDC6CAF354A3A57&s=91F0EC4F9B475917，資料檢索日期：二〇一七年六月十五日。

建築師。網址：http://www.twarchitect.org.tw/works/%E9%AB%98%E9%9B%84%E5%B8%82%E7%AB%8B%E5%9C%96%E6%9B%B8%E9%A4%A8%E7%B8%BD%E9%A4%A8/，資料檢索日期：二〇一七年六月十五日。

高雄市立圖書館總館。網址：http://www.ksml.edu.tw/mainlibrary/content/index.aspx?Parser=1,23,165,156，資料檢索日期：二〇一七年六月十五日。

高雄展覽館。網址：http://www.kecc.com.tw/tw/aboutWhy.asp，資料檢索日期：二〇一七年六月十五日。

高雄市政府捷運工程局。網址：http://mtbu.kcg.gov.tw/cht/project_LRT_circle.php，資料檢索日期：二〇一七年六月十六日。

二、日文

（一）官書、檔案

《臺灣總督府府報》，第三〇六六號，昭和十二年八月二十七日。

《臺灣總督府府報》，第三〇〇四號，昭和十二年六月十三日。

「漁業免許」（一九一七年十一月七日），〈府報第一千二十號〉，《臺灣總督府（官）報》，國史館臺灣文獻館，典藏號0071021420a007。

「漁業免許」（一九二三年六月二十四日），〈府報第二九七五號〉，《臺灣總督府（官）報》，國史館臺灣文獻館，典藏號0071022975a008。

「臺灣總督府工業技術練習生養成所ノ名稱及位置」（一九四二年四月二十九日），〈官報第二十三號〉，《臺灣總督府（官）報》，國史館臺灣文獻館，典藏號：0072030023a002。

「墳墓改葬（高雄州）」（一九三八年九月十六日），〈府報第三三八八號〉，《臺灣總督府（官）報》，國史館臺灣文獻館，典藏號 0071033388a015。

「墳墓改葬（高雄州）」（一九四〇年一月十七日），〈府報第三七八四號〉，《臺灣總督府（官）報》，國史館臺灣文獻館，典藏號 0071033784a010。

「墳墓改葬（高雄州）」（一九四一年三月二十八日），〈府報第四一四九號〉，《臺灣總督府（官）報》，國史館臺灣文獻館，典藏號 0071034149a012。

「墳墓改葬（臺中、高雄州）」（一九三三年五月六日），〈府報第一八〇二號〉，《臺灣總督府（官）報》，國史館臺灣文獻館，典藏號 0071031802a011。

「戲獅甲庄海軍用地買收ニ關スル件（海軍參謀長其外）」（一九一三年八月一日），〈大正二年永久保存第三十七卷〉，《臺灣總督府檔案》，國史館臺灣文獻館，典藏號 00002124004。

臺灣總督官房調查課，一九三二—一九三四，《臺灣現住人口統計》。出版地不詳：臺灣總督官房調查課。

臺灣總督官房調查課，一九三五—一九三九，《臺灣常住戶口統計》。出版地不詳：臺灣總督官房企畫部。

臺灣總督府編，一九四四，《臺灣總督府及所屬官署職員錄》。出版地不詳：臺灣時報發行所。

作者不詳，一九三九，《昭和十四年度州有地賣拂綴》。出版不詳：發行者不詳。鳳山地政事務所藏。

（二）專書

中山馨、片山清夫，一九四〇，《躍進高雄の全貌》。東京：力行堂。

作者不詳，一九三九，《臺灣畜產興業株式會社第一期營業報告書》。出版地不詳：出版者不詳。

作者不詳，一九四二，《臺灣畜產興業株式會社要覽》。出版地不詳：發行者不詳。

本會調查部，一九三五，〈臺灣產業風土記（高雄州の卷）〉《臺灣經濟叢書》第十冊。臺北：成文出版。
田中一二、芝忠一，一九一八，《臺灣の工業地打狗港》。臺北：臺灣日日新報。
旭電化工業株式會社社史編集委員會，一九八九，《旭電化工業七十年史》。東京：旭電化。
竹本伊一郎，一九四〇，《臺灣會社年鑑》。臺北：臺灣經濟研究會。
芝忠一，一九二九，《新興の高雄》。高雄：臺南新報。
高雄市役所編，一九八五，《高雄市要覽》昭和十二年版。臺北：成文出版社。
高雄州產業調查會，一九三六，《高雄州產業調查會資料工業部》（昭和十一年）出版地不詳：發行者不詳。
塩野義製藥，一九七八，《シオノギ百年》。大阪：塩野義製藥株式會社。
臺灣畜產興業株式會社，一九四二，《臺灣畜產興業株式會社要覽》。出版地不詳：發行者不詳。
臺灣總督府鑛工局，一九四四，《工場名簿》。出版地不詳：臺灣總督府鑛工局。
高雄市役所，一九三四，《高雄市制十周年略誌》。高雄：高雄市役所。

（三）期刊、論文

高雄州臨時情報部，〈南日本化學工業株式會社創立〉，《部報》七十八（一九三九年十一月）。
高雄州臨時情報部，〈臺灣特殊窯業會社操業開始〉，《部報》七十九（一九三九年十一月十一日）。
今村一喜，〈南洋材とベニヤ工業〉，《臺灣の山林》一百九十二（一九四二年四月一日）。
田中倫，〈高雄產業の概觀〉，《高雄經濟情報》四卷三期。

（四）報紙

《臺灣日日新報》，一八九八年五月六日至一九四四年三月三十一日。
《高雄新報》，一九三四年四月十五日至一九四四年。

國家圖書館出版品預行編目資料

舊港新灣：打狗港濱戲獅甲 / 王御風著. -- 初版. -- 新北市：遠足文化；高雄市：高市都發局, 2018.07
面； 公分
ISBN 978-957-8630-58-1(平裝)
1.工業史 2.高雄市
555.933/131 107011093

舊港新灣：打狗港濱戲獅甲

作者｜王御風

策劃出版｜高雄市政府都市發展局
發行人｜王啓川
企劃督導｜王屯電、張文欽、郭進宗
審查委員｜李文環、黃俊夫
行政企劃｜鍾坤利、蔡欣宏、蔡宙蓉、許瀞文
地址｜高雄市苓雅區四維三路2號6樓
電話｜07-336-8333
傳真｜07-331-5080
網站｜http://urban-web.kcg.gov.tw/

編印發行｜遠足文化事業股份有限公司
社長｜郭重興
總編輯｜龍傑娣
封面設計｜歐怡君
內文設計｜林宜賢
校對｜楊俶儻
電話｜02-22181417
傳真｜02-86672166
客服專線｜0800-221-029
E-Mail｜service@bookrep.com.tw
官方網站｜http://www.bookrep.com.tw
法律顧問｜華洋國際專利商標事務所・蘇文生律師
印刷｜凱林彩印有限公司

共同出版｜高雄市政府都市發展局・遠足文化事業股份有限公司
初版｜2018年7月
定價｜450元
ISBN｜978-957-8630-58-1